The Hidden Man

The New Self

An Unveiling of the Subconscious Mind

by E. W. KENYON

The Hidden Man
by E.W. KENYON

ⓒ 1998 KENYON'S GOSPEL PUBLISHING SOCIETY, INC.
Printed in U.S.A.

2015 / Korean by Word of Faith Company, Korea.
Translated and published by permission
Printed in Korea.

숨은 사람 – 잠재의식의 베일을 벗김

발행일 2015. 7. 8 1판 1쇄 발행
      2018. 7. 13 1판 2쇄 발행

지은이 E. W. 케년
옮긴이 오상훈
발행인 최순애
발행처 믿음의 말씀사
2000. 8. 14 등록 제 68호
우)16934 경기도 용인시 기흥구 신정로 301번길 59
TEL 031)8005-5483/5493 FAX 031)8005-5485
http://faithbook.kr

ISBN 89-94901-62-0 03230
값 16,000원

* 성경구절은 개역개정판을 기준으로 삼음.

본 저작물의 저작권은 '믿음의 말씀사'가 소유합니다.
저작권법에 의해 보호를 받는 저작물이므로 무단 전재와 복제를 금합니다.

숨은 사람

새로운 자아

잠재의식의 베일을 벗김

E. W. 케년 지음 | 오상훈 옮김

믿음의말씀사

| 목차 |

첫 마디 말 _ 6

01 심령에 숨은 사람 _ 9

02 새로운 자아 _ 16

03 사랑과 이기심 – 세상에 존재하는 두 개의 강력한 영적인 힘 _ 32

04 사람의 영 _ 37

05 영의 열매들 _ 53

06 영의 삶을 개발하라 _ 75

07 우리의 영에 있는 성공과 실패 _ 97

08 재창조된 영의 창조적 능력 _ 110

09 재창조된 영에 관한 연구들 _ 121

10 자연인의 믿음 _ 134

11 믿음에 대한 연구 _ 147

12 죄 의식 _ 175

13 믿는 사람은 어떻게 죄를 짓는가? _ 188

14 죄 의식에 대한 하나님의 치유 _ 196

15 기쁨에 찬 고백 _ 206

16 지혜와 성공에 대한 고백의 관계 _ 212

17 지혜는 어떻게 생기는가? _ 231

18 정확한 지식 _ 259

19 그리스도 안에서 우리에게 속한 것 _ 269

20 당신 안에 있는 하나님의 능력을 의지하라 _ 278

21 내 안에 계신 하나님을 의식하라 _ 287

22 새로운 부류의 사람들 _ 299

23 수퍼맨의 몇몇 특징들 _ 311

24 그리스도 안에서 우리에게 불가능한 일이 있을 수 있는가? _ 329

첫 마디 말

이 글은 "심령Heart[1]에 숨은 사람"의 베일을 벗겨내기 위함입니다.

심리학자들이 "잠재의식subconscious mind"이라 불러온 것에 관한 연구입니다.

"당신 자신"을 당신에게 드러내려는 시도입니다.

현대의 심리학자들은 결코 사람에 대해 알지 못합니다. 왜냐하면 사람은 영인데 그들은 오로지 감각의 영역에서만 탐구하기에 진정한 사람을 알 수 없습니다.

사람은 하나님과 같은 부류로 창조되었습니다. 그는 영원한 영eternal spirit입니다.

물리적인 세계를 접해야 하는 사람에게 하나님의 감각들이 주어졌습니다. 추론할 수 있는 능력을 받았기에 감각들을 통하여 뇌로 전달되는 지식을 사용할 수 있습니다.

---

[1] 개역개정 성경에는 "마음에 숨은 사람"(벧전 3:4)으로 되어 있음. 원문에서 저자는 heart를 '영'과 '혼'이 구별되지 않는 '마음' 보다는 구별된 개념의 '영'과 바꿔 써도 좋다고 하였으므로 본서에서는 '심령'으로 번역함(역자주).

감각이 지배하는 이 추론할 수 있는 능력 뒤편에 진정한 사람real man, 즉 영spirit이 존재합니다.

대부분의 교회는 재창조된 영에 대해 익숙하지 않습니다.

우리가 양심conscience이라 부르는 것이 바로 영의 음성입니다. 누군가가 자신의 재창조된 영으로부터 듣는 법을 배울 수 있어 아버지와 친밀한 사귐을 나눌 수 있다면 그에게는 영적인 일에 있어서 어떠한 제약도 없을 것입니다.

모든 진리 혹은 실재reality로 우리를 인도하시는 성령이 주어졌습니다. 성령은 우리의 추론할 수 있는 능력을 인도하는 것이 매우 어려운 일이란 것을 아셨습니다. 그러나 우리의 영을 인도하시는 것은 성령에게는 정상적이며 자연스러운 것입니다.

우리는 사랑이 추론할 수 있는 능력의 산물이 아닌 영의 산물이란 점을 깨닫지 못했습니다. 믿음 또한 영의 산물입니다.

우리는 아버지의 생명과 본성을 받은 재창조된 영에 대해 이야기하고 있습니다. 우리는 재창조된 영으로 그리스도와 연합하게 되고 영생을 받습니다.

영생은 하나님 아버지의 본성이고, 그 본성은 사랑입니다. 사랑은 믿음의 어머니입니다.

사랑의 삶이 없다면 깊은 믿음의 삶도 가질 수 없습니다.

재창조된 영이 지혜와, 갈라디아서 5:22에 언급된 다른 모든 영의 열매들의 근원입니다.

나는 이 책을 읽는 독자들이 이 책을 주의 깊게 연구하며 모든 참고자료들을 찾아보고, 또한 진지하게 시험해 보는 것에 도전하기를 바랍니다.

01
심령에 숨은 사람

언젠가 나는 새로운 탄생의 심리학Psychology of the New Birth에 대한 기고를 요청받은 적이 있었습니다.

그 문제를 연구하기 시작하고서, 나는 새로운 탄생의 심리학이란 것은 존재하지 않는 것임을 알게 되었습니다. 왜냐하면 새로운 탄생은 정신적인 것이 아니라 영적인 것이기 때문입니다.

심리학은 마음에 관한 것이고, 새로운 탄생은 "심령에 숨은 사람" 또는 사람의 영에 관한 것입니다.

당신은 사람이 하나님과 같은 부류의 존재임을 알고 있습니다. 동산에 창조되었을 때 하나님의 형상과 모양대로 지음 받았습니다. 하나님이 영이시기에 그도 영적 존재여야만 했습니다.

사람은 그렇게 창조되어 하나님의 본성을 받음으로 하나님의 자녀가 될 수 있었습니다. 만일 사람이 물리적인 존재라면 사람은 하나님의 본성을 받을 수 없습니다. 만일 사람이 정신적인 존재라면, 사람은 하나님의 본성을 받을 수 없습니다.

사람은 영적 존재, 즉 하나님이 사시는 만큼 오래 사는 영원한 존재여야만 했습니다. 사람은 하나님과 같은 부류여야만 했습니다.

사람은 그렇게 창조되었기에 신성을 부여 받은 동반자companion and associate of Deity가 될 수 있었습니다.

하나님은 사람에게 자연의 법칙을 다스리는 권한을 주셨습니다. 모든 생명체는 사람에게 종속되었습니다.

이와 똑같은 권한이 의심할 바 없이 예수께 주어졌습니다. 이 땅에서 사역하시는 동안 예수는 자연법칙을 다스리셨고, 물을 포도주로 변화시키셨고, 지체 장애인을 회복시키셨고, 바다를 잠잠케 하셨으며, 죽은 자를 살리셨습니다.

첫 사람은 하나님과 같은 부류인 영이었습니다. 그가 하나님께 대역죄를 범했을 때 그는 사단의 본성에 참여하는 자가 되었습니다. 그는 실제로 다시 태어났고, 새로운 사단의 본성을 지닌 피조물이 되었습니다. 사람은 영적 존재이기 때문에 사단의 본성을 취한 것은 다름 아닌 사람의 영이었습니다.

동산에서 타락하기 전 하나님과 교제를 나누던 동안에는 사람의 영이 그를 지배하였고, 그의 감각들은 그의 영에게 종속되어 있었습니다. 그러나 그가 죄를 범하고 그의 영이 대적의 본성을 받았을 때 영은 감각들에게 종속되었습니다.

나는 아담이 타락하기 전에는 오감의 아주 일부분만을 사용했을 것이며, 그가 타락하는 즉시 그의 영은 지배력을 잃었고 그의 오감이 그 자리를 차지했다고 믿습니다. 그는 이제 자신의 감각들 즉 시각, 청각, 미각, 후각과 촉각에 의존할 수밖에 없었습니다.

그는 하나님의 임재로부터 추방되었습니다. 그는 적의 세상에 머물게 되었습니다. 그는 목숨을 잃지 않도록 열심히 살펴야만 했습니다. 그는 예민하게 들어야만 했습니다. 그렇지 않으면 짐승이 그의 약점을 이용했을 것입니다. 그는 맛을 봐야만 어떤 것이 먹을 만한 것인지 알 수 있었습니다. 어떤 물체가 뜨거운지 혹은 차가운지, 날카로운지, 거친지 만져봐야만 알 수 있었습니다.

아담은 자신의 오감을 통해서 배웠습니다.

그의 영은 여전히 자신의 오감에 갇힌 죄수로 있었습니다.

시편 기자는 시편 142:7에서 "내 영혼soul을 옥에서 이끌어 내소서"라고 울부짖었습니다.

여기서 쓰인 히브리어는 "영혼" 대신 "영"으로 번역되었어야만 했습니다.

그것은 해방을 갈구하는 영의 부르짖음이었습니다. 그것은 여러 세대에 걸쳐 자유를 갈망하는 부르짖음이었습니다.

사람의 영은 하나님과의 만남을 잃었습니다. 사람의 육체는 영원히 살 수 없게 되었고 죽음에 종속되었습니다. 예수께서는 인류가 처한 이런 상황을 아시고 감각 지식에 속한 사람에게 아버지를 소개하기 위해 감각 영역에 개입하셨던 것입니다.

여기 몇 가지 영에 관한 사실들이 있습니다. 사람은 영이며 혼을 갖고 있습니다. 혼은 추론할 수 있는 능력들로 구성되어 있습니다. 사람은 물리적 육체 안에 살고 있습니다. 물리적 육체는 오감을 소유하였고, 이 오감은 뇌의 교육자들이며 선생들입니다.

뇌가 감각들이 없이는 기능을 발휘할 수 없다는 것은 명백합니다.

어떤 아이가 시각, 청각 혹은 촉각을 상실한 채 태어난다면 그는 지적 장애아라 불릴 것입니다.

다른 아이들만큼 우수한 지적 능력을 타고났을지라도 감각들이 그 지적 능력과 접촉할 길이 없습니다. 뇌는 오감에 의존합니다.

영적으로 죽은 사람의 영은 사단과 조화를 이루는 상태에 있습니다. 그의 영은 그가 살인을 범할지라도 이의를 제기하지 않습니다.

"내가 범사에 양심을 따라 섬겼노라"라고 바울이 아그립바 왕에게 말한 것을 기억할 것입니다. 그것은 바울이 믿는 자들의 처형에 동의하던 시기의 일입니다.

그의 양심은 그가 그렇게 하도록 허락했었습니다. 그 양심은 영적으로 죽은 사람, 즉 사단이 지배하는 영의 음성이었습니다.

서신서들에 영을 지칭하는 이름들이 있습니다. "옛 사람Old Man: 구습을 따르는 옛 사람을 벗어 버리고", "새 사람New Man: 하나님의 형상과 모양대로 지으심을 받은 새 사람을 입으라"

영은 또한 "심령에 숨은 사람"으로도 불립니다.

영이야말로 진정한 사람입니다. 육체는 진정한 사람이 아닙니다. 그것은 단지 영이 거하는 집일 뿐입니다.

마음도 진정한 사람이 아닙니다. 왜냐하면 감각들을 파괴하면 마음은 파괴될 수 있기 때문입니다.

진정한 사람은 "심령에 숨은 사람" 또는 "숨은 영"입니다.

여기에 그 증거가 있습니다. "그런즉 누구든지 그리스도 안에 있으면 새로운 피조물이라 이전 것은 지나갔으니 보라 새 것이 되었도다. 모든 것이 하나님께로서 났으며."

그는 새로운 피조물이라 불립니다.

또 다른 번역은 이렇게 되어 있습니다. "그런즉 누구든지 그리스도 안에 있으면 새로운 자아a new self라."

그것은 새로운 피조물에 대한 예언이 주어진 에스겔 36:26과 완벽한 조화를 이룹니다. "또 새 영a new spirit을 너희 속에 두고 새 마음a new heart을 너희에게 주되"

"심령heart"과 "영spirit"이란 단어들은 신구약 성경 전반에 걸쳐 상호 호환적으로 사용되고 있습니다.

하나님은 사람에게 새로운 영을 주시겠다고 말씀하십니다. 하나님은 그 사람으로부터 새로운 사람을 만드시겠다고 하십니다. 하나님은 사람에게 그를 새로운 피조물로 만들 새로운 심령(혹은 영)을 주시겠다고 하십니다.

이 얼마나 감명 깊은 선언입니까! 사람은 재창조될 것입니다. 죄의 본성이 그에게서 제거될 것입니다. 그는 더 이상 "옛 사람"이라 불리지 않을 것입니다. 그는 그리스도 안에서 "새 사람"으로 불릴 것입니다.

죄인으로서의 사람은 그리스도를 통하지 않고는 하나님께 다가갈 수 없는 "옛 사람"입니다. 그는 하나님을 아버지로 알지 못합니다.

이제 하나님께서 기적을 행하셨습니다. 하나님께서 사람을 재창조하셨습니다. "옛 사람"은 더 이상 존재하지 않으며 "새 사람"이 그 자리를 차지하게 되었습니다. 새로운 피조물이 존재하게 된 것입니다.

이 "심령에 숨은 사람"이 이제 "새 사람", 새 자아입니다.

옛 자아는 영적인 죽음, 즉 대적의 본성을 지니고 태어났습니다. 그러나 새 자아는 사랑, 즉 하나님 아버지의 본성을 지니고 태어납니다.

사람은 새로운 피조물입니다. 그리고 그는 그리스도 예수 안에서 창조됩니다. 그는 새로운 종류의 행보를 할 것입니다.

옛 자아는 대적과 사귐이 있었지만 새로운 피조물은 아버지와 사귐이 있습니다.

여기 약간의 가치 있는 사실들이 있습니다. 옛 피조물은 하나님과 함께 조화를 이루지 못했습니다. 그들은 하나님께 다가갈 수 없었습니다. 사람의 타락 이후 그리스도께서 오시기까지 그 누구도 염소들과 황소들의 속죄의 피 없이는 하나님께 다가갈 수 없었습니다.

새로운 피조물인 사람은 오순절에 존재하게 되었는데, 마치 죄라는 것이 존재한 적이 없었던 것처럼 아버지 앞에 설 수 있었습니다.

"그러므로 이제 그리스도 예수 안에 있는 자에게는 결코 정죄함이 없나니"

"누가 능히 하나님께서 택하신 자들을 고발하리요 의롭다 하신 이는 하나님이시니"

이 새로운 피조물인 사람이 그리스도 안에서 하나님의 의가 되었습니다.

이제 기독교가 사람의 영을 다루시는 하나님에 대한 것임을 알 수 있습니다. 하나님은 사람에게 자신의 본성을 주시어 새로운 피조물이 되도록 하십니다.

사람은 동산에서의 아담만큼이나 새로운 피조물입니다.

하나님은 사람의 감각이 아닌 그의 영을 통해서 사람과 만나십니다.

사람의 영을 개발하는 것은 반드시 해야 하는 일입니다.

우리는 이 보이지 않고 알려지지 않은 인격이 어떻게 발달되는지 궁금해 했습니다. 우리는 이제 압니다.

그는 신성에 참여하는 자입니다.

그 신성의 최초의 나타남은 새로운 종류의 사랑입니다.

이 새로운 피조물의 성장은 아버지의 본성이 그를 지배함으로 이루어집니다.

달리 표현하면 그가 사랑 안에서 걷고, 사랑의 삶을 살고, 말씀을 실천하고, 그리고 아버지와 사귀기 시작합니다.

예수의 이 땅에서의 행보가 이 새로운 사랑의 삶의 완벽한 예입니다.

아버지께서 사람의 영에게 말씀을 드러내시어 말씀이 그의 매일의 삶에 살아 있는 것이 되도록 하십니다.

사랑은 그의 자연스러운 영역이 됩니다. 그는 사랑으로 삽니다. 그는 사랑을 생각합니다. 그는 사랑입니다. 왜냐하면 그는 사랑의 자녀이기 때문입니다. 하나님은 사랑이십니다.

02

새로운 자아

사람은 영적 존재입니다. 사람은 영이 살고 있는 물리적인 육체를 가졌습니다. 사람은 추론할 수 있는 능력들로 이루어진 혼을 가졌습니다. 사람의 육체는 그로 하여금 물리적인 것들과 접촉하는 것을 가능하게 해 줍니다. 사람의 추론할 수 있는 능력들은 정신적인 것들과 접촉합니다. 사람의 영은 영적인 것들과 접촉합니다.

영생을 받기 전에 사람의 영은 영적인 죽음에 의해 지배받습니다. 이로 인해 사람은 계시 진리인 성경을 이해하는 것이 불가능합니다.

"육에 속한 사람natural man;자연인은 하나님의 성령의 일들을 받지 아니하나니 이는 그것들이 그에게는 어리석게 보임이요, 또 그는 그것들을 알 수도 없나니 그러한 일은 영적으로 분별되기 때문이라"(고전 2:14)

사람의 재창조된 부분은 그의 영입니다.

에스겔 11:19 말씀은 주목할 만한 예언입니다. "내가 그들에게 한 마음 one heart을 주고 그 속에 새 영을 주며 그 몸에서 돌 같은 마음heart을 제거하고 살처럼 부드러운 마음heart을 주어"

여기 독특한 암시가 있습니다. 하나님은 지금 새로운 피조물에 관하여 말씀하고 계십니다.

하나님은 사람의 영 또는 심령을 재창조하려 하십니다. 두 단어는 같은 뜻으로 쓰이고 있습니다.

하나님이 "내가 그들에게 한 마음one heart을 주고"라고 말씀하십니다. 이 말씀은 사람들을 한 몸인 것처럼 하나로 만들어 줄 새로운 종류의 사랑이 오고 있음을 암시합니다.

예수께서 "우리가 하나가 된 것같이 저희도 하나가 되게 하려 함이니이다"라고 말씀하셨습니다.

우리는 요한복음 13:35-36에서 "너희가 서로 사랑하면 이로써 모든 사람이 너희가 내 제자인 줄 알리라"라는 말씀을 봅니다.

에스겔 36:26에서 "또 새 영을 너희 속에 두고 새 마음을 너희에게 주되"라는 말씀도 봅니다.

여기 전적으로 새로운 피조물에 대한 예언이 있습니다.

하나님은 그들로부터 이기심이란 굳은 심령을 제거하고 그분 자신의 사랑이라는 심령을 주시려 합니다.

27절에서 하나님은 "또 내 영을 너희 속에 두어 너희로 내 율례를 행하게 하리니"라고 말씀하십니다.

거기에는 새로운 피조물뿐만 아니라 하나님의 내주하심에 대해서도 약속되어 있습니다.

우리는 예수께서 "그는 너희와 함께 거하심이요 또 너희 속에 계시겠음이라"라고 말씀하시는 것을 들을 수 있습니다.

"오직 심령에 숨은 사람을…"(벧전 3:4)

여기서 재창조된 사람의 영에 대한 칭호를 따왔습니다. 그는 "심령에 숨은 사람"으로 불립니다. 그는 새로운 피조물로서의 사람입니다. 심령에 숨은 사람이 바로 "그 사람the man"입니다.

물리적인 육체는 그 사람이 아닙니다. 그것은 단지 그 사람을 위한 일시적인 거처일 뿐입니다.

추론할 수 있는 능력들도 그 사람이 아닙니다. 그것들은 그 사람의 종들일 뿐입니다.

육체는 그 사람의 오감 혹은 다섯 종들의 집입니다. 추론할 수 있는 능력들이 얻은 모든 지식은 오감 혹은 뇌의 다섯 종들을 통하여 온 것입니다.

만일 오감이 작동하지 못한다면 뇌는 활동을 중단한 채 휴면상태로 있을 것입니다.

여기서 우리가 각종 학교들과 대학에서 배운 모든 지식들이 이 다섯 경로들을 통하여 사람에게 전해졌다는 것을 기억하면 좋을 것입니다.

사람이 지식을 획득하거나 교육 받을 수 있는 유일한 방법이 육체에 속한 이 다섯 종들 또는 지체들을 통해서입니다.

"내 속사람으로는 하나님의 법을 즐거워하되"(롬 7:22) 여기에서는 숨은 사람이 "속사람"으로 불립니다. 어떤 경우든 "숨은 사람"이 "그 사람"입니다.

속사람의 성격은 때때로 겉사람에 의해 영향을 받습니다.

"그러므로 우리가 낙심하지 아니하노니 우리의 겉사람은 낡아지나 우리의 속사람은 날로 새로워지도다"(고후 4:16)

"그의 영광의 풍성함을 따라 그의 성령으로 말미암아 너희 속사람을 능력으로 강건하게 하시오며"(엡 3:16, 저자 직역)

겉사람 혹은 보이는 사람이 거리에서 당신이 인사하는 사람입니다.

겉사람에게 매력 혹은 혐오감을 주는 이가 속사람입니다.

하나님께서 겉사람 대신에 "속사람"을 다루신다는 것은 대단히 주목할 만한 사실입니다.

영적인 것들은 이 "심령에 숨은 사람"에게는 베일을 벗습니다.

성령은 "숨은 사람" 안에 그분의 집을 마련하십니다.

죄 의식sin consciousness은 이 "속사람"으로부터 옵니다.

다음의 사실을 이해하는 것이 매우 중요합니다. 믿는 사람 안에서 유죄를 선고하는 것은 재창조된 영이고, 우리의 양심은 우리의 이성에게 말하는 영의 음성입니다.

재창조되고, 영생을 받고 그리고 새로운 피조물이 된 우리의 부분은 "숨은 사람"임을 앞에서 언급했습니다.

최근 한 번역가가 고린도후서 5:17을 이렇게 번역했습니다. "그런즉 누구든지 그리스도 안에 있으면 새로운 자아라 이전 것은 지나갔으니 보라 새 것이 되었도다"

그 다음 절에서 말하는 화목은 이 "심령에 숨은 사람"과 하나님 아버지 사이의 화목입니다.

그는 결코 마음 혹은 추론할 수 있는 능력들과 하나님 사이의 화목을 말한 적이 없습니다. 그것은 언제나 심령의 화목입니다.

내가 이 진리를 처음 발견했을 때, 그것은 내가 일찍이 받아들였던 몇몇 가르침들에 대한 나의 태도에 영향을 주기 시작했습니다.

사람을 하나님과 같은 부류의 존재로 생각해 봅시다. 그는 영입니다. 그는 영원한 영입니다. 그는 하나님의 본성을 받을 수 있습니다. 그는 하나님을 사랑할 수 있습니다. 그는 하나님의 아들이 될 수 있습니다.

당신은 그가 하나님의 형상과 모양대로, 말하자면 영적인 모양spiritual likeness대로 창조되었음을 이해하고 있습니다.

그가 타락하면서 그 형상을 잃었으나, 그것은 새로운 피조물 안에서 회복되었습니다.

사도 바울의 계시에 여러 번 사용되는 매우 주목할 만한 용어가 있습니다. 예를 들면 에베소서 1장에서 (하나 혹은 두 가지 형태로) 열한 번 혹은 열두 번 나타납니다.

이것을 예시로 보십시오. "그의 안에서In whom 우리는 우리의 속량함을 받았느니라"(엡 1:7)

처음 두 단어를 주목하십시오. "그의 안에서In whom", 즉 "그리스도 안에서In Christ" 혹은 "그분 안에서In Him"

오랫동안 그것이 나를 괴롭혔습니다. 나는 그것이 무엇을 의미하는지 궁금했습니다.

나는 요한복음 15:5에서 내게 도움이 된 뭔가와 조우했습니다. "나는 포도나무요 너희는 가지라"

가지는 포도나무의 일부분입니다. 포도나무도 가지의 일부분입니다. 그 둘은 하나입니다.

에베소서 1:6은 "우리는 그가 사랑하시는 자 안에 있다"고 말씀하십니다.

에베소서 2:6은 "우리를 함께 앉히시니"라고 하십니다.

우리를 아버지의 우편에 이 사랑하시는 자와 함께 앉히십니다.

"또 함께 일으키사 그리스도 예수 안에서 함께 하늘에 앉히시니 이는 그리스도 예수 안에서 우리에게 자비하심으로써 그 은혜의 지극히 풍성함을 오는 여러 세대에 나타내려 하심이라"(엡 2:6-7)

에베소서 2:10에서는 "우리는 그가 만드신 바라 그리스도 예수 안에서 지으심을 받은 자"라고 말씀하십니다.

당신은 이 일이 주님의 부활 전에 일어난 것을 알 것입니다.

그리스도께서 재창조되었을 때, 아버지께서 "내가 오늘 너를 낳았다"고 말씀하셨습니다.

공의의 관점에서 그리스도의 몸 전체가 재창조되었습니다.

이것은 우리가 그리스도를 우리의 구원자로 받아들이고 그분을 우리의 주로 고백하는 순간 우리 안에서 실재가 됩니다. 그 때 우리는 영생, 즉 아버지의 본성을 받습니다. 이것이 우리를 새로운 피조물로 만듭니다.

이제 내가 인용한 말씀을 다시 봅시다. "그런즉 누구든지 그리스도 안에 있으면 새로운 피조물, 새로운 자아라. 옛 자아의 이전 것은 지나갔으니 보라 새 것이 되었도다. 모든 것이 하나님께로서 났으며 그가 그리스도로 말미암아 우리를 자기와 화목하게 하시고"

"그러므로 우리가 그의 죽으심과 합하여 침례를 받음으로 그와 함께 장사되었나니 이는 아버지의 영광으로 말미암아 그리스도를 죽은 자 가운데서 살리심과 같이 우리로 또한 새 생명 가운데서 행하게 하려 함이라"(롬 6:4)

다음 절을 주목하십시오. "만일 우리가 그의 죽으심과 같은 모양으로 연합한 자가 되었으면 또한 그의 부활과 같은 모양으로 연합한 자도 되리라 우리가 알거니와 우리의 옛 사람이 예수와 함께 십자가에 못박힌 것은 죄의 몸이 죽어 다시는 우리가 죄에게 종노릇 하지 아니하려 함이니"(5-6절) 시제를 주의하십시오. 과거형 "못 박힌"이지, 현재형 "못 박히는"이 아닙니다.

"이는 죽은 자가 죄에서 벗어나 의롭다 하심을 얻었음이라 만일 우리가 그리스도와 함께 죽었으면 또한 그와 함께 살 줄을 믿노니"(7-8절)

웨이Way 번역은 이 점에 대해 더욱 밝혀줍니다. "그러므로 침례가 우리로 그의 죽음을 공유하게 한다면 그의 장사됨도 공유하게 함이 틀림없습니다. 그의 아버지의 영광이 임함으로 인해 메시아가 죽은 자들 가운데서 일으키심을 받듯이 우리도 또한 그와 함께 일어나 전적으로 새로운 생명의 활동에 헌신하게 됩니다."

"만일 그분처럼 죽었기에 우리가 그분과의 살아있는 연합으로 들어갈 수 있다면, 그분과 함께 일어남의 결과로 우리도 또한 그에 못지않게 되리라. 우리가 알거니와 우리의 이전 자아는 그분과 함께 그분의 십자가에 못 박혔고 그래서 죄의 도구였던 몸이 악에 대하여 휘둘리지 않게 되어 우리는 더 이상 죄의 종이 아닐 수 있게 되었습니다."

우리의 재창조되고 새롭게 된 부분은 "심령에 숨은 사람"이었음을 주의 깊게 보십시오. 그는 이제 "옛 사람"이라 불립니다.

이 옛 사람은 그리스도와 함께 십자가에서 죽었습니다. 그것은 우리의 물리적 육체도 아니고 추론할 수 있는 능력들도 아니고 우리의 영이었습니다. 그것이 영적으로 죽었고 재창조되었어야만 했던 부분입니다.

"옛 사람과 그 행위를 벗어 버리고 새 사람을 입었으니 이는 자기를 창조하신 이의 형상을 따라 지식에까지 새롭게 하심을 입은 자니라"(골 3:9-10)

"옛 사람"은 벗겨졌고 그리스도와 함께 십자가에서 죽었다는 것을 주목하십시오.

그리스도가 죽은 자들 가운데서 일어났을 때 "새 사람"이 그와 함께 일어났습니다. 그 새로운 자아가 사람의 영입니다.

이제 오감의 집인 물리적인 몸은 머리이신 그리스도께 복종해야만 합니다.

이것은 우리를 로마서 12:1-2로 이끕니다. "그러므로 형제들아 내가 하나님의 모든 자비하심으로 너희를 권하노니 너희 몸을 하나님이 기뻐하시는 거룩한 산 제물로 드리라 이는 너희가 드릴 영적 예배니라. 너희는 이 세대를 본받지 말고 오직 마음을 새롭게 함으로 변화를 받아 하나님의 선하시고 기뻐하시고 온전하신 뜻이 무엇인지 분별하도록 하라"

이 몸이 영의 집 혹은 거처입니다. 이 재창조된 사람의 영은 새롭게 발견된 기쁨을 오감에 전하고 싶어 합니다.

그것은 몸 안에 감춰진 채로 있기에 오감을 통하지 않고는 전할 방법이 없습니다.

그러므로 사람이 재창조된 후에 반드시 행해야 할 첫 번째 일은 이 오감을 재창조된 사람의 영과 말씀에 복종시키는 것입니다. 이것이 이루어질 때 마음이 새롭게 됩니다.

설사 당신이 거듭난다 할지라도, 당신은 여전히 대적의 지배하에 있던 것과 같은 마음과 몸을 소유하고 있습니다. 이것이 마음을 새롭게 하여 재창조된 영과 조화를 이루는 것이 왜 그렇게 중요한지에 대한 이유입니다.

당신은 반드시 새롭게 존재하게 된 이 새로운 자아에 그것을 복종시켜야 합니다.

대부분의 믿는 사람들이 겪는 어려움은 그들의 마음이 결코 새로워지지 않았다는 것입니다.

그들이 사랑을 실천하는 것을 시작하기 전까지는 결코 마음이 새로워지지 않을 것입니다. 그들은 예수께서 세상에 선보이신 이 사랑의 삶을 살아야만 합니다.

새로운 종류의 이기심

"누구든지 그리스도 안에 있으면 새로운 피조물이라" 이 새로운 피조물은 하나님으로부터 태어났고 하나님은 사랑이십니다. 따라서 새로운 피조물은 사랑의 피조물입니다.

우리의 속량에 있어서 사랑은 최고 한계점까지 도달합니다. 십자가와 삼 일간의 고통은 사랑의 극한점이었습니다.

이제 우리는 그 사랑으로부터 태어납니다. 따라서 우리는 사랑의 피조물이 됩니다.

우리는 사랑의 본성에 참여하는 자들입니다. 우리는 사랑의 속성들을 갖고 있습니다.

하나님은 새로운 피조물 안에 자신을 복제하십니다. 그분은 "자기의 유익을 구하지 않는" 사랑의 수퍼맨을 만드십니다. 이 새로운 피조물은 박해나 비방에 의해서, 혹은 이기심에 지배 받는 사람이 할 수 있는 그 어떠한 것에 의해서도 도발되지 않습니다.

알다시피 새로운 탄생은 새로운 자아, 새로운 영, 새로운 사람을 만들었고, 그것은 사람에게 새로운 종류의 이기심을 주었습니다. 그것은 바울과 초대 교회의 성도들에게서 나타났던 이기심입니다. 얻은 것 이상으로 주려고 하고, 다른 누군가가 줄 수 있는 것보다 더 많이 주려고 하는 식의 투쟁에 있어서 그것은 더할 나위 없이 이기적입니다.

그것은 더 많이 주기 위해 자신을 버립니다. 그것은 정말로 그리스도께서 우리 안에서 매이지 않고 마음대로 하시는 것입니다.

"주여, 당신은 저를 위하여 죽으셨습니다. 저는 이제 당신이 위하여 죽으신 그들을 위하여 삽니다. 당신은 저를 위하여 사랑의 종이 되셨습니다. 저는 그들을 위하여 사랑의 종이 되겠습니다."라는 외침을 들을 수 있을 것입니다.

고린도후서 5:13을 보십시오. "우리가 만일 미쳤어도 하나님을 위한 것이요 정신이 온전하여도 너희를 위한 것이니 그리스도의 사랑이 우리를 강권하시는도다 우리가 생각하건대 한 사람이 모든 사람을 대신하여 죽었은즉 모든 사람이 죽은 것이라 그가 모든 사람을 대신하여 죽으심은 살아있는 자들로 하여금 다시는 그들 자신을 위하여 살지 않고"

이 이기심은, 나는 그렇게 부르는 것을 정말 좋아하는데, 내 몫의 십자가를 구하는 그런 종류의 사랑입니다.

당신은 사도 요한의 제자인 폴리캅Polycarp 주교를 기억할 것입니다. 그는 여든두 살에 로마를 향한 긴 여정을 시작했는데, 그것은 로마 정부 앞에서 자신이 예수 그리스도의 사랑의 종이었음을 고백하기 위해서였습니다. 화형대와 장작더미가 그를 기다리는 여정에서 그가 거쳤던 모든 마을 사람들이 간청하며 말렸습니다. 그의 심령은 로마에서 증언하는 것으로 확고했습니다. 그가 도착하자 그는 체포되었습니다. 그들은 그를 재판에 회부하였으나 그는 철회하기를 거절했습니다. 그들은 그를 화형대에 묶고 장작더미를 그의 주위에 차곡차곡 쌓았습니다.

당국은 그에게 그 이름을 모욕하도록 설득하려 했습니다. 그는 다정하게 그들을 바라보며 말하기를 "나는 그 주님을 거의 팔십 년 동안 섬겨왔습니다. 나는 그분을 사랑합니다. 그분은 나의 주이십니다."라고 했습니다. 그러고 나서 확고한 목소리로 "불을 붙이시오."하고 말했습니다. 그리고 불길 가운데서 "아버지여, 저들을 용서하소서. 저들은 저들이 하는 바를 알지 못하나이다."라고 부르짖었습니다.

당신은 그가 "그분은 저를 사랑했습니다. 그분은 저를 위하여 자신을 포기했습니다. 만일 그분이 저를 위하여 자신을 내어주셨다면, 내가 다른 사람들을 위하여 나 자신을 내어줘야만 하는 것은 당연한 것입니다."라고 말하는 것을 들을 수 있을 것입니다.

그것이 그를 이끌던 사랑이었습니다. 그것이 이타의 길로 이끄는 사랑입니다.

다음과 같은 기본적인 사실에 주목해 보십시오. 세상에는 두 개의 거대한 힘이 있습니다. 예수가 가져오신 것으로서 아버지로부터 샘솟는 이 새로운 종류의 사랑(아가페[2])과, 사단의 본성인 이기심입니다.

사단은 영적으로 죽은 상태입니다. 영적인 죽음은 이기심을 낳아왔습니다. 이기심이 인류를 지배해왔습니다.

사람은 그가 하나님의 본성을 받기 전까지는 영적으로 죽은 상태입니다.

그다음에 세상에서의 싸움이 있으니 영생과 영적인 죽음 사이에서 혹은 아가페와 이기심 사이에서입니다.

---

[2] 원문에는 아가파Agapa로 되어 있으나 본서에서는 '아가페'로 통일해서 표기함 (역자주).

자연인의 두드러진 특징은 이기심입니다. 그것은 우리에게 인류를 파괴하고 있는 주된 죄들을 가져다주었습니다.

이기심이 주류 판매, 도박 그리고 다른 죄들을 낳았습니다.

반쯤 취해 귀가하는 남편은 자신을 사랑하는 만큼 가족들을 사랑하지 않습니다. 현대 사회의 불행한 중독들에 젖어 감히 자라나는 자녀들 앞에서 이러한 중독들을 내보이는 엄마는 자녀들을 사랑하는 것보다 자신과 자신의 욕구들을 더 사랑합니다.

자연인은 그가 자신을 사랑하는 만큼 그의 자녀들을 사랑할 수 없습니다. 그는 그가 자신을 사랑하는 만큼 그의 아내를 사랑할 수 없습니다.

자연인의 심령은 사단의 본성인 이기심을 나눠 받았습니다. 그래서 그 이기심이 우위를 차지할 때 그 사람을 폭정의 영으로 채워 가정에서 폭군으로 만듭니다.

나는 어린 자녀들을 둔 한 부부를 알고 있었는데, 그들은 매우 불행하게 살며 이혼에 대해 많이 생각하고 있었습니다. 아버지는 신앙적 배경을 가지고 있었으며 어머니 역시 그랬으나, 그들 중 누구도 영생을 받지 못했었습니다.

아이들이 생긴 후 아내는 구속됨으로 인해 짜증을 느끼기 시작했고, "이 아이들이 내게서 나의 자유를 강탈해 간다!"고 말했습니다. 남편도 같은 제약을 느끼기 시작했습니다. 이기심이 빠른 속도로 자라기 시작했습니다. 집은 집이 아니었습니다. 말다툼을 하다가 화해하고, 잘못을 찾고, 아이들을 저주하는 장소였을 뿐입니다.

그러던 어느 날 나의 소책자 "새로운 종류의 사랑"이 그 남편의 손에 들어가게 되었고 그는 집으로 가져와 읽기 시작했습니다. 그가 책에 너무나 몰두하게 되자 아내는 그가 읽고 있는 것이 무엇인지 알고 싶어 했습니다.

알다시피 이기심은 늘 질투하기 마련입니다. 이기심이 날카로워지면 날카로워질수록, 그리고 많아지면 많아질수록 점점 더 예민해집니다.

그녀는 그 소책자가 무엇인지에 큰 호기심을 갖게 되었습니다.

마침내 그녀는 "당신이 읽고 있는 것이 무엇이지요?"라고 물었습니다.

그는 "내가 지금까지 읽은 책 중에 가장 훌륭한 것이오."라고 대답했습니다.

그는 그 책자를 테이블 위에 내려놓았고, 아내는 읽기 시작했습니다. 그녀는 반도 채 읽지 않아 결단을 내렸습니다. 그녀는 상황을 깨달았던 것입니다.

남편이 집에 들어오자 그녀는 "당신은 저 책을 얼마나 읽었어요?"라고 물었습니다.

"거의 다 읽었소. 사무실의 한 동료가 내게 주었소."라고 남편은 대답했습니다. "당신은 그 책에 대해 어떻게 생각하오?"

"난 그저 우리가 처음 결혼했을 때 그 책을 읽었더라면 우리 삶이 달라졌을 것이란 생각뿐이에요."라고 그녀는 말했습니다.

남편은 아이들 중 하나를 들어 팔로 안으며 "여보, 나와 함께 이것을 시작해보고 싶지 않소? 난 영생을 갖고 싶소. 난 나의 이기심에 넌더리가 나오!"라고 말했습니다.

그녀는 남편의 얼굴을 살피다 팔을 뻗으며 말했습니다. "여보, 난 당신과 함께 끝까지 계속 하겠어요."

그 일이 일어났을 때 좀 더 나이가 든 두 아이들은 집에 없었습니다.

그리고 아버지와 어머니는 그 일에 대해 그들에게 말해주지 않았습니다.

삼사 일 후 큰 딸이 물었습니다. "엄마! 엄마랑 아빠에게 무슨 일이 일어난 거예요? 지난주부터 말다툼을 하지 않으시잖아요." 그제야 엄마는 딸에게 이야기해 주었고, 소녀는 엄마의 품에서 속삭였습니다. "엄마! 저도 그것을 원해요."

그래서 그 집에 사랑이 머물게 되었습니다.

얼마 후 그 집의 모든 식구들은 다른 사람에게 받은 것 이상으로 주려고 했습니다. 사랑의 경쟁이 발달하기 시작했습니다. 남편과 아내는 사랑에 있어 서로를 능가하려 했습니다.

사랑으로 채워진 새로운 피조물 두 사람이 아가페를 실천하기 시작하자, 그 집에 바로 천국의 분위기가 생겨났습니다.

사랑의 슬로건은 "나는 나의 유익을 구하지 않고 당신의 행복을 구합니다"입니다.

우리가 만일 아가페에 대한 연구를 배울 수 있는 수업을 받는다면 얼마나 멋진 일이 될까요. 대학에는 "사랑"에 대한 강의가 있었던 적이 결코 없습니다. 그러나 사랑은 삶에서 가장 중요한 것입니다.

당신은 노사관계를 법률에 의해 혹은 강제로 조정할 수 없습니다. 그것은 오직 아가페로만 안정될 수 있습니다.

오, 노동계에 복음을 전하고, 이기심이야말로 세워 놓은 모든 것을 파괴하고야 만다는 것을 증거할 수 있는 그런 위대한 리더가 세워질 수 있다면!

감각 지식Sense Knowledge은 도시들을 세웠지만, 결국은 그것들을 파괴하고야 맙니다.

우리 중 두 종류의 야망이 있음을 깨달은 사람은 거의 없습니다. 하나는

새로운 자아　29

정복하고 통치하며, 소유하고 유지하려는 욕망에서 비롯되는데, 그것이 방해가 되는 사람들에게 어떤 영향을 미치든 개의치 않습니다. 다른 하나는 주고, 세우고, 행복하게 만들고, 가르치고, 훈련시키고, 아름답고 기쁜 가정을 만들려는 야망입니다. 하나는 예수님께서 가지고 계셨던 것과 같은 종류이고 다른 하나는 사단에 의해 생긴 것입니다.

바울이 말한 가장 달콤한 것 중 하나는 "그는 나를 사랑을 대표할, 심지어 하나님을 대표할, 새로운 종류의 사랑을 대표할 자격이 있다고 여기십니다."라는 것입니다. 미워하는 사람 사울이 사랑하는 사람 바울이 되었습니다.

나는 남녀가 함께 하는 작은 모임들이 있어 그들이 이 새로운 종류의 사랑을 어떻게 발달시킬지 연구하고, 그래서 그들이 이 새로운 종류의 이기심을 갖게 되기를 바랍니다.

나는 거의 삼십 년 동안 매우 불행하게 살았던 남자와 여자를 압니다. 그들은 헤어질 수 없었습니다. 그들은 헤어지는 것에 대해 얘기했습니다. 그들은 그것을 계획했습니다. 그들은 심지어 그들의 변호사에게 가서 그것에 대해 얘기를 나누기도 했지만, 막상 하려고 하니 그들은 할 수 없을 것만 같았습니다. 그들은 내 책 "새로운 종류의 사랑"의 복사본을 받았습니다. 그리고 그들은 나의 예배에 참석했고, 나는 이 새로운 종류의 이기심에 대해 말하게 되었습니다.

그는 잠시 후에 나를 찾아와 이렇게 말했습니다. "목사님, 아내와 제가 삼십 년 동안이나 찾던 것을 이제야 발견했습니다. 우리는 지금 게임을 하고 있습니다. 우리 각자가 사랑함에 있어 서로 앞서려고 하고 있습니다. 우리 이웃 중 서넛도 사랑을 실천하기 시작했습니다. 그들 중 하나가

밤에 저에게 와서 '난 이 사랑을 실천할 수 없어요. 난 내 심령 가운데 그것을 갖지 못했어요.'라고 말했습니다. 그때 제 아내가 그녀를 하나님의 어린 양께 인도했습니다. 그리고 이제 그녀 또한 이 새로운 종류의 이기심을 갖고 있습니다."

이 책을 읽는 여러분 각 사람이 만일 이 새로운 종류의 사랑, 새로운 종류의 이기심의 전도자가 된다면 참으로 멋지지 않을까요?

우리는 이기심의 아들들이 사랑의 아들들이 되는 것을 보아왔습니다. 우리는 옛 이기심이 이 새로운 종류의 이기심을 만나 패하는 것을 보아 왔습니다.

오늘날 이기심과 사랑 사이에 큰 전투가 존재합니다. 사단은 이기심의 상징이고, 예수는 사랑의 상징입니다.

03

사랑과 이기심 – 세상에 존재하는 두 개의 강력한 영적인 힘

여기 사랑이 결코 하지 않은 뭔가가 있습니다. 그것은 약한 자를 노예로 삼지 않습니다. 그것은 무지한 자를 이용하지 않습니다. 그것은 결코 독재자나 폭군처럼 통치하지 않습니다. 그것은 럼주 판매에 투표하지 않습니다. 그것은 결코 범죄자로 법정에 서지 않습니다. 그것은 결코 자신의 유익을 구하지 않습니다.

그것은 가정사에 있어 결코 부적절하게 행동하지 않습니다. 그것은 결코 술 취하지 않습니다. 그것은 아이들 앞에서 결코 나쁜 사례가 되지 않습니다. 그것은 욕하지 않고 신성모독 발언을 하지 않고 비도덕적인 언어를 쓰지 않습니다. 그것은 다른 사람들의 실패와 연약함에 대해 말하지 않습니다. 그것은 악한 것들에 기뻐하지 않고 적이 패배했을 때 행복해 하지 않습니다.

이것은 사랑의 소극적인 면입니다.

그러면 "사랑은 무엇을 하는가?"라고 물을 것입니다.

사랑은 자신의 유익을 구하지 않고 이기심을 파괴합니다. 그것은 다른 사람들의 짐을 짊어집니다.

그것은 누군가가 부적절한 일을 하는 것을 발견하면 그것을 덮어주고 가려주며, 그것에 대해 결코 말하지 않습니다.

이기심과 사랑 사이의 어마어마한 차이를 아시겠습니까?

스탈린 하에서 러시아의 교육 시스템을 책임진 정치 위원이 "우리는 사랑을 죽여야만 합니다. 우리는 그리스도인들을 미워합니다. 사랑은 사람들을 부드럽게 만듭니다. 우리는 반드시 증오하는 것을 배워야 합니다. 우리는 반드시 죽이는 것을 배워야 합니다."라고 말한 것이 전혀 이상하지 않습니다.

저것은 억제되지 않은 이기심입니다. 사랑이 파괴된 나라에서 그것은 완벽하게 파렴치해집니다.

여기 우리가 알아야 할 몇 가지 사실들이 있습니다.

두 종류의 사랑이 있습니다. 하나는 자연인의 사랑이고, 다른 하나는 예수님과 같은 종류의 사랑입니다.

이 장을 시작하면서 나는 예수님과 같은 종류의 사랑, 즉 공산주의가 증오하는 종류의 사랑에 관한 그림을 제시했습니다. 왜 그들은 이 사랑을 증오할까요? 왜냐하면 공산주의는 이기심 위에 세워졌기 때문입니다.

두 종류의 공산주의가 있습니다. 이기적인 사람에 의해 다스려지는 공산주의가 있고, 사랑에 의해 다스려지는 공산주의가 있습니다.

초대교회가 생기고 나서 이런 사랑의 분출이 있었습니다. "그들은 모든 물건을 서로 통용하고 자기 재물을 자기 것이라 하는 이가 없더라."

사단은 그것을 이기심과 이기적인 사람들을 통해서 모방하려고 했지만 할 수 없었습니다.

러시아에 불과 삼사백만 명의 공산주의자들이 있는데 그들은 지배자들이고 일억오륙천만 명의 피지배자들이 있다는 것은 악명 높은 사실입니다.

지배자들은 공산주의를 믿습니다. 왜냐하면 그것이 그들을 주인으로 그리고 국민들을 종으로 만들기 때문입니다. 이기심이 통치하는 그 어떠한 형태의 정부도 약하고 가난한 사람들에게는 결코 안전하지 않습니다.

감각 지식의 정부는 언제나 가난하고 약한 사람들을 종으로 삼습니다. 강한 자가 약한 자를 다스립니다. 이기심의 영역에서는 힘이 곧 정의입니다.

이런 이기적인 법을 만드는 사람들은 두 가지 이유로 예수님과 같은 종류의 사랑을 두려워합니다.

우선 그것은 그들의 비열함과 이기심을 드러냅니다. 또 다른 이유는 그 사랑이 이기심의 확실한 적이란 것입니다. 그 둘은 결코 함께 역사할 수 없습니다.

알다시피 자기 보존은 자연인의 첫 번째 법칙입니다. 그것은 자신을 구하지만, 사랑은 정반대로 다른 사람들을 구하려 합니다.

국제적인 범죄들과 전쟁 중에 범해지는 모든 범죄들은 이기심으로 생긴 것입니다.

노동자와 자본가 사이의 전쟁은 이기심의 전쟁입니다. 자본가는 이기심 위에 세워집니다.

사랑은 결코 파업을 일으키지 않습니다.

사랑은 결코 노동자의 얼굴을 짓뭉개지 않습니다.

노동자와 자본가 문제의 유일한 해법은 자본가들을 새로운 종류의 사랑인 아가페와 반드시 만나게 하는 것입니다.

이 새로운 종류의 사랑은 하나님의 본성으로, 새로운 탄생 때 사람에게 전해집니다.

그것이 노동자와 자본가 문제의 유일한 해법입니다.

치명적인 유형의 이기심이 우리의 땅을 휩쓸고 있습니다. 분명 자본가와 노동자 사이의 전쟁을 가져올 것입니다.

자본가는 그런 종류의 전쟁에서 갖고 있는 모든 것을 잃게 될 것입니다. 그리고 노동자는 아무것도 얻지 못할 것입니다. 노동자는 자본가에 그의 생계를 의존합니다.

유일한 해법은 예수님과 같은 종류의 사랑입니다. 예수님이 세상에 가져다주신 사랑입니다.

이기심은 모든 치명적인 이데올로기를 낳았습니다.

자본가와 조직화된 노동자는 그 결과 중 하나입니다.

노동자의 한 분파는 자신들이 반드시 공산주의를 따라야 한다고 말합니다.

이기심이 지배하는 한 세상에 평화는 없습니다. 스탈린이나 히틀러만큼 사람들을 이끌 능력을 지닌 사랑의 사람이, 이기심의 영역으로부터 사랑의 영역으로 이끌 능력을 지닌 사랑의 사람이 반드시 일어나야만 합니다.

돈을 사랑하는 것이 모든 종류의 악의 뿌리입니다. 이기적인 사람이 공동체에서 지배력을 행사할 수 있는 지위를 얻을 때 그는 사회에 위협적인 존재가 됩니다.

교회는 이기심의 유일한 적입니다. 내가 "교회"라고 말할 때 그것은

사랑과 이기심

새로운 피조물인 사람들, 즉 사랑 안에서 걷는 사람들을 의미합니다. 오늘날의 교회는 아닙니다. 많은 교파의 지도자들이 모더니스트들이고 심지어는 공산주의자들입니다.

사단의 본성인 영적인 죽음은 우리에게 이기심을 줍니다.

하나님의 아들의 생명과 본성은 우리에게 사랑을 줍니다. 그리고 오늘날 사랑과 이기심 사이에 갈등이 존재합니다.

사랑은 새로운 유형의 기독교를 세울 리더를 기다립니다. 새로운 유형의 사람들, 착취보다는 협동을 가르칠 사람들 말입니다.

그렇게 되거나 아니면 우리가 또 다른 히틀러의 종이 되든가 둘 중 하나입니다.

이기심이 통치하는 한, 강자는 약자를 종으로 만듭니다. 지식인들은 무지한 자들을 종으로 만듭니다. 상류 계급이 일반 대중을 종으로 만듭니다.

프랑스 대혁명이 프랑스의 문제를 해결하지 못했습니다. 스탈린이 러시아의 문제를 해결하지 못했습니다. 히틀러가 독일의 문제를 해결하지 못했습니다.

우리는 우리를 마주하고 있는 엄청난 책임을 갖고 있는데 그것은 기도입니다!

임박한 문제의 유일한 해법은 하나님을 그 현장에 모시는 것입니다.

우리는 전국적인 부흥이 필요합니다. 종교의 부흥이 아닌, 영생의 부흥이 필요합니다.

오직 영생만이 우리에게 우리를 다스릴 새로운 사랑의 법New Love Law을 줍니다.

04
사람의 영

수년간 우리는 생각들의 근원에 관해 혼란에 빠졌습니다. 우리는 그것이 이성에서 난 것이 아님을 압니다. 그것들은 우리에게 번쩍였고 불쑥 달려들었습니다.

아름다운 선율들이 우리의 의식을 부유합니다. 우리에 대한 지배력을 얻으면 그것은 이성이 낳지 못했던 아름다운 한편의 시가 됩니다.

여러 날 동안 우리를 괴롭히던 문제의 해결책이 구하지 않았음에도 예고 없이 우리에게 찾아옵니다.

발명들과 창의적인 것들이 감각 지식의 근원과는 관계없이 우리의 생각mind에 번쩍이며 나타납니다.

이성을 경악시키는 아름다운 구조물들, 직물들 그리고 그림들의 디자인이 마치 유월의 어느 날 우리 머리위로 떠가는 구름처럼 우리 마음에 찾아와 부유합니다. 그것들은 어디에서 오는 것입니까?

잠언 20:27을 찾아봅시다. "사람의 영은 여호와의 등이라"

이 영이 추론할 수 있는 능력들을 안내합니다. 주님의 등불을 이용하거나 그 유익을 누리는 사람은 거의 없습니다.

우리는 사람은 영이라는 것을 배웠습니다. 그는 하나님과 같은 부류에 속합니다. 그는 육체에 대하여 독립적으로 살 수 있습니다. 그는 영원합니다.

우리는 두 종류의 교육, 즉 영의 교육과 마음의 교육이 있음을 배웠습니다.

교회와 우리의 교육 시스템은 한번도 진정한 사람에 대하여 이해하려고 진지하게 시도한 적이 없음을 알게 되었습니다.

갓난아기에게서는 오직 육체적인 면만 보입니다. 그 후에 어린 아이의 마음이 자라고 뻗어나가 꼬치꼬치 물을 때에, 아이는 우리에게 그야말로 마음과 몸이 됩니다.

우리는 조심스럽게 아이의 몸에 먹을 것을 주고, 세우고, 마음을 훈련시키고, 효율적으로 만듭니다. 그러나 영을 가르치거나 훈련시킨 적이 있습니까?

우리는 심리학적인 토론들을 통해서 잠재의식에 대하여 많이 들었습니다.

처음에 우리는 그것에 전율을 느꼈고, 이후에 우리는 그것이 단지 우리 자신의 영일 뿐이라는 것을 알게 되었습니다.

우리는 양심이 영의 음성이라는 것과 이성은 우리 마음의 음성이라는 것 그리고 느낌은 우리 육체의 음성이라는 것을 알게 되었습니다.

두 종류의 양심이 있습니다. 그리스도인의 양심 곧 하나님의 자녀의 양심과, 자연인의 양심입니다.

우리는 영의 발달에는 세 종류가 있음을 깨달았습니다.

자연인은 자신의 영을 개발하여 내부적인 어떤 힘이 되게 할 수 있습니다. 우리는 이것을 크리스천 사이언스, 유니티, 강신론 그리고 여타 심리적인 종교들에서 봅니다. 이것이 자연적인, 즉 거듭나지 않은 사람의 영이 개발된 모습입니다.

사람의 영은 선천적으로 대단히 종교적입니다. 왜냐하면 하나님에 굶주려 있기 때문입니다. 그것은 사람의 모든 종교들의 어머니입니다.

기독교는 사람의 영의 굶주림에 대한 하나님의 대답입니다.

사람의 모든 종교는 이 굶주림에 대답하려 시도하지만 실패할 뿐입니다.

사람의 거듭나는 부분은 영입니다. 그것이 하나님의 본성과 생명을 받습니다.

하나님을 만나거나 혹은 사단을 만나는 것은 우리의 영입니다. 이성은 하나님을 찾을 수 없습니다. 감각 지식은 하나님 또는 사람의 영을 발견하는 것이 불가능했습니다.

그것은 창조주에 대한 증거들을 볼 수는 있지만 그분을 찾을 수는 없습니다.

그것은 사람의 영에 대한 증거들을 볼 수는 있지만 그것을 이해하거나 사람의 몸 안에서 그것을 찾지는 못합니다.

자연인의 영은 주로 악evil에게 지배됩니다. 사람들은 자신들의 목적을 위해 다른 사람들에 대한 지배력을 얻는데 그것을 사용해왔습니다.

그 다음에 귀신들린demonized 영들이 있습니다. 즉 악한 영들에 의해 조종되는 사람들입니다. 종종 그들은 비범하거나 기적으로 보이는 일들을 행합니다.

성경은 이런 유형에 대하여 "주술사, 강신술사, 영매"라고 합니다.

그들은 모두 악한 영에게 지배받는 영들입니다.

종종 그들이 하는 말에 그들의 마음이 전혀 들어있지 않습니다. 악령들이 그들의 입술을 통해 감각 지식과 무관하게 말합니다.

이런 사람들은 몹시 영적일 수 있어서 사단의 일에 깊이 빠질 수 있습니다.

세 번째 종류의 영성Spirituality은 새로운 피조물의 영, 즉 사람이 새로운 피조물이 되어 하나님의 본성과 생명을 받음으로 갖게 된 영성입니다.

성령은 육체를 집으로 삼아 재창조된 사람의 영을 지배합니다. 이것은 말씀을 통하여 배양되고 개발되기에 그 가능성에 있어서 아무런 제약이 없습니다.

영이 육체에 미치는 영향은 거의 파악되지 않고 있습니다. 치유의 이런 현상을 연구하려면 모든 약리적 지식materia medica이 동원되어야 할 것입니다.

"온순한 혀는 곧 생명나무이지만 패역한 혀는 마음spirit을 상하게 하느니라"(잠 15:4)

말은 사람의 영에 영향을 미칩니다. 당신의 마음mind은 이미 발설된 불쾌한 말들을 내치겠지만 당신의 영은 그것들을 흡수합니다.

"마음heart의 즐거움은 얼굴을 빛나게 하여도 마음heart의 근심은 심령을 상하게 하느니라"("heart"란 단어는 "spirit"이란 단어와 상호 교환적으로 사용됩니다).

"너희가 내 마음soul을 괴롭히며 말로 나를 짓부수기를 어느 때까지 하겠느냐"(욥 19:2)

말은 벽돌이나 돌보다 훨씬 더 위험합니다. 말은 펜이나 붓보다 훨씬 더 강력합니다. 말이 **뼈**를 부수지는 못하지만 심령은 으스러뜨립니다.

"**마음**heart의 즐거움은 양약이라도 **심령**spirit의 근심은 **뼈**를 마르게 하느니라"(잠 17:22)

"사람의 심령은 그의 병을 능히 이기려니와 심령이 상하면 그것을 누가 일으키겠느냐"(잠 18:14)

이 성경말씀들에서 우리는 육체의 치유를 위한 비밀을 봅니다. 우리는 아픈 사람들을 위해 매일 기도합니다. 육체적으로 아픈 모든 사람들은 영에 있어서도 아픕니다. 그들의 영이 치유되는 순간 육체도 좋아지기 때문입니다.

우리의 첫 번째 사역은 그들을 데려다 치유하는 말씀과 접하도록 하는 것입니다.

"그가 그의 말씀을 보내어 그들을 고치시고"(시 107:20)

마태복음 8:8에서 백부장이 예수께 말하기를 "말씀으로만 하옵소서. 그러면 내 하인이 낫겠사옵나이다."라고 하였습니다. 백부장은 예수가 말로 치유하는 것을 알았습니다.

당신은 말로 육체를 치유할 수 없습니다. 그러나 말로 사람의 영을 치유할 수는 있습니다. 당신은 영을 치유합니다. 그러면 영은 육체를 치유합니다.

아픈 사람들의 영을 치유하는 것은 우리 입술에 있는 **말씀**Logos입니다. 하나님의 말씀이 곧 치유자입니다.

우리가 말씀을 올바르게 나누는 법을 알게 될 때 우리는 올바른 종류의 영적인 약, 즉 치유를 가져다 줄 성경의 적절한 구절을 아픈 사람에게 줄 수 있을 것입니다.

신성한 삶의 비밀은 어떻게 영적인 영역에서 사는지, 어떻게 자신의 등불을 하늘의 기름으로 채우는지, 그리고 어떻게 자신의 영을 합당하게 유지하여 어떠한 질병도 무단 침입할 수 없게 하는지를 배우는 것입니다.

이것은 우리의 마음으로 하여금 지혜와 지식을 구별하게 해줍니다.

지식은 사람들과 책들과 선생들로부터의 반영과 접촉과 관찰에서 비롯됩니다.

지혜는 두 개의 근원 중 하나 즉 하나님 혹은 사단에서 비롯됩니다.

"너희 중에 지혜와 총명이 있는 자가 누구냐 그는 선행으로 말미암아 지혜의 온유함으로 그 행함을 보일지니라 그러나 너희 마음속에 독한 시기와 다툼이 있으면 자랑하지 말라 진리를 거슬러 거짓말하지 말라 이러한 지혜는 위로부터 내려온 것이 아니요 땅 위의 것이요 정욕의 것이요 귀신의 것이니 시기와 다툼이 있는 곳에는 혼란과 모든 악한 일이 있음이라 오직 위로부터 난 지혜는 첫째 성결하고 다음에 화평하고 관용하고 양순하며 긍휼과 선한 열매가 가득하고 편견과 거짓이 없나니 화평하게 하는 자들은 화평으로 심어 의의 열매를 거두느니라"(약 3:13-18)

여기 대조를 이루는 두 종류의 지혜가 있습니다.

우리는 대조를 이루는 두 종류의 지식을 갖고 있습니다. 우리는 감각에서 비롯되는 지식을 갖고 있습니다. 우리는 이 지식을 각종 학교들과 대학에서 얻습니다. 우리가 날마다 일터에서 사용하는 지식, 하나님과 무관해 보이는 그리고 때로는 하나님과 무관해지려는 지식 말입니다.

다른 종류의 지식은 말씀에서 비롯되는 계시 지식 Revelation Knowledge 입니다.

감각 지식은 종종 계시 지식과 전투를 치릅니다.

사람은 그의 교육을 완성시키기 위해 계시 지식을 필요로 합니다.

감각 지식은 하나님을 찾을 수 없고, 사람을 창조하신 이유, 천지를 창조하신 이유, 생명의 근원, 그리고 운동의 근원을 알 수 없습니다.

감각 지식이 이런 종류의 문제들을 대할 때 이론들을 만들어 냅니다.

다윈의 진화론이야말로 추측의 걸작입니다. 그는 감각 지식이 갈 수 있는 한 가장 멀리까지 가서, 상상의 비행기를 타고 사실들의 영역을 떠나 추측들과 이론들로 가득한 책을 썼습니다.

그것은 누군가를 돕기는커녕 수많은 사람들을 망쳐버렸습니다.

하나님은 그분의 메시지를 당신의 영에 전달하십니다.

"직감hunch"이라 불리는 "작고 조용한 음성"이 당신의 영입니다. 때로 그것은 "양심"이라고도 불립니다.

하나님과 주 예수 그리스도를 아는 유일한 길은 영을 통해서 입니다.

나는 사람들이 "내가 만일 누군가가 치유되는 것을 볼 수 있다면 난 믿겠어."라고 말할 때마다 혼란을 느끼곤 했습니다.

몸져누워있던 한 남자가 기적적으로 치유되었을 때 이런 회의론자 하나가 우연히 나와 함께 있었습니다. 그의 다리는 제기능을 하지 못했었습니다. 그는 즉각적으로 치유되었습니다. 그는 걸었고 하나님을 찬양했습니다. 이 회의론자는 "음~ 잘됐네, 하지만 어차피 좋아질 때가 되었던 거지."라고 말했습니다.

감각 지식은 기적들을 이해하지 못합니다. 오직 영만이 그것들을 드러낼 수 있습니다.

사람들이 우리 예배에 참석하여 많은 남녀가 치유되고 기적이 행해지는 것을 볼 때, 그것은 그들에게 치유에 관하여 감각 지식에 근거한 믿음을 줍니다. 그들 중 많은 사람들이 그들이 보고 들은 것 때문에 자신들의 치유를 받습니다.

그러나 분명 대적으로부터 비롯된 문제가 되돌아오면 그들에게는 어떠한 기초도 뿌리도 없습니다. 그들은 깊고 풍성한 말씀의 지식을 갖고 있지 않습니다.

그들은 흙이 얕은 토양에 뿌려진 씨와 같습니다. 뜨거워지자 죽어버렸습니다. 왜냐하면 깊게 뿌리내리지 못했기 때문입니다.

한 사람이 영구적으로 도움 받기에 앞서 그의 영은 반드시 하나님의 말씀으로 교육받아야만 합니다.

창조적인 믿음, 다스리는 믿음, 치유하는 믿음, 그리고 구원하는 믿음, 이 모든 것은 영에 있습니다.

믿음은 이성의 산물이 아닙니다.

감각 지식은 우리가 지금 말하고 있는 그런 종류의 믿음을 결코 생산하지 못합니다. 그것은 보고 듣고 느끼는 것을 믿는 감각 지식에 근거한 믿음을 생산할 뿐입니다.

사랑은 영의 열매입니다(이것은 성령을 말하는 것이 아니라 재창조된 사람의 영을 말합니다).

갈라디아서 5:16은 사람의 영에 대하여 훌륭하게 설명하고 있습니다. "내가 이르노니 너희는 성령을 따라 행하라 그리하면 육체(감각들)의 욕심을 이루지 아니하리라 육체(혹은 감각들)의 소욕은 성령(영)을 거스르고 성령(영)은 육체(감각들)를 거스르나니 이 둘이 서로 대적함으로 너희가 원하는 것을 하지 못하게 하려 함이니라"

19절과 20절은 우리에게 감각들의 일들 혹은 감각들의 발현에 관하여 말해줍니다.

22절은 다시 새로워진 사람의 영에 대해 말해 줍니다. 그것들은 "사랑과 희락과 화평과 오래 참음과 자비와 양선과 충성과 온유와 절제니 이 같은 것을 금지할 법이 없느니라. 그리스도 예수의 사람들은 육체(혹은 감각들)와 함께 그 정욕과 탐심을 십자가에 못 박았느니라"

사람의 영이 감각들에 대한 지배력을 획득할 때 영은 그것들을 사로잡아 복종시킵니다. 그러면 "난 그것을 할 수 없어. 내 양심(재창조된 영의 음성)이 그것을 허용하지 않아."라고 그는 말합니다. 그의 영이 마음mind을 지배해버린 것입니다.

그러고 나서 마음이 육체에 대한 지배력을 획득하고, 육체를 마음에 종속시킵니다.

"만일 우리가 영을 따라 살면 우리가 또한 영을 따라 행하리라." 그것이 사람의 영입니다.

로마서 8:1-3은 같은 문제를 다루고 있습니다.

"율법이 육신(감각들)으로 말미암아 연약하여 할 수 없는 그것을 하나님은 곧 죄로 말미암아 자기 아들을 죄 있는 육신(감각들)의 모양으로 보내어 육신(혹은 감각들)에 죄를 정하사"(3절)

우리 육신에 무슨 죄를 정한 것입니까?

우리는 그것이 행위의 죄라고 이해했지만 사실 그것은 질병입니다. 여기서 죄는 망가진 감각의 법칙입니다. 질병이 몸에 죄로 정해진 것입니다.

질병은 불법적인 것임을 당신이 인지하고 당신의 영이 이 사실을 움켜잡지 않는 한 당신은 결코 육체적 고통과 질병에 대항하는 울타리를 세우지 못할 것입니다.

당신이 육체적 질병은 불법적인 것임을 깨달았음에도 여전히 그 질병을 내버려 두어 그 질병과 어울릴 때, 당신은 범법자와 결탁하는 것이고 그것은 당신을 정죄 아래로 이끌 것입니다.

"감각들을 따르지 않고 영을 따라 행하는 우리에게 율법의 당연한 요구가 이루어지게 하심이라. 감각들을 따르는 그들은 육신(감각들)의 일을 생각하고 영을 따르는 그들은 영의 일을 생각하나니, 육신(감각들)의 생각은 사망이지만 영의 생각은 생명과 평안이라. 감각들의 생각은 하나님께 대항하여 적의를 품기 때문에 이는 하나님의 법에 굴복되지 아니할 뿐 아니라 될 수도 없음이라"(4절, 저자 직역)

이는 성령에 관하여 말하고 있는 것이 아니라, 이 재창조된 영과 당신의 물리적 몸에서의 그것의 위치에 관하여 말하고 있습니다.

"그러므로 형제들아 내가 하나님의 모든 자비하심으로 너희를 권하노니 너희 몸을 하나님이 기뻐하시는 거룩한 산 제물로 드리라 이는 너희가 드릴 영적 예배니라 너희는 이 세대를 본받지 말고 오직 마음을 새롭게 함으로 변화를 받아 하나님의 선하시고 기뻐하시고 온전하신 뜻이 무엇인지 분별하도록 하라"(롬 12:1-2)

여기서 몸은 새로워진 마음에 복종하게 되고 새로워진 마음은 재창조된 영에 복종하게 됩니다.

당신의 영이 당신의 감각들에 대한 지배력을 획득할 때까지 당신의 믿음은 결코 강해지거나 활발해지지 않을 것입니다.

왜냐하면 "사람의 영은 여호와의 등불이라" 하나님께서 친히 올바른 등급의 기름을 올바른 근원으로부터 채워야만 합니다. 이 기름이 영생입니다.

등은 빛을 영의 영역, 믿음의 영역 그리고 사랑의 영역에 비춥니다. 그것은 말씀 위에 빛을 비춥니다.

"주의 말씀은 내 발에 등이요 내 길에 빛이니이다"

당신의 영은 창조적인 믿음, 다스리는 믿음 즉 귀신들과 질병을 지배하는 믿음의 영역에 존재합니다.

나는 사역 초기에 아픈 사람들을 섬기면서 어떤 질병들은 나를 두려움으로 채운다는 것을 알게 되었습니다. 나는 그것들 앞에 나서는 일에 몸을 사렸습니다. 나는 그것들이 나의 가족을 완전히 파괴하는 것을 보았습니다. 그러나 후에 질병은 육체적인 것이 아니라 영적인 것임을 알게 되었습니다.

나의 영이 확고한 무의식적 믿음을 발전시킬 때까지 말씀을 먹고 난 후에 나는 지배자로서 질병들 앞으로 나아갔습니다.

예수의 통치는 물리적이거나 정신적인 통치가 아니었습니다. 그분은 사람들, 자연법칙들, 귀신들 그리고 질병을 그의 영으로 지배했습니다.

그는 "내가 하는 말은 나의 것이 아니라 나의 아버지의 것이고 내가 하고 있는 일들은 나의 것이 아니라 나의 아버지의 것이니라"라고 말했습니다.

"살리는 것은 영이니 육(감각들)은 무익하나라 내가 너희에게 이른 말은 영이요 생명이라"(요 6:63)

하나님은 영이시고 예수님도 영이십니다. 그분은 물리적인 몸으로 여기에 계셨기에 사람들이 그분을 볼 수 있었습니다. 그분의 입술은 성령의 말씀을 말하셨습니다.

당신이 영에게 우선권을 양보하고 당신의 삶에서 통치를 맡길 때 사랑은 당연한 것이 될 것입니다. 사랑은 영의 열매입니다.

당신의 영이 재창조 될 때 그 사랑은 예수님과 같은 종류의 사랑이 될 것입니다.

자연인이 가진 선천적인 사랑은 이기적이고 미움과 질투로 변하며 때로는 살인에 이르기까지 합니다.

예수님과 같은 종류의 사랑은 재창조된 사람의 영의 샘으로부터 흘러 나옵니다.

"믿는 자는 영생을 가졌나니"(요 6:47) 영생은 하나님의 본성입니다. 그 본성이 이제 사람의 영으로 들어왔습니다.

"내가 하나님의 아들의 이름을 믿는 너희에게 이것을 쓰는 것은 너희로 하여금 너희에게 영생이 있음을 알게 하려 함이라"(요일 5:13)

"사랑하지 아니하는 자는 하나님을 알지 못하나니 이는 하나님은 사랑이심이라"(요일 4:8)

"사랑하지 아니하는 자는 사망에 머물러 있느니라 그 형제를 미워하는 자마다 살인하는 자니 살인하는 자마다 영생이 그 속에 거하지 아니하는 것을 너희가 아는 바라"(요일 3:14-17)

영생은 사람의 영에 거합니다. 사람이 재창조되고 아버지의 본성 즉 사랑으로 채워질 때 그의 영으로부터 사랑의 행동들이 나오고 사랑의 말과 사랑의 행위들을 촉진하게 될 것입니다.

그것을 다른 각도에서 살펴봅시다.

동물의 세계는 본능대로 행동합니다. 동물들은 혼을 가지고 있습니다. 생각을 합니다. 사랑도 합니다. 동물들은 선택하는 능력을 어느 정도 갖고는 있으나 본능이 그들을 지배합니다.

하나님은 동물들 나름의 사고방식을 주셨습니다. 동물들의 안전은 본능에 달려있습니다. 보고 듣는 것은 둘째입니다.

야생동물이 자신이 본 것과 듣는 것을 신뢰하고 본능을 무시할 때 그는 적의 먹이가 됩니다.

우리가 재창조된 영의 음성을 무시할 때 우리는 적의 먹이가 됩니다.

"육에 속한 사람(자연인)은 하나님의 성령의 일들을 받지 아니하나니 이는 그것들이 그에게는 어리석게 보임이요, 또 그는 그것들을 알 수도 없나니 그러한 일은 영적으로 분별되기 때문이라"(고전 2:14)

"우리가 이것을 말하거니와 사람의 지혜가 가르친 말로 아니하고 오직 성령께서 가르치신 것으로 하니 영적인 일은 영적인 것으로 분별하느니라"(13절)

그것은 영적인 가르침입니다. 하나님의 성령은 말씀을 통해서 우리의 영을 가르치십니다.

자연인은 하나님을 알 수 없습니다.

감각 지식으로는 결코 하나님을 찾을 수 없었습니다. 감각 지식은 사람을 더욱 회의적으로 만듭니다. 종종 사람이 더 많은 감각 지식을 가지면 가질수록 그는 말씀으로부터 점점 더 멀어집니다.

"우리가 믿음으로 행하고 보는 것으로 행하지 아니함이로라"(고후 5:7)

믿음은 영적인 사람을 지배합니다. 왜 그럴까요? 예수가 이 새 사람의 머리시며 주이시기 때문입니다. 말씀이 그를 지배합니다.

이 새로운 피조물은 그만의 법을 갖고 있다는 것을 깨닫는 것이 대단히 중요합니다.

"새 계명을 너희에게 주노니 서로 사랑하라 내가 너희를 사랑한 것 같이 너희도 서로 사랑하라 너희가 서로 사랑하면 이로써 모든 사람이 너희가 내 제자인 줄 알리라"(요 13:34-35)

새로운 피조물은 제사장 직분을 스스로 수행합니다. 예수는 우리의 대제사장이십니다. 새로운 피조물들은 거룩한 제사장에 속합니다. 우리는 왕 같은 제사장으로 기능하는 기쁨을 갖습니다.

"너희도 산 돌 같이 신령한 집으로 세워지고 예수 그리스도로 말미암아 하나님이 기쁘게 받으실 신령한 제사를 드릴 거룩한 제사장이 될지니라"(벧전 2:5)

하나님은 실제로 우리의 아버지가 되셨습니다. 우리는 그분의 실제 아들과 딸입니다.

"사랑하는 자들아 우리가 지금은 하나님의 자녀라"(요일 3:2-3)

이성과 느낌 그리고 감각들은 일반적으로 우리의 영과 반대편에 선다는 것을 알아야 하겠습니다.

어떤 믿는 사람들은 그들의 영으로 사는 것을 배운 적이 없습니다. 그들은 감각들로, 즉 그들을 주로 지배하는 몸으로 삽니다.

다른 사람들은 혼으로 혹은 지성으로 삽니다. 그들은 바울이 "혼적인 사람"이라 부른 사람들입니다.

"혼적인 사람(자연인)은 하나님의 성령의 일들을 받지 아니하나니 이는 그것들이 그에게는 어리석게 보임이요, 또 그는 그것들을 알 수도 없나니 그러한 일은 영적으로 분별되기 때문이라"(고전 2:14, 저자 직역)

육적인 믿는 자는 고기가 아닌 젖으로 길러진 아기와 같은 유아적 수준의 사람입니다.

"너희는… 사람을 따라 행함이 아니리요?"(고전 3:1-4)

이것은 훌륭한 서신서에 있는 가장 충격적인 문장들 중 하나입니다. 재창조된 이 사람은 말씀에 의해 지배되는 영을 따라 사는 삶에 대해 지금까지 한 번도 배운 적이 없습니다. 그는 보통 사람처럼 삽니다. 그는 거듭나기 전과 같이 살아갑니다.

얼마 안 가서 그는 하나님과의 유대를 깨고 다시 옛 삶으로, 즉 재창조된 사람이지만 물리적인 몸에 의해 혹은 감각들에 의해 다스려지는 존재로 돌아갈 것입니다.

새로운 피조물인 사람은 믿음으로 삽니다.

"나의 의인은 믿음으로 말미암아 살리라 또한 뒤로 물러가면 내 마음이 그를 기뻐하지 아니하리라 하셨느니라"(히 10:38)

무엇으로부터 뒤로 물러가는 것입니까? 믿음으로 영을 따라 행하는 것으로부터 물러가는 것입니다.

그는 감각 지식에 따라 행하는 것으로 물러납니다.

만일 당신이 재창조된 영이라면, 당신은 영의 영역에서 살아야만 한다는 것을 알 수 있습니다.

"사람이 떡으로만 살 것이 아니요 하나님의 입으로부터 나오는 모든 말씀으로 살 것이라"(마 4:4)

이 의롭고 재창조된 사람은 말씀에 의해, 즉 그것을 먹고 그것에 복종하며 삽니다.

우리는 사람이 영적 존재라는 것을 알았습니다. 하나님은 영을 통해 그를 다루십니다.

만일 그가 아프다면, 그의 영은 반드시 치유되어야 합니다.

만일 그가 죄에 지배를 받는다면, 그의 영은 반드시 깨끗해져야 합니다.

만일 그의 마음이 새로워지지 않았다면, 그의 영은 자유나 해방감을 누리지 못하고 그의 삶에서 그리스도를 드러낼 수 없습니다.

사람의 영은 정말로 여호와의 등불입니다.

05

영의 열매들

우리는 지금 신비주의나 철학 혹은 형이상학을 다루고 있는 것이 아닙니다. 우리는 실재들을 다루고 있습니다. 그것은 사람의 이성이 관찰이나 물리적 느낌들을 통해 초래한 어떤 것이 아닙니다. 그러나 우리는 사람의 존재에 관한 근본적인 법칙들, 즉 삶에 있어서 보이지 않는 힘들을 지배하는 위대한 영적인 법칙들을 다루고 있습니다.

재창조된 사람의 영으로부터 발하는 몇 개의 커다란 힘들이 있습니다.

기계적인 영역에서 철, 구리, 금 그리고 다른 금속들이 어떠하듯, 그것들은 영적인 영역에서 그러합니다.

믿음

재창조된 사람의 영의 첫 번째 힘은 믿음입니다. 믿음은 이성의 산물이 아닙니다. 그것은 사람의 영 안에 태어난 아기입니다.

하나님은 믿음의 영이십니다. 그분은 우주를 믿음으로 지으셨습니다. 그분은 금속, 가스, 기름 그리고 물리적인 세계를 이루는 모든 것을 믿음으로 창조하셨습니다.

그분은 마치 화가가 칙칙한 캔버스 위에 컬러풀한 풍경을 옮겨와 살아 숨 쉬게 하듯이 해와 달과 별들을 믿음으로 지으셨습니다.

예수께서는 사람이 겨자씨 한 알만한 믿음을 가졌다면 산더러 '들리어 바다에 던져지라' 고 명할 수 있고 산은 그에게 복종할 것이라고 말씀하셨습니다.

우리는 바다, 바람, 물고기 그리고 자연의 법칙들이 하나님의 아들의 믿음의 음성에 복종한 것을 압니다.

이성은 예수를 지배하지 못했지만, 이성을 초월하는 그분의 성령이 예수를 지배하여 가장 비이성적인 일을 하게 했습니다.

믿음으로, 그분은 육신이 썩어가는 나사로의 무덤가에 서서 그 육신을 향해 "나사로야 나오너라" 하고 말씀하셨고, 그러자 나사로의 영은 낙원으로부터 와서 그의 물리적 몸으로 들어가 그것은 새로워지고 완벽하게 정상으로 그리고 건강하게 되었습니다.

그것은 믿음의 음성이었습니다. 믿음으로 충만한 말이 죽음의 법칙들을 지배했습니다. 그리고 사람의 타락 이후 줄곧 사람을 지배해왔던 힘들을 제압했습니다.

그것은 물을 향하여 말씀하셨던 바로 그 음성이었습니다. 그러자 그것은 포도주로 변하였습니다.

그것은 바다를 향하여 "잠잠하라 고요하라"고 선포하셨던 바로 그 음성이었습니다.

사람이 믿음의 근원을 깨닫는다면 그는 그것을 발달시킬 수 있을 것입니다. 무엇이 믿음을 생산하는지, 그것을 발달시키는데 필요한 영양분의 종류와 무엇을 해야 하는지 등을 배운다면 그는 결과를 얻을 것입니다.

지혜가 당신의 영의 산물인 것처럼 믿음도 당신의 영의 산물입니다. 하나님의 말씀을 묵상함으로 믿음은 발달되고, 지혜는 풍성해집니다.

이 말씀은 사람의 영을 통해서, 즉 하나님이 사람의 추론할 수 있는 능력에 말씀을 전하심으로 사람에게 왔습니다. 사람의 영은 하나님의 영에 의해 지배되었는데, 그로 하여금 이 계시를 통해서 하나님의 메시지를 사람의 의식에 전할 수 있게 하셨습니다.

마찬가지로, 믿음은 하나님의 말씀에 의해 사람의 영 안에서 발달됩니다. 그것은 말씀대로 행동함으로 생깁니다.

당신이 해야 하는 훈련입니다. 당신이 말씀대로 행동할 때마다 믿음은 점점 강해집니다. 당신이 침대에 계속 누워있다면 팔다리가 몸의 나머지 부분들을 지탱할 힘을 잃을 것입니다. 믿음도 그렇습니다. 그것을 발달시키려면 반드시 계속적으로 훈련되어야 합니다.

의

반드시 명쾌하게 이해되어야만 하는 두 번째 사실이 있는데 그것은 의입니다. 사람은 의가 되었다는 사실이 자신의 영에서 살아있는 실재가 될 때까지 죄 의식에 갇힌 채로 있습니다.

죄 의식이 사람의 영을 지배하는 한 믿음의 발달은 있을 수 없습니다.

만일 죄 의식이 우리의 영을 지배한다면, 우리는 매일의 행보에 있어 하나님의 지혜를 훈련할 수 없을 것입니다.

교회가 진리로 죄 의식을 파괴하는 대신에 죄를 설교함으로 오히려 죄 의식을 발달시켜왔다는 것은 불행한 사실입니다.

만일 그들이 죄 의식의 치유에 대해 설교했었다면, 사람이 영생을 받았다는 사실과 영생은 하나님의 본성이라는 사실 그리고 그 하나님의 본성은 의라는 사실을 명확하게 가르쳤었다면, 사람은 자신에게 주어진 그 새로운 종류의 의에 의존하기 시작했을 것입니다.

그는 이렇게 말했을 것입니다. "만일 내가 그리스도 예수 안에서 창조된 새로운 피조물이라면 나는 반드시 의로운 피조물이어야 합니다. 만일 내가 새 사람이라면 나는 반드시 옛 사람의 굴레에서 자유로워야 합니다. 새로운 피조물의 의에 대해 말씀한 내용이 사실이라면, 나의 영은 의롭습니다. 그렇다면 나는 심판이나 정죄에 대한 두려움 없이 아버지 앞에 설 수 있습니다."

"그러므로 이제 나에게는 정죄함이 없습니다. 나는 그리스도 예수 안에서 의와 거룩함과 진리로 창조된 새로운 피조물이기 때문입니다."

바로 그 사실이 우리가 그리스도 안에 있는 속량의 권리들의 충만함과 부요함을 누리도록 해줍니다.

나는 행동하는 것을 두려워하지 않습니다. 왜냐하면 그리스도로 말미암은 모든 것, 즉 그분이 나에게 주신 것들을 알기 때문입니다. 그분이 죄로 정해졌을 때부터 아버지의 우편에 앉으셨을 때까지 그분의 대속 사역 전체는 모두 나를 위한 것이었습니다.

그분은 자신을 위해서는 아무것도 하지 않으셨습니다.

만일 새로운 피조물이 그리스도로 말미암은 사역의 결과라면, 새로운 피조물은 반드시 아버지께 만족스러워야만 합니다. 만일 그리스도의 대속 사역을 이유로 하나님이 사람에게 자신의 본성, 자신의 본질과 존재being를 주실 수 있다면, 그리고 그것을 합법적으로 하실 수 있다면, 하나님의 본성과 본질을 받은 이 사람은 마치 죄가 있었던 적이 없는 것처럼 하나님 앞에 설 수 있습니다.

이제 우리는 이 재창조된 영의 엄청난 가능성에 대해 알 수 있습니다. 그것은 정말로 한계가 없는 삶으로 들어가는 것입니다.

사람의 마음과 몸은 우리의 의식에 있어서 그들의 지배적 위치를 잃기 시작합니다. 그리고 영이 전면에 나서 실제적으로 그 사람의 나머지 부분을 인수하기 시작합니다. 한평생 갇힌 자였으나 이제는 자유합니다.

멀었던 눈이 마침내 밝아집니다. 마비되었던 팔다리가 마침내 생명력으로 채워집니다. 그의 음성은 이제 하나님의 음성이 됩니다.

그리스도 안에 있는 당신의 의의 실체를 깨닫자마자 당신은 해방됩니다. 왜냐하면 의가 해방자이기 때문입니다.

의는 그리스도 안에 있는 당신의 속량입니다. 사단은 자신이 그리스도 안에서 하나님의 의라는 것을 아는 사람을 지배하지 못합니다.

이것이 기독교를 얼마나 권위 있게 만드는지요!

당신이 영의 속량의 실재, 즉 당신의 영이 의로워졌고 하나님과 연합되었다는 것을 깨달을 때까지 당신의 영과 당신의 추론할 수 있는 능력 사이에 완벽한 조화란 있을 수 없습니다.

지혜

사람이 지식을 사용하는 법을 알지 못한다면 그가 얼마나 많은 지식을 가졌는가가 별 차이를 만들지 못합니다.

신학원이나 신학대학교에 가면 어떤 목사라도 성공시킬 수 있을 만큼 충분한 지식이 주어졌음은 논란의 여지가 없습니다. 그러나 그들 대다수가 실패한다는 것은 자명한 사실입니다. 그들의 제자들은 의에 대해 배우지 않았습니다. 그들은 지속적으로 거룩해지려 하고 또 믿음을 가지려 하고 있습니다.

고린도전서 1:30은 예수께서 우리에게 지혜가 되셨음을 알려줍니다.

알다시피 지혜는 지식을 사용하는 능력입니다. 따라서 그것은 듣는 사람에게 축복이 될 것입니다.

골로새서 1:9은 바울의 기도의 표본을 보여줍니다. "너희로 하여금 모든 신령한 지혜와 총명에 하나님의 뜻을 아는 것으로 채우게 하시고"

"모든 지혜와 모든 총명에" 그것은 주목할 만한 언급입니다.

어떤 대학도 지혜를 줄 수 없습니다. 어떤 대학교에도 지혜에 관한 강의는 없습니다.

지혜에는 오직 두 개의 근원이 있는데 하나는 사단으로부터, 다른 하나는 하나님으로부터입니다.

야고보서 3:15에서 야고보는 우리에게 "이러한 지혜는 위로부터 내려온 것이 아니요 땅 위의 것이요 정욕의 것이요 귀신의 것이니"라고 말합니다.

또 다른 지혜는 위로부터 내려옵니다. 그리고 예수의 삶을 장식했던 모든 특징들을 갖고 있습니다. 이 지혜는 하나님의 모든 자녀에게 속해 있습니다.

야고보는 지혜를 말함에 있어 "누구든지 지혜가 부족하거든 하나님께 구하라"고 말했습니다.

그는 그리스도 안에 있는 어린 아기에 대해 말하고 있습니다.

바울은 장성한 믿는 사람에게 쓰고 있습니다.

마치 그분의 힘과 그분의 은혜 그리고 사랑이 유용하듯, 이 지혜는 삶의 매 위기마다 유용합니다.

이 지혜는 정말로 사랑으로부터 자랍니다. 그것은 당신의 매일의 삶에서 작동하는 사랑입니다.

나는 지혜를 사랑이 속량과 함께 가져다준 가장 귀한 선물로 여깁니다.

사랑

기독교는 사람들과의 매일의 만남 가운데 있는 사랑입니다. 그것은 예수라면 하셨을 것을 나의 자리에서 내가 행하는 것입니다.

"사랑하는 자들아 우리가 서로 사랑하자 사랑은 하나님께 속한 것이니 사랑하는 자마다 하나님으로부터 나서 하나님을 알고 사랑하지 아니하는 자는 하나님을 알지 못하나니 이는 하나님은 사랑이심이라"(요일 4:7-8)

예수는 새로운 종류의 사랑을 가져오셨습니다. 그분은 매일의 행보 가운데 그것을 실증하셨습니다.

만일 예수께서 사람을 제어하셨다면, 사랑은 그 사람이 말하고 행동하는 모든 것을 다스렸을 것입니다. 실제로는 아버지가 우리를 사로잡아 그분 자신의 삶을 우리를 통해서 사셨을 것입니다.

성령의 진정한 사역은 아버지의 본성을 우리 안에 세우는 것입니다.

만일 우리가 사랑을 실천하는 사람이라면 우리는 결코 실패자가 될 수 없을 것입니다. 우리는 결코 누군가를 고의로 해치지 않을 것입니다. 그것은 우리의 행동에서 이기심을 제거할 것입니다. 그것은 우리로 생각하고 계획하고 실천하는 데 있어서 예수처럼 만들 것입니다.

사랑이 다스리는 곳에 깨어진 가정은 없습니다. 상한 심령도 망가진 삶도 없습니다. 이 새로운 종류의 사랑은 그분을 현장에 모셔와 우리가 속한 모든 곳과 우리가 하는 모든 일에 그분을 우리와 하나 되게 합니다.

우리는 성령의 열매들 중 가장 큰 네 가지를 살펴보았습니다.

다른 많은 영의 열매들이 있지만, 나는 그것들이 사랑으로부터 자란다고 확신합니다. 그것들은 새로운 피조물인 우리에게 주어진 아버지의 사랑이라는 본성의 일부분입니다.

사랑이 당신의 삶에서 완벽하게 일하도록 하십시오. 모든 야망을 이 사랑의 잣대로 측량하십시오. 삶을 다스리는 하나님의 본성인 사랑으로 당신의 삶을 계획하십시오.

신성과의 결합

사람이 하나님과 같은 부류의 존재이고 그분의 신성에 참여하는 자가 될 수 있다는 것을 아는 것은 황홀합니다.

실제로 우주의 창조주의 자녀가 될 수 있습니다.

사람에게 주어진 아버지의 본성은 결국 사람이 하나님과 생기 넘치는 연합을 이루도록 만듭니다.

사람은 영적 존재로 혼을 가졌고 물리적 몸 안에 삽니다. 하나님은 이 몸을 그분의 성전이라고 부르십니다. 그것은 땅 위에 현존하는 것들 중 그분의 가장 신성한 것입니다.

우리는 사람이 신성에 참여하는 자가 된다는 사실을 결코 깊이 연구해본 적이 없습니다. 이 재창조된 영을 계발하려는 어떤 진지한 시도도 없었습니다.

사람에게 있어서 재창조되고 하나님의 본성을 받는 부분은 그의 영입니다. 당신은 예수께서 "나는 포도나무요 너희는 가지라"고 말씀하신 것을 기억합니다. 그 말씀은 에베소서 2:10의 "우리는 그가 만드신 바라 그리스도 예수 안에서 지으심을 받은 자니"와 어울립니다. 우리는 그리스도로부터 자라납니다.

"자녀들아 너희는 하나님께 속하였고"(요일 4:4)

"사랑하는 자들아 우리가 지금은 하나님의 자녀라"(요일 3:2)

이 성경 구절들은 하나의 사실을 입증하는데, 그것은 우리가 전능한 신의 태로부터 나왔고, 진정한 사람인 우리의 영은 하나님에게서 났다는 것입니다. 하나님은 이 사람에게 그분 자신의 본성을 주십니다.

나는 이것이 진짜 기독교라고 믿습니다.

사람이 재창조될 때, 그것이 그의 마음이 변화된다는 것을 의미하지 않는다는 것을 알 것입니다. 그의 추론할 수 있는 능력은 이전처럼 같은 힘들에 의해 지배될 수 있습니다.

당신은 뇌가 받는 모든 지식이 오감으로부터 온다는 것을 압니다. 만일 사람이 그의 감각들에 의해 지배된다면 그의 영은 억류되어 있습니다.

새로운 피조물은 그가 하나님과 사귐을 가질 수 있도록 영에게 지배되어야만 합니다. 그의 재창조된 영은 자신의 추론할 수 있는 능력을 지배해야 합니다.

여기서 몇 가지 사실들을 살펴봅시다. 속량받는 것은 우리의 영입니다. 우리 몸의 속량은 주가 다시 오실 때 옵니다. 사람의 영에 대한 사단의 지배는 이미 깨어졌습니다. 사람은 사단의 종의 상태에서 이미 풀려났습니다. 감각들은 재창조된 영에게 지배받게 됩니다.

감각들이 종속될 때, 그것은 몸도 종속된다는 것을 의미합니다.

바울의 서신서에서 사용된 육체flesh라는 단어는 거의 예외 없이 감각들로 번역되어야 합니다. 그렇게 되었더라면 우리가 이해하지 못하는 많은 것들이 분명해졌을 것입니다.

갈라디아서 5:16-26에 언급된 싸움은 재창조된 영과 감각들 사이의 싸움입니다. 그는 "영을 따라 행하라"고 합니다. 그것은 재창조된 영을 의미합니다. "그리하면 육체(감각들)의 욕심을 이루지 아니하리라"

알다시피 재창조된 영과 감각들이 계속적으로 싸우고 있습니다

"너희가 만일 성령의 인도하시는 바가 되면 율법 아래에 있지 아니하리라"에서, 실은 성령이 아니라 재창조된 영으로 인도받는 것을 말하는 것입니다. 율법 아래 있는 사람들은 전적으로 감각들에 의해 인도되었습니다.

새로운 피조물의 영은 의로워져서 하나님의 임재와 말씀 안에서 새로운 자유를 발견합니다. 말씀은 더 이상 정죄하지 않고 오히려 위로를 줍니다. 성령은 더 이상 유죄를 선고하지 않고 오히려 재창조된 영을 그리스도

안에 있는 속량의 실재로 인도합니다.

이 재창조된 영은 이제 말씀과 성령과 아버지와의 사귐에서 기쁨을 발견합니다. 영은 말씀을 먹기 시작합니다. 재창조되기 전에는 이것을 할 수 없었습니다. 말씀은 새로운 피조물을 위한 영적인 젖이 됩니다.

열매 맺는 가지

이제 우리는 새로운 피조물의 생명의 가장 주목할 만한 특징들 중 하나를 살펴보고자 합니다. 그것은 재창조된 영이 맺는 열매입니다. 그가 맺는 열매들은 포도나무의 결실입니다. 이제 당신은 요한복음 15:5의 "나는 포도나무요 너희는 가지라"는 말씀을 이해할 수 있습니다. 우리가 포도나무의 열매 맺는 부분입니다. 예수는 열매 맺지 않습니다. 성령도 열매 맺지 않습니다. 가지가 열매 맺으며, 성령에 의해 가능해졌습니다.

이제 갈라디아서 5:22의 "성령의 열매는 사랑이니"를 보십시오. 나는 항상 그것이 성령의 열매를 의미한다고 생각했습니다. 번역가들도 분명 같은 생각을 했습니다. 그러나 그것은 사실이 아닙니다. 영이란 단어는 결코 성령으로 번역되지 말았어야 했습니다. 왜냐하면 열매 맺는 부분은 바로 재창조된 영이기 때문입니다. 열매를 맺는 것은 포도나무의 가지입니다.

로마서 5:5은 우리에게 이 첫 열매들의 본성을 말해줍니다. "성령으로 말미암아 하나님의 사랑이 우리 마음heart에 부은바 됨이니" 그것은 하나님의 사랑이 (심령이라 불리는) 사람의 영에 새로운 탄생과 함께 온다는 것을 의미합니다.

재창조된 영의 첫 번째 결실은 사랑입니다.

분명히 예수께서 만드신 이 익숙하지 않은 새 단어 아가페가 사용됩니다.

당신은 "하나님은 사랑이심이라"라는 요한일서 4:8에서 하나님이 아가페로 불리는 것을 기억할 것입니다.

이제 재창조된 영은 사랑의 열매를 맺습니다.

"우리는 형제를 사랑함으로 사망에서 옮겨 생명으로 들어간 줄을 알거니와" 여기서도 아가페가 사용되었습니다. 같은 장에서 "우리가 말로만 사랑하지 말고 행함과 진실함으로 하자"고 요한은 말합니다.

당신은 구약과 구약의 율법을 대신하는 신약의 율법이 "새 계명을 너희에게 주노니 내가 너희를 사랑(아가페)한 것 같이 너희도 서로 사랑(아가페)하라"라는 것임을 기억할 것입니다.

첫 언약의 율법은 예수에 의해 이루어졌습니다. 그 율법은 사람이 "온 마음을 다하여 하나님을 사랑하고 그의 이웃을 자신과 같이 사랑"해야만 한다는 것입니다.

자연인은 하나님을 사랑할 수 없었습니다. 그는 마치 현대의 설교자들 중 일부가 오늘날 그러하듯이, 자신이 하나님에 대해서 갖고 있는 어떤 생각을 사랑했을 것입니다. 자연인은 하나님을 알거나 사랑할 수 없습니다. 그는 그의 이웃을 자신과 같이 사랑해야 하지만, 이것 또한 불가능한 일입니다.

신약의 율법은 예수께서 우리를 사랑하신 것 "같이" 우리도 사랑해야만 한다는 것입니다. 예수께서는 내 이웃을 너무도 사랑하셔서 그가 당할 지옥에 떨어지는 고통마저도 감당하셨습니다. 나도 같은 방법으로 그를 사랑해야만 합니다.

예수께서는 세상을 너무나 사랑하셔서 세상을 위해 지옥에 가셨습니다.

바울이 그의 동족들에 대하여 말하기를 "내 자신이 그리스도에게서 끊어질지라도 원하는 바로라"라고 말했습니다. 바울은 다르게 말하면, "나는 내 형제들을 너무나 사랑하여 그들을 위하여 지옥에 갈 수도 있노라. 만일 내가 그들을 그리스도와의 연합의 기쁨으로 인도할 수만 있다면 나는 기꺼이 영원토록 버림 받아도 좋다"라고 말한 것입니다.

당신은 바울이 이 사랑의 계시 진리를 받았었고 그것이 그를 소유했음을 알 것입니다. 그의 심령은 그것에 사로잡혔었습니다.

사람에게 전해지는 아버지의 본성을 이렇게 나타내는 것이야말로 속량의 탁월한 면입니다.

이 새로운 종류의 사랑은 모든 문제의 해결책입니다.

그리스도가 오시기 전에는 사랑이 없었다는 것을 당신은 알 것입니다. 민족을 막론하고 여자들을 사고팔았습니다. 그리스도께서 주시기 전까지는 여자에게 어떤 지위도 없었습니다. 1840년까지도 남자들은 여자가 교육을 받아야 하는지에 대해 의문시했습니다.

사람의 심령에서 사랑이 득세할 때까지 노예제도는 폐지될 수 없었습니다.

오늘날 세상에서의 강력한 힘들은 영적입니다. 그것들은 원자폭탄이나 수소폭탄보다 더 강력합니다. 그것들은 사람의 어떤 조직보다도 더 강력합니다. 이 두 힘은 새로운 종류의 사랑과 오래된 종류의 이기심입니다.

노동자와 자본가의 문제들은 새 언약의 법에 의해서만이 해결될 수 있습니다. 이 새로운 사랑의 법이 실제로 하나님의 본성임을 당신은 알 것입니다. 그것은 추론할 수 있는 능력들을 다스리는 영생입니다. 이것이 바로 사람들에게 이해시키기가 그토록 어려운 이유입니다.

이기심은 경제적인 세계와 정치적인 세계 모두에서 최고조에 달했습니다. 교회는 지배력을 상실했습니다. 아무도 교회의 목소리에 더 이상 많은 신경을 쓰지 않습니다.

깨어진 가정들은 이기심이 이혼 법정의 여신이라고 큰소리로 알립니다. 많은 부모들이 아이들을 자신들의 이기적인 행복의 장애물로 여깁니다.

예수의 통치권Lordship을 인정하는 사람들은 거의 없습니다. 그분의 통치권은 우리가 하나님의 가족이 될 수 있는 입장권입니다. 그 통치권이야말로 사랑의 통치권을 의미합니다. 그것은 재창조된 영을 지배하는 사랑입니다.

어떤 사람이 영생을 받을 때 사랑은 그의 삶에서 최고의 상태가 됩니다.

재창조된 영은 사랑의 산물입니다. 그것은 하나님으로부터 생겨나며, 하나님은 사랑이십니다. 그것이 성령의 태로부터 나왔을 때 아버지의 본성인 사랑으로 채워졌습니다.

만일 누군가 사랑이 자신을 다스리도록 허락한다면, 우리는 주님이 이 땅에서 사역하시는 동안에 이기심과 미움과 질투에 맞서셨던 것처럼 그것들에 맞서는 예수와 같은 사람들을 많이 볼 수 있을 것입니다.

기쁨

재창조된 영의 풍성한 열매들 중 하나는 아마 기쁨Joy일 것입니다. 기쁨은 이기적인 세상을 향한 복음입니다.

기쁨에 찬 그리스도인들은 언제나 상심한 세상에 대한 도전이었습니다.

이기심은 결코 기쁨을 주지 않습니다. 그것은 오직 제한된 행복을 줄 뿐입니다. 행복은 우리의 환경의 산물입니다. 그것은 우리의 감각들을 만족시키는 것입니다. 사람에게 행복을 가져다주는 물질적인 것들은 순식간에 그에게서 사라져버리고 그는 외톨이로 남겨질 것입니다.

행복이 감각의 영역에 속하는 것처럼 기쁨은 영적인 영역에 속합니다.

요한복음 15:11에서 예수께서 "내가 이것을 너희에게 이름은 내 기쁨이 너희 안에 있어 너희 기쁨을 충만하게 하려 함이라"라고 말씀하셨습니다.

예수께는 행복이 거의 없었습니다. 사람들을 향한 그분의 기쁨은 전적으로 믿음에서 비롯된 것이었습니다.

그분은 공의의 요구를 충족시키고 사단을 정복할 수 있음을 믿으셨습니다. 그분은 새로운 피조물이 만들어질 수 있음을 믿으셨습니다. 그리고 이 잃어버리고 상한 사람을 아버지의 심령 안으로 회복시킬 수 있음을 믿으셨습니다. 따라서 그분은 "내 기쁨이 너희 안에 있어 너희 기쁨을 충만하게 하려 함이라"라고 말씀하실 수 있었습니다.

나는 이 문장에 오랫동안 머물러 있습니다. 나는 만일 어떤 사람이 충만해진 기쁨을 가질 수 있다면 그것이 무엇을 의미할지 궁금했습니다. 그가 예수처럼 될 필요가 있을 것입니다. 그래서 그가 "나는 항상 그가 기뻐하시는 일을 행하므로"라고 말할 수 있을 것입니다.

그는 주님이 말씀하셨던 것처럼 "나의 양식은 나를 보내신 이의 뜻을 행하며"라고 말할 수 있습니다.

기쁨은 아버지의 뜻을 알고 그것을 행하는 데 있을 것입니다.

"지금은 너희가 근심하나 내가 다시 너희를 보리니 너희 마음이 기쁠 것이요 너희 기쁨을 빼앗을 자가 없으리라"(요 16:22), 그것은 약속이며 또한 예언이었습니다.

제자들은 어떠한 기쁨도 없었습니다. 그들은 그들의 영이 재창조될 때까지 기쁨을 가질 수 없었습니다.

24절에서 "지금까지는 너희가 내 이름으로 아무 것도 구하지 아니하였으나 구하라 그리하면 받으리니 너희 기쁨이 충만하리라"라고 그분은 말씀하셨습니다.

이것은 당시에는 비밀이었습니다. 그분은 기쁨의 충만함을 말하고 있습니다. 첫째는 기쁨이 충만해질 수 있다는 것입니다. 기쁨을 충만하게 만드는 수단은 그 당시 아직 존재하지 않았습니다. 여기서 다시 그분은 익숙하지 않은 표현을 사용하십니다. "너희 기쁨을 충만하게 하려 함이라"

그분은 당신에게 그분의 이름을 사용할 권리를 주셨습니다. 그것은 확실히 위임장입니다. 우리는 구한 것들을 아버지께로부터 받아야 합니다. 우리가 예수의 이름을 사용하고 있기 때문에 그분은 아들들로서의 우리를 위한 것들을 실행하실 것입니다.

23절에서 우리는 "그 날에는 너희가 아무 것도 내게 묻지 아니하리라 내가 진실로 진실로 너희에게 이르노니 너희가 무엇이든지 아버지께 구하는 것을 내 이름으로 주시리라"라는 것을 봅니다.

우리가 예수께 구하는 것은 금하셨지만 그 이름으로 아버지께 기도할 수 있게 되었고, 그때 우리의 기쁨이 충만해질 것입니다. 어떻게요? 아버지께서 주시는 응답에 의해서 입니다.

"지금 내가 아버지께로 가오니 내가 세상에서 이 말을 하옵는 것은 그들로 내 기쁨을 그들 안에 충만히 가지게 하려 함이니이다"(요 17:13)

다시 한 번 그분은 우리가 기쁨의 충만함을 갖는다는 익숙하지 않은 용어를 사용하십니다. 이번에는 그분이 아버지께 그것이 우리 안에서 실재가 되기를 구하고 계십니다. 그리고 그분의 기도가 아버지 귀에 이미 들렸음을 우리는 압니다. 우리에게는 기쁨을 기대할 권리가 있습니다. 그것은 세상이 우리에게서 앗아갈 수 없는 특별한 것입니다.

어떠한 박해나 고문도 제자들에게서 기쁨을 강탈해 갈 수 없었습니다. 우리가 아는 모든 순교자들은 심령을 가득 채운 기쁨과 함께 죽음을 맞이했습니다.

"예수를 너희가 보지 못하였으나 사랑하는도다 이제도 보지 못하나 믿고 말할 수 없는 영광스러운 즐거움으로 기뻐하니"(벧전 1:8)

이것은 틀림없이 "말할 수 없는 영광스러운 즐거움"을 가진 새로운 피조물에 대하여 서술한 진리 중 하나의 걸작으로 남을 것입니다. 그것은 말로 표현하기 어려운 기쁨입니다.

이 기쁨은 초기 성도들에게 속했었습니다. 이 기쁨으로 인해 그것이 그리스도인들의 삶에서 너무나 분명하게 나타나자 마다가스카르의 왕자가 그리스도를 받아들였습니다. 그의 어머니인 여왕은 그리스도를 고백하는 모든 사람들을 높은 벼랑에서 내던져 죽였습니다. 왕세자는 앞으로 걸어 나와 깊이 절하고, 그리스도에 대한 믿음을 고백했습니다. 젊은 왕자의 심령을 터치한 것은 오해의 여지가 없는 그리스도인들의 기쁨이었습니다. 왕자는 그것에 저항할 수 없었습니다. 그는 그리스도를 받아들였고 자신을 순교자로 드렸습니다.

"…여호와로 인하여 기뻐하는 것이 너희의 힘이니라"(느 8:10)

이사야 35:10은 기쁨에 대한 또 다른 묘사입니다. "여호와의 속량함을 받은 자들이 돌아오되 노래하며 시온에 이르러 그들의 머리 위에 영영한 희락을 띠고 기쁨과 즐거움을 얻으리니 슬픔과 탄식이 사라지리로다"

시편 16:11은 부활 후의 주님에 대한 묘사입니다. "주께서 생명의 길을 내게 보이시리니 주의 앞에는 충만한 기쁨이 있고 주의 오른쪽에는 영원한 즐거움이 있나이다"

이것은 첫 부활절 아침의 주님에 대한 생생한 기록입니다.

믿는 사람이 기쁘지 않다면 그것은 사귐이 깨어졌거나 그리스도 안에서 자신이 어떤 존재인지 그리고 그리스도가 자신 안에서 어떤 존재인지에 대한 지식이 부족하기 때문입니다. 그는 자신이 아버지에게 어떤 존재인지 그리고 아버지가 자신에게 어떤 존재가 될 수 있는지 모릅니다. 그는 결코 그리스도 안에 있는 그의 기업에 들어간 적이 없습니다.

우리가 우리의 기업, 즉 현재 시점의 기업에 관하여 아는 것은 대단히 중요합니다.

그것은 바로 이 말할 수 없는 기쁨으로 당신이 현재 당하는 삶의 사소한 시련들을 이기게 만들며 또한 장차 다가올 시련들에 대해서도 당신을 승리자로 만듭니다.

평안

나의 심령은 새로운 피조물의 이 열매를 가장 가치 있는 것으로 여깁니다.

당신은 예수께서 "평안을 너희에게 끼치노니 곧 나의 평안을 너희에게 주노라 내가 너희에게 주는 것은 세상이 주는 것과 같지 아니하니라 너희는 마음에 근심하지도 말고 두려워하지도 말라"라고 말씀하신 것을 기억할 것입니다.

"이것을 너희에게 이르는 것은 너희로 내 안에서 평안을 누리게 하려 함이라 세상에서는 너희가 환난을 당하나 담대하라 내가 세상을 이기었노라"(요 16:33)

평안이란 무엇입니까? 왜 그것은 사랑의 산물입니까?

누군가 자신의 아버지를 알게 되고 그리스도 안에서의 자신의 위치를 알게 된다면, 그리고 예수께서 말씀이 그분을 가리켜 어떠하다고 말한 그대로임을 알게 된다면, 그는 "예수는 나의 주 목자시요, 나는 사람이 내게 행하는 어떠한 시도도 두렵지 않습니다"라고 반복할 것입니다.

그의 심령이 고요한 중에 "내 아버지는 만물보다 크시다. 아버지께서는 예수님이 이 땅에서 사역하시는 동안 그분을 사랑하신 것같이 나를 사랑하신다."라고 속삭입니다.

그러고 나서 그는 경이로운 말씀인 요한복음 14:23의 "사람이 나를 사랑하면 내 말을 지키리니 내 아버지께서 그를 사랑하실 것이요 우리가 그에게 가서 거처를 그와 함께 하리라"를 속삭입니다. 그 무엇이 이 약속에 비길 수 있겠습니까?

심령이 의심의 그림자를 극복하고 아버지와 예수가 당신의 집에 그분들의 거처를 만들고 계신다는 것을 알게 될 때, 당신은 세상의 어떠한 능력이나 악한 능력도 파괴할 수 없는 안전함을 느낄 것입니다.

당신은 "모든 지각에 뛰어난 하나님의 평강peace"을 갖게 될 것입니다.

당신은 이제 사랑의 영역에 닻을 내리게 됩니다.

빌립보서 4:6,7이 실재가 됩니다. "아무 것도 염려하지 말고 다만 모든 일에 기도와 간구로 너희 구할 것을 감사함으로 하나님께 아뢰라"

나는 은혜의 보좌로, 즉 선물로 주신 사랑의 보좌로 담대하게 나아가도록 초대받았습니다. 나는 예수의 이름으로 구하는 것은 무엇이든지 내가 받게 된다는 것을 압니다. 이 사실 때문에 나에게는 어떤 염려도 없습니다.

나는 그분의 안식으로 들어갔습니다. 왜냐고요? 다음 절이 우리에게 "그리하면 모든 지각에 뛰어난 하나님의 평강이 그리스도 예수 안에서 너희 마음과 생각을 지키시리라"라고 말하기 때문입니다.

당신의 심령은 안전하게 보호받습니다. 당신의 생각들도 안전하게 보호받습니다.

"너희 염려를 다 주께 맡기라 이는 그가 너희를 돌보심이라"(벧전 5:7)

염려가 있는 곳에는 평안이 없고, 평안이 없는 곳에는 안식이 없습니다. 이제 우리는 그분의 보살핌 안으로 들어갔습니다. 그것은 그분의 안식의 영역입니다. 이것은 모든 믿는 사람에게 속한 것입니다.

누군가 평안을, 고요함을, 그리고 영의 나머지 열매들을 누리지 못한다면, 그는 아버지와의 사귐이 깨어졌거나 아니면 그분과의 관계가 주는 풍성함을 누리지 못하기 때문입니다.

그는 성령이 하시는 사역의 혜택을 누리지 못하고 있습니다. 그 사역은 당신이 모든 죄 의식을 버릴 때까지 말씀을 당신의 영 의식spirit consciousness 안에 세우는 것입니다. 그분은 당신 안에, 하나님께서 아버지라는 것과 당신은 그분의 자녀라는 의식을 세우실 것입니다. 당신은 그분의 보살핌과 사랑을 알아차리게 될 것입니다.

이제 당신은 일찍이 선지자가 "주의 율법을 사랑하는 자들에게 큰 평강이 있으니 아무 것도 그들을 공격하지 못하리라"라고 했을 때 그것이 의미하는 바를 이해할 수 있을 것입니다.

이사야 26:3은 평안이라 부르는 이 익숙하지 않은 것에 대한 아름다운 예언입니다. "주께서 마음이 주께 머무는 자를 완벽한 평안을 누리게 하시리니 이는 그가 주를 신뢰함이니이다"

오래 참음

믿는 사람의 심령 안에 있는 이 영의 열매는 정말로 사랑의 탁아소입니다. 그는 지금 어쩌면 그가 사랑하는 어떤 이기적인 사람으로 인해 고통받고 있을지도 모릅니다. 우리가 이기심에 의해 지배당하는 세상에 살고 있음을 당신도 잘 알 것입니다.

우리는 예수의 사람들입니다. 그래서 우리는 예수께서 사랑하셨듯이 저 이기적인 사람들을 사랑해야 합니다. 우리는 그분의 자리를 차지하여 그분을 대신하여 행동하고 있습니다. 그분은 대적의 일을 멸하러 오셨습니다.

인내심 강한 믿는 사람들은 이 위대한 사역에 있어 주님의 파트너들입니다.

당신은 결코 이기적인 사람들로부터 자유롭지 못할 것입니다. 그들은 당신이 참아야 하는 짐입니다. 그들은 언제나 자기들의 몫을 위해 아우성칩니다. 그들은 원하고, 요구하고, 그리고 그들의 감각들을 충족시키기 위해 싸울 것입니다. 인내심이 강한 사람은 그들을 참아내야 합니다. 우리는 오랫동안 이 어린 아기들을 인내해야 합니다.

이것은 사랑의 사역, 즉 주 안에서 어린 아기들을 인내하는 것입니다.

바울은 그들에 대하여 고린도전서 3:1-3에서 "형제들아 내가 신령한 자들을 대함과 같이 너희에게 말할 수 없어서 육신에 속한 자 곧 그리스도 안에서 어린 아이들을 대함과 같이 하노라 내가 너희를 젖으로 먹이고 밥으로 아니하였노니 이는 너희가 감당하지 못하였음이거니와 지금도 못하리라 너희는 아직도 육신에 속한 자로다 너희 가운데 시기와 분쟁이 있으니 어찌 육신에 속하여 사람을 따라 행함이 아니리요"라고 말했습니다.

이것은 불행한 장면입니다. 그러나 사실입니다. 영적으로 성숙한 사람들은 반드시 이 어린 아기들이란 짐을 참아야 합니다.

히브리서 5:12은 또 다른 장면을 시사합니다. "때가 오래 되었으므로 너희가 마땅히 선생이 되었을 터인데 너희가 다시 하나님의 말씀의 초보에 대하여 누구에게서 가르침을 받아야 할 처지이니 단단한 음식은 못 먹고 젖이나 먹어야 할 자가 되었도다"

"때가 오래 되었으므로 너희가 마땅히 선생이 되었을 터인데"를 주목하십시오. 그들은 말씀 안에서 자라 이제 다른 사람들을 도와야 하는데 여전히 어린 아기들입니다.

강한 당신은 반드시 연약한 사람들의 허물을 참아야 합니다. 당신은 주님의 자리를 대신해야만 합니다.

그들은 이기적입니다. 그들은 당신을 비난할 것입니다. 당신에 대해 거짓말할 것입니다. 그들은 종종 교회 내에 추문을 퍼뜨리는 사람들입니다. 그들은 선보다 악을 봅니다. 그들의 귀는 감각들을 향해 열려 있습니다.

그러나 당신은 그리스도 안에서 다 자란 사람입니다. 따라서 반드시 그들을 참고 인내하며 친절해야만 합니다.

06

영의 삶을 개발하라

우리는 지혜가 사람의 영에서 생겨난다는 것과 하나님의 지혜가 바로 지성으로 전달되지 않고 사람의 영을 통해서 전달된다는 것을 알고 있습니다.

사람의 몸을 개발하기 위해 수백만 달러가 쓰였고, 사람의 마음을 개발하기 위해 수백만 명의 사람들이 사용되었지만 진정한 사람, 즉 영에 대해서는 전적으로 무시되어 왔습니다.

우리는 영을 개발하는 유일한 길이 종교를 통해서 라고 생각해 왔습니다. 그러나 인간성에 미치는 거대한 힘들은 영적이며 그것들은 모두 영에서 나온다는 것을 깨달을 때, 비로소 사람의 이 부분이 심각하게 고려되어야 한다는 것은 명백한 것입니다.

예수께서는 죄 문제를 해결하고 아버지 우편에 앉으신 후에 우리의 영과 협력하실 것을 약속하셨습니다.

요한복음 14:16-17은 그분의 약속의 한 예입니다. "내가 아버지께 구하겠으니 그가 또 다른 보혜사를 너희에게 주사 영원토록 너희와 함께 있게 하리니 그는 진리의 영이라 세상은 능히 그를 받지 못하나니 이는 그를 보지도 못하고 알지도 못함이라 그러나 너희는 그를 아나니 그는 너희와 함께 거하심이요 또 너희 속에 계시겠음이라"

이 진리의 영은 성령이었습니다. 그리고 성령은 예수께서 그분의 속량 사역을 마치신 후에 예수님을 대신하려고 오셨습니다.

사람이 영적으로 우둔하여 성령이 반드시 감각들과 소통해야 하는 몇몇 아주 드문 경우를 제외하고는, 성령이 지성에게 지식을 전하지 않는다는 것은 거의 알려지지 않은 사실입니다.

자연인이 갖고 있는 모든 지식은 감각들을 통해서 옵니다. 성령이 그를 다루기 위해서는 사람의 수준(그의 감각들)으로 오셔야 할 필요가 있었을 것입니다.

"그러나 진리의 성령이 오시면 그가 너희를 모든 진리 가운데로 인도하시리니 그가 스스로 말하지 않고 오직 들은 것을 말하며 장래 일을 너희에게 알리시리라"(요 16:13) 이 약속은 하나님이 사도 바울을 통하여 우리에게 주신 특별한 계시일 뿐만 아니라 모든 믿는 사람들을 위함입니다.

그분은 우리를 그리스도께서 행하신 속량 사역의 실재로 안내하십니다. 그리스도께서 대신 감당하심으로 비롯된 모든 것들은 그분의 영 안에서 일어났습니다. 죄를 받으신 분은 그리스도의 영이었습니다. 인류를 대신하여 정죄의 고통을 당하신 분은 그분의 영이었습니다.

의롭다고 선포된 분도 그분의 영이었습니다. 그분은 자신의 영 안에서 살아나셨습니다.

인류의 속량을 이룬 것은 그분의 육체적 부활이라기보다는 오히려 그분의 영의 부활이었습니다.

사람은 감각 지식과 너무나 강하게 결합되어 있어 오직 십자가 위에 계신 그리스도의 육체적 고통과 육체적 부활만을 보았습니다.

영의 부활은 육체적 부활을 엄청나게 능가하는 것이었습니다. 우리의 영을 위하여 고통 받았던 것은 그분의 영이었습니다.

우리의 영을 위하여 의롭게 된 것은 그분의 영이었습니다. 우리 영의 재창조를 위해 재창조된 것도 그분의 영이었습니다.

우리가 이것이 우리의 영 안에 있음을 알 때까지는 믿음에 있어 커다란 발전을 기대할 수 없으며 하나님의 아들로서의 권리와 특권들을 알 수도 없습니다.

사람의 영이 영생을 받을 때까지, 다시 말해서 사람의 영이 재창조되기 전에는 사람의 영에 있어서 그 어떤 발전도 있을 수 없습니다.

우리는 이것을 압니다. 왜냐하면 어떤 민족에도 영생을 받기 전에는 결코 위대한 발명가나 화학자나 과학자가 존재한 적이 없었기 때문입니다.

이것은 본질적으로 충격적인 사실입니다. 지적인 사람들은 만일 그들이 이 진리를 안다면 틀림없이 동요할 것입니다.

성령은 말씀을 통하여 우리를 재창조하십니다. 그분은 아버지의 본성을 우리에게 전달해주십니다impart. 그리고 이 전달과 함께 새로운 종류의 지혜가 생깁니다. 그리스도가 우리에게 지혜가 됩니다. 이것은 우리가 재창조될 때 성취됩니다.

하나님의 사랑이 그분의 본성 안에 담겨 우리에게 전달된 것처럼, 하나님의 지혜도 본성 안에 담겨 우리에게 전달됩니다.

나는 영이란 주제를 연구하고서 하나님이 우리에게 그분의 본성을 나누어주실 때, 그것과 더불어 그분 자신의 모든 속성들이 함께 전해진다고 믿게 되었습니다. 그것들은 아직 개발되지 않았지만 사람의 영 안에 잠재해 있습니다.

우리를 하나님과 연결시키는 믿음이 존재합니다. 우리를 하나님처럼 만드는 사랑이 존재합니다. 우리를 하나님만큼 안정적으로 만드는 안정성이 존재합니다. 그리고 인간 예수 안에서 우리에게 도전했던 다른 모든 경이로운 속성들이 우리가 그분과 함께 빛 가운데 걸을 때 우리 안에 그대로 복제될 수 있습니다.

우리는 그리스도께서 완성하신 사역의 중요성을 파악할 필요가 있습니다. 그것에는 영의 재창조와 더불어 사람이 한 번도 의식하지 못했던 하나님과 사귐을 갖는다는 것의 무한한 가능성에 대한 계시가 담겨 있기 때문입니다.

여기 이 새로운 피조물과 연결된 몇 가지 사실들, 즉 그의 영을 재창조함으로써 사람에게 생긴 새로운 것들에 관한 사실들이 있습니다.

"하나님이 죄를 알지도 못하신 이를 우리를 대신하여 죄로 삼으신 것은 우리로 하여금 그 안에서 하나님의 의가 되게 하려 하심이라"(고후 5:21)

죄가 되신 분은 그리스도의 영이었습니다. 그분의 의로 의로워진 것은 사람의 영입니다.

사람의 영에 전해진 이 새로운 의는 사람이 타락한 이래로 한 번도 가져보지 못했던 하나님과의 자유와 해방감을 주었습니다.

그것은 사람의 영으로부터 수 세대에 걸쳐 사람을 종의 상태로 두게 했던 죄 의식을 제거해 버렸습니다.

죄 의식은 추론할 수 있는 능력의 산물이 아닙니다. 그것은 오감을 통해서 우리에게 오지 않습니다. 죄 의식 혹은 죄의 확신은 사람의 영에서 비롯됩니다. 그것은 자연인의 영이 하나님과 사귐을 갖지 못했기 때문에 생깁니다.

새로운 탄생은 이 사람의 영을 재창조하고 그 영에 의와 하나님의 본성을 나누어주어 사람의 영으로 하여금 완전히 동등한 입장에서 하나님과 사귐을 갖도록 합니다.

세상의 어떠한 종교도 사람의 영을 다룬 적이 없습니다. 모든 종교는 감각들과 연결되어 왔습니다.

이것이 기독교를 다른 종교와 완벽하게 구별시켜 두드러지게 만드는 특별한 점입니다.

"내 말을 듣고 또 나 보내신 이를 믿는 자는 영생을 얻었고"(요 5:24) 이것은 새로운 종류의 생명입니다. 그것은 추론할 수 있는 능력에 오지 않고 오직 사람의 영에 옵니다. 이 생명이 하나님의 본성입니다.

로마서 5:5은 하나님의 사랑이 성령에 의해 우리 심령에 부은 바 되었다고 선포합니다.

심령은 우리의 영의 비유적인 표현입니다. 이 새로운 종류의 사랑 아가페는 성령에 의해 사람의 영에 부어졌습니다. 그것은 사람이 아버지와 사귐을 갖기 시작할 때 새로운 탄생과 함께 생깁니다.

이 새로운 종류의 사랑은 이성의 산물이 아닙니다. 그것은 영 의식의 산물입니다.

"너희는 하나님으로부터 나서 그리스도 예수 안에 있고 예수는 하나님으로부터 나와서 우리에게 지혜와 의로움과 거룩함과 구원함이 되셨으니"(고전 1:30)

그분이 우리에게 의로움이 되셨던 것처럼, 그분이 우리에게 구원함이 되셨던 것처럼, 그분이 우리에게 거룩함이 되셨던 것처럼, 그분은 우리에게 지혜가 되셨습니다.

그분이 우리에게 건강과 치유가 되셨던 것처럼, 그렇게 그분은 우리에게 지금 지혜가 되십니다.

그 지혜는 하나님으로부터 비롯됩니다. 야고보는 우리에게 만일 사람이 지혜가 부족하면 하나님께 구해야 한다고 말합니다. 야고보는 주 안에서 어린 아이들, 즉 아직 개발되지 않은 사람들에게 쓰고 있습니다.

바울은 여기 그의 계시에서 장성한 믿는 사람, 즉 그의 유업에 들어온 사람에게 말하고 있습니다.

우리가 필수적으로 이해해야 하는 것들 중 하나는 우리가 주 안에서 하나님의 의가 된다는 것입니다. 그리스도가 우리에게 의가 되실 뿐만 아니라, 우리가 그리스도 안에서 하나님의 의가 되었습니다.

그 의가 우리를 바로 보좌throne room로 들어가게 하여 우리가 사귐을 갖는 아버지와 어울리게 하고, 말하자면 함께 식탁에 앉아 그분의 은혜의 풍성함을 마음껏 먹게 합니다.

"그러므로 우리에게 큰 대제사장이 계시니 승천하신 이 곧 하나님의 아들 예수시라 우리가 믿는 도리를 굳게 잡을지어다 우리에게 있는 대제사장은 우리의 연약함을 동정하지 못하실 이가 아니요 모든 일에 우리와 똑같이 시험을 받으신 이로되 죄는 없으시니라 그러므로 우리는 긍휼하심을 받고 때를 따라 돕는 은혜를 얻기 위하여 은혜의 보좌 앞에 담대히 나아갈 것이니라"(히 4:14-16)

그것은 우리가 지혜를 구하는 대신에 그분이 우리에게 지혜가 되셨음을 인식할 수 있는 상태로 인도합니다. 우리는 단순하게 그분께 지혜를 주셨음을 감사합니다. 그리고 지혜가 행동을 안내하기 위해 거기에 있을 것을 알고 행합니다.

지혜는 통치체제의 윗자리를 차지합니다. 당신은 모든 종류의 지식을 가질 수 있지만, 당신에게 그 지식을 사용할 능력이 없다면 그것은 가치가 없습니다.

당신은 말씀 안에서 그분의 뜻과, 당신을 위한 그분의 목적과 계획에 관한 지식을 모아왔습니다. 그런 후 당신은 그분께 그 지식을 사용할 능력을 주신 것에 감사합니다.

예수께서 제자들에게 위로부터 오는 권능을 받을 때까지 예루살렘에 머물 것을 말씀하셨습니다. "권능power"이란 단어는 능력ability을 의미합니다. 그들은 그 이름에 담긴 강력하고 초자연적인 권능과 함께 그 이름을 사용할 능력을 받아야 했습니다.

그들은 그들이 보았던 모든 것들과 주 예수의 죽음과 부활을 간증할 수 있는 능력과 지혜를 받아야 했습니다.

약속대로 성령이 오셨고, 그들은 능력을 받았습니다. 세상은 새로운 힘 곧 새로운 생명이 사람의 의식 안으로 들어옴으로 인해 경악했습니다.

새롭게 태어난 교회는 즉각적으로 유대 사회에서 강력한 기관이 되었습니다. 그리고 나서 그것은 로마제국 전역으로 확산되었습니다.

그것은 그리스도께서 십자가에서 죽으신 때로부터 아버지 우편의 보좌에 앉으시기까지 일어난 일들을 이해할 수 있도록, 배우지 못한 사람들에게 주신 하나님의 능력이었습니다.

"그런즉 누구든지 그리스도 안에 있으면 새로운 피조물이라 이전 것은 지나갔으니 보라 새 것이 되었도다 모든 것이 하나님께로서 났으며 그가 그리스도로 말미암아 우리를 자기와 화목하게 하시고 또 우리에게 화목하게 하는 직분을 주셨으니"(고후 5:17)

여기서 우리는 하나님의 새사람이 됩니다. 그는 새로운 영입니다. 그는 재창조된 영입니다. 그의 마음은 그가 말씀 안에서 묵상하는 동안에 이 새로 유입된 생명에 의해 새롭게 됩니다.

그의 육체는 다시 젊어지고 병들은 치유됩니다. 그래서 온전한 사람은 아버지 앞에 완전한 상태로 섭니다.

내가 아는 가장 영적인 사람들은 묵상에 많은 시간을 할애하는 사람들입니다. 당신은 묵상 없이는 영적인 지혜를 개발할 수 없습니다.

"이 율법책을 네 입에서 떠나지 말게 하며 주야로 그것을 묵상하여 그 안에 기록된 대로 다 지켜 행하라 그리하면 네 길이 평탄하게 될 것이며 네가 형통하리라(혹은 너는 인생의 모든 일들을 현명하게 다룰 수 있게 되리라)"(수 1:8)

말씀을 묵상하는 것에 시간을 할애하십시오. 세상의 떠들썩함이 차단된 곳에 스스로를 자신의 영으로만 격리시키십시오.

당신이 뭔가 가치 있는 것을 하고자 한다면, 매일 10분내지 15분씩을 묵상에 할애하는 것을 배우길 제안합니다. 다시 말해서 자신의 영의 개발을 시작하라는 것입니다.

당신은 당신이 소망하는 은사를 개발할 수 있습니다. 하나님이 당신에게 준 가장 중요한 은사는 영입니다. 당신의 삶에 있어 다른 어떤 것보다 더 많은 것을 의미하게 될 것은 바로 이 영의 개발입니다.

대부분의 사람들은 생각하지 않습니다. 그들은 감각들의 영역에서 삽니다. 감각들은 한계가 있습니다. 당신의 영은 사실상 한계가 없습니다.

당신은 당신이 환경들을 지배할 때까지 영의 삶을 개발할 수 있습니다. 당신의 영은 신성과의 생생한 연합의 상태, 즉 하나님의 본성에 참여하는 자가 될 수 있습니다. 그 영은 안에 하나님의 본성을 가진 채 하나님과 완전히 동등한 입장에서 사귐을 가질 수 있습니다.

당신의 무한한 가능성들을 아시겠습니까?

예수는 우리를 정신적인 것이 아닌 영적인 것들을 만나게 하십니다. 영적인 것들도 물리적인 것들만큼 실제입니다. 당신의 영은 그분의 말씀 안에 있는 것들이 당신에게 실제가 되고, 당신이 사랑하는 다른 사람들만큼 예수가 당신에게 실제가 되는 경지까지 도달할 수 있습니다.

당신은 이제 묵상과, 주님과 함께 조용히 있는 것에 시간을 할애할 필요가 있음을 알 수 있을 것입니다. 당신은 시간을 내어 그분의 말씀과 함께하여 성령께서 그분의 말씀을 당신의 영에 계시하시도록 해야만 합니다.

재창조된 영을 개발하는 법

나는 내가 재창조된 사람의 영이 어떻게 개발될 수 있는가라는 문제에 대한 해답을 찾았다고 생각합니다.

고린도전서 13장에 그것에 대한 해답이 있습니다.

고린도전서 12장의 마지막 절 또한 이와 관련하여 매우 인상적입니다. "내가 또한 가장 좋은 길을 너희에게 보이리라"라고 말하고 있습니다. 그러고 나서 새로운 종류의 사랑이란 길에 대해 계속 말씀하고 있습니다. 이것은 예수께서 세상에 가져오신 바로 그 사랑입니다.

그는 그것을 말의 능력, 즉 "내가 사람의 방언과 천사의 말을 할지라도 사랑이 없으면 소리 나는 구리와 울리는 꽹과리가 되고"와 비교합니다.

우리가 지금까지 말의 능력을 얼마나 크게 평가해왔는지요! 그러나 그는 일필로 그 모든 것이 사랑이 없다면 얼마나 공허한 것인지를 우리에게 보여줍니다.

그다음에 그는 우리에게 "내가 예언하는 능력이 있어 모든 비밀과 모든 지식을 알고 또 산을 옮길 만한 모든 믿음이 있을지라도 사랑이 없으면 내가 아무 것도 아니요"라고 말합니다.

여기서 그는 우리에게 감각 지식의 성취들과 유산들이 아가페가 없다면 얼마나 공허한지를 보여주고 있습니다.

그 다음 절은 우리를 좀 더 깊이 들어가게 합니다. "내가 내게 있는 모든 것으로 구제하고 또 내 몸을 불사르게 내줄지라도 사랑이 없으면 내게 아무 유익이 없느니라"

이러한 묘사들은 아가페와 비교해 보면 가장 높은 수준으로 개발된 자연인의 모습입니다.

모든 은사들 중에 가장 뛰어난 이 은사가 얼마나 겸손한지요! "사랑은 오래 참고 온유합니다." 사랑은 외관상 연약함의 옷을 입고 있습니다. "사랑은 시기하지 아니하며 자랑하지 아니하며 (말다툼할 때, 잔소리할 때, 이혼 법정에서도) 무례히 행하지 아니하며." "사랑은 자기의 유익을 구하지 아니합니다."

자연인이 가장 애쓰는 것은 무엇인가를 얻어내는 것입니다. 그것을 얻는 방법이나 누구에게서 얻는지는 그다지 신경 쓰지 않습니다.

"사랑은 성내지 아니하며," 사랑은 쉽게 성질을 부리지 않습니다.

"사랑은 악한 것을 생각하지 아니하며, 불의를 기뻐하지 아니하며 진리와 함께 기뻐합니다."

7절을 주목해 보십시오. "모든 것을 참으며 모든 것을 믿으며." "모든 것을 참으며"는 "모든 것을 덮으며"로 번역될 수 있습니다. 사랑은 스캔들에서 언급되는 꼴사나운 일들을 남에게 전달하지 않고 그 모든 것을 덮습니다.

사랑은 감각들의 모든 법칙과 반대로 행합니다.

"모든 것을 믿으며," 즉 아버지의 모든 것을 믿는 것입니다. 말씀은 단순함과 무의식적인 믿음에 의해 발휘됩니다.

"모든 것을 바라며," 믿는다는 것은 현재이고 소망은 미래입니다. 만일 우리가 말씀의 모든 것들을 믿는다면, 평온한 안식 가운데 미래를 맞이할 것입니다.

"모든 것을 견디느니라." 주님께서 어떤 인내를 보이셨는지요! 그분은 어떻게 자신을 십자가에 못 박은 자들의 비웃음과 비방을 참으셨는지요!

그러나 마지막 문장이 우리를 전율케 합니다. "사랑은 결코 실패하지 않습니다."

우리는 우리의 감각들을 의존할 수 없습니다. 왜냐하면 그것들은 우리를 실망시킬 수 있기 때문입니다. 우리의 눈은 부상을 입어 시각을 잃을 수 있습니다. 우리의 청각이나 촉각은 손상될 수 있습니다. 아가페는 그렇지 않습니다. 왜냐하면 그것은 재창조된 영, 즉 "심령에 숨은 사람"으로부터 비롯되기 때문입니다.

그것은 "숨은 사람," 즉 보이지 않는 사람, 하나님의 생명을 가진 사람입니다.

갈라디아서에서 우리는 아가페와 감각들의 대비를 봅니다. 감각들의 열매들은 갈라디아서 5:16에 기록되어 있고 재창조된 영의 열매들은 22절과 23절에 기록되어 있습니다.

감각들은 항상 영에 대해 반역자였었습니다. 그것들은 늘 자신의 것을 찾습니다. 그것들은 굶주립니다. 결코 배부른 적이 없습니다. 그것들은 언제나 찾지만 결코 발견하지 못합니다.

솔로몬은 전도서에서 "눈은 보아도 족함이 없고 귀는 들어도 가득 차지 아니하도다"라며 지혜로운 말을 했습니다.

예수께서 "내가 곧 길이요 진리요 생명이니"라고 말씀하셨습니다. 그분은 하나님의 사랑의 길이었습니다. 그분은 생명의 유일한 길이며, 아버지께 가는 유일한 길입니다.

그분은 사랑의 길입니다. 그분은 이 땅에서 사역하시는 동안 사랑의 삶을 사셨고, 우리에게 그분의 본성을 주셔서 우리 또한 이 사랑의 삶을 살 수 있습니다.

에베소서 5:1에서 우리는 사랑의 자녀로서 사랑의 삶의 길을 가고, 사랑의 열매를 맺어야 한다는 말씀을 들었습니다.

이제 우리는 우리가 어떻게 우리의 영을 개발할 수 있는지 이해할 수 있습니다. 그것은 사랑 안에서 행함으로, 그리고 사랑을 묵상함으로 개발됩니다.

우리는 재창조된 사람의 영이 사랑과 믿음, 평안과 기쁨, 그리고 사랑의 삶에 속한 다른 모든 아름다운 산물들이 솟아나는 샘이라는 것을 알게 되었습니다.

믿음은 추론할 수 있는 능력의 산물이 아닙니다. 그것은 영의 산물입니다.

이제 우리는 이 사실, 즉 재창조된 사람의 영을 개발하려면, 우리가 사랑을 실천하고 믿음으로 걷는 것이 필요하다는 사실을 이해할 수 있습니다.

우리는 반드시 "하늘의 떡"을 먹고 살아야 합니다. "사람이 떡으로만 살 것이 아니요 하나님의 입으로부터 나오는 모든 말씀으로 살" 것이기 때문입니다.

예수께서 새로운 방식을 제시하셨습니다. "내 몸을 먹고 내 피를 마시는 자라야." 이 몸은 육신이된 말씀이었습니다. 우리는 반드시 살아있는 말씀을 먹고 살아야만 합니다. 피는 생명입니다. 따라서 우리는 그분이 가져다주신 생명을 깊게 마셔야 합니다.

그분은 "내가 온 것은 양으로 생명을 얻게 하고 더 풍성히 얻게 하려는 것이라"고 말씀하셨습니다. 우리를 사랑으로 넘쳐흐르게 만드는 것은 바로 생명의 풍성함입니다.

나는 그 무엇보다도 재창조된 사람의 영을 개발하는 방법을 알기를 갈망해왔습니다. 나는 지혜를 사용하는 법과 그리스도 안에서 그것을 전용하는 법, 그것을 나의 것으로 만드는 법, 그리고 사랑 안에서 걷는 법을 우리에게 가르쳐 우리의 행위가 예수처럼 되게 할 몇 가지 방안들을 내가 갖고 있다고 믿습니다.

사랑으로 행함

우리가 사랑 안에서 행하는 것을 배울 수 있다면, 그리고 그것을 우리 삶의 본분business으로 삼을 수 있다면, 우리는 불가능하다고 여겼던 인간관계의 많은 문제들을 해결할 수 있을 것입니다.

예수께서는 사랑으로 사셨습니다. 그분은 사랑의 영역 안에 사셨습니다. 그분은 사랑을 말씀하셨습니다. 그분의 말씀은 사랑으로 채워져 있었습니다. 그분의 모든 행동과 행위는 사랑에서 자라났습니다. 그분은 아픈 사람들을 치유하지 않을 수 없었습니다. 사랑이 그분을 몰고 갔습니다. 그분은 군중들을 먹이지 않을 수 없었습니다. 사랑이 그분을 강제했습니다.

만일 우리가 우리의 영을 그렇게 사랑 안에서 개발할 수 있다면, 우리는 주님같이 살 수 있습니다. 우리는 실제이고 아름다운 아버지와의, 말씀과의 그리고 다른 사람과의 사귐을 유지할 수 있습니다.

요한복음 14:16-17에서 예수께서는 당신께서 보혜사 곧 성령을 보내실 것을 약속하셨습니다. "내가 아버지께 구하겠으니 그가 또 다른 보혜사를 너희에게 주사 영원토록 너희와 함께 있게 하리니 그는 진리의 영이라 세상은 능히 그를 받지 못하나니 이는 그를 보지도 못하고 알지도 못함이라 그러나 너희는 그를 아나니 그는 너희와 함께 거하심이요 또 너희 속에 계시겠음이라"

그분이 "진리의 영" 또는 "실재의 영"이라고 부르는 이 "보혜사"는 우리를 모든 진리 또는 실재로 인도하십니다. 그분은 예수와 아버지의 모든 것을 취하셔서 그것들을 우리에게 드러내려 하십니다. 그것이 바로 우리의 심령이 갈망하는 것입니다.

그분은 우리를 감각 지식이 아닌 계시 지식으로 인도하실 것입니다. 그분은 사도 바울이 계시한 그 놀라운 진리들을 취하셔서 우리에게 그것들이 실재가 되도록 만드실 것입니다. 이것을 하려면 우리는 조용한 시간, 즉 매일 잠시 동안 묵상을 위해 격리될 필요가 있습니다.

"이 율법 책을 네 입에서 떠나지 말게 하며 주야로 그것을 묵상하여 그 안에 기록된 대로 다 지켜 행하라 그리하면 네 길이 평탄하게 될 것이며 네가 형통하리라"(수 1:8)

그것은 율법 아래의, 즉 최초의 언약 아래의 이스라엘을 위한 것이었습니다.

새로운 언약 아래에서 우리는 그리스도의 말씀이 우리 안에 풍성히 거하게 해야 합니다. 우리는 말씀 안에 살고 말씀은 우리 안에 살아야 합니다. 이것이 우리를 기도의 삶으로, 즉 기도로 정복하는 삶으로 이끌 것입니다.

빌립보서 4:6-7은 또 다른 것을 제안합니다. "아무 것도 염려하지 말고 다만 모든 일에 기도와 간구로 너희 구할 것을 감사함으로 하나님께 아뢰라 그리하면 모든 지각에 뛰어난 하나님의 평강이 그리스도 예수 안에서 너희 마음과 생각을 지키시리라"

우리는 어떠한 염려도 우리를 지배하도록 허락해서는 안 됩니다. 모든 일에 기도와 간구로 감사함을 따라 우리의 요청이 아버지께 알려지게 해야 합니다. 그리고 나서 우리의 요청들을 거기에 남겨두고 떠나면, 그분은 그분의 평강이 임하여(마치 소요지역에 파병되는 주둔군과 같이) 우리를 진정시킬 것을 선포하십니다.

8절에서 그는 우리가 생각해야만 할 것들에 대해 말합니다. 주의 깊게 읽어보십시오.

"끝으로 형제들아 무엇에든지 참되며 무엇에든지 경건하며 무엇에든지 옳으며 무엇에든지 정결하며 무엇에든지 사랑 받을 만하며 무엇에든지 칭찬 받을 만하며 무슨 덕이 있든지 무슨 기림이 있든지 이것들을 생각하라"

우리는 스캔들이나 당찮은 말, 꼴사나운 이야기들을 먹으면서 은혜 안에서 성장하기를 기대할 수는 없습니다. 성령은 우리가 그렇게 하도록 돕지 않을 것입니다. 우리가 주님과 함께 말씀과 함께 조용히 앉아 말씀이 우리를 흡수하고 우리가 말씀을 흡수할 때까지, 즉 말씀이 우리 영의 삶뿐만 아니라 정신적인 과정 안에 세워질 때까지, 말씀이 절대적으로 우리의 생각을 장악할 때까지, 말씀을 묵상하는 시간은 반드시 필요합니다.

당신은 말씀을 묵상한다는 것이 무엇을 의미하는지 아시겠습니까? 그것은 우리의 마음을 새롭게 하는 것입니다. 보통의 믿는 사람의 마음은 새로워지지 않았습니다.

"그러므로 형제들아 내가 하나님의 모든 자비하심으로 너희를 권하노니 너희 몸을 하나님이 기뻐하시는 거룩한 산 제물로 드리라 이는 너희가 드릴 영적 예배니라 너희는 이 세대를 본받지 말고 오직 마음을 새롭게 함으로 변화를 받아 하나님의 선하시고 기뻐하시고 온전하신 뜻이 무엇인지 분별하도록 하라"(롬 12:2)

그 변화는 어떻게 일어날까요? 우리의 마음을 새롭게 함으로 일어납니다. 그러면 어떻게 마음을 새롭게 할까요? 말씀을 묵상하는 것입니다. 말씀을 실천하는 것입니다.

"새 사람을 입었으니 이는 자기를 창조하신 이의 형상을 따라 지식에까지 새롭게 하심을 입은 자니라"(골 3:10)

우리의 마음은 우리를 창조하신 분의 형상을 따라 새롭게 됩니다. 즉 사는 것이 더 이상 우리가 아니라 우리 안에서 살고 계신 그리스도가 될 때까지 예수의 형상이 우리 안에 복제될 것이라는 의미입니다. 또는 바울이 갈라디아서 4:19에서 우리에게 언급한 것처럼 "너희 속에 그리스도의 형상을 이루기까지" 복제될 것입니다.

바로 그 예수의 삶을 말씀으로 우리 안에 세우는 것이 가능합니다. 말씀은 우리가 행동할 때까지는 결코 우리 삶의 한 부분이 되지 않습니다.

당신이 연인, 룸메이트, 남편 혹은 아내와 함께 하는 것처럼 그분과 함께 당신의 심령heart-life을 공유하십시오. "내가 사는 것이 아니요 내 안에 계신 그리스도께서 사시는 것입니다"라고 외칠 때까지, 포도나무의 삶이 의식적으로 당신의 삶이 될 때까지 공유하십시오.

"지식에 넘치는 그리스도의 사랑을 알아 하나님의 모든 충만하신 것으로 너희에게 충만하게 하시기를 구하노라"(엡 3:19-21) 하나님의 충만하심이 우리를 인수하고 우리를 지배합니다. 하나님의 사랑, 은혜, 지혜, 치유와 능력의 충만함이 우리의 삶 속에 존재하는 모든 연약함과 실패들을 대신합니다.

예수께서는 우리의 삶을 인수하시러 그 현장에 오셨습니다. 그분은 "우리가 구하거나 생각하는 모든 것에 더 넘치도록" 하실 수 있습니다.

그분은 능력대로, 우리 안에 역사하는 그분의 능력을 따라 역사하십니다.

믿음으로 행함

사람은 타락하기 전에는 하나님과 완벽한 사귐을 갖고 있었습니다. 그는 영의 영역에서 살았으나 대역죄를 범하자 하나님의 임재로부터 추방되어 자신의 보호와 삶을 위하여 자신의 감각들을 의존하게 되었습니다.

사람의 영은 자신의 감각들의 노예가 되었습니다. 당신은 많은 세대를 거듭하는 동안 마음에 미친 영의 영향력을 알 수 있습니다. 이것을 홍수 이전과 이후의 건축물에서 볼 수 있습니다.

메소포타미아에서 다섯 개의 도시가 잇따라 발견되었습니다. 홍수 이전에 세워진 것이 분명한 마지막에 발견된 도시는 건축의 가장 웅장한 유형을 보여줍니다.

의심할 바 없이 인류학은 우리가 바빌로니아와 이집트로 더 많이 되돌아가면 갈수록 문명의 수준이 더 높아진다는 것을 증명합니다.

감각들이 우세해질 때 사람은 영적인 것들에 관한 모든 실제적 지식을 잃어버립니다.

아브라함과 맺은 첫 언약의 시기에는 감각들이 사람을 절대적으로 통제했습니다. 아브라함은 분명히 그 시대에 영적인 분별력을 지닌 유일한 사람이었습니다. 그는 그의 감각들의 증언에도 불구하고 하나님의 말씀을 믿었습니다.

아브라함의 믿음은 오늘날 믿는 사람의 전형적인 믿음입니다.

예수께서 오셨을 때 모든 사람들은 감각의 영역에서 살았습니다. 만일 당신이 사복음서를 주의 깊게 읽는다면, 그 당시 사람들이 오직 감각 지식에서 비롯한 믿음을 갖고 있었음을 알게 될 것입니다. 그들은 보고 듣고 느낄 수 있는 것을 믿었습니다. 그들의 영은 일상생활에서 아무런 역할도 할 수 없었습니다.

믿는 사람이 두 종류의 믿음을 인식할 때까지 그는 결코 그리스도 안에서 그의 특권들을 누릴 수 없습니다.

당신은 감각 지식에서 비롯한 믿음의 대표적 인물인 도마를 기억할 것입니다. 부활 후 그가 주님을 만나기 전에, 그는 부활하신 주님을 본 사람들에게 "내가 내 손가락을 그의 손에 있는 상처에 넣으며 내 손을 그 옆구리에 넣어 보지 않고는 믿지 아니하겠노라"(요 20:25)라고 말했습니다.

예수께서 갑자기 그에게 나타나 "도마야, 네 손가락을 이리 내밀어 내 손을 보고 네 손을 내밀어 내 옆구리에 넣어 보라 그리하여 믿음 없는 자가 되지 말고 믿는 자가 되라"고 말씀하셨습니다.

도마가 그분의 발 앞에 엎드려 "나의 주님이시요 나의 하나님이십니다"라고 외쳤습니다.

예수께서 "네가 보았기 때문에 믿느냐?"라고 물으셨습니다.

간략하게 묘사한 이 장면에는 꾸지람이 섞인 눈물이 있습니다. 당신은 예수께서 "네가 보았기 때문에 믿느냐?"라고 말씀하실 때 그분의 음성에 담긴 비애를 듣지 못합니까?

감각 지식의 사람들에게는 믿는다는 것이 얼마나 어려운지요! 그들은 어디서나 믿음을 외치고, 기도하고, 발버둥치지만 믿음은 그런 방식으로 오지 않습니다.

믿음은 말씀을 통한 아버지와의 사귐으로 생깁니다. 말씀만 연구해서도 안 되고, 실제로 말씀을 따라 살고 말씀을 행해야 생깁니다. 말씀을 실천하고, 말씀이 우리 안에 살도록 해야 합니다.

요한복음 6장에서 군중들은 "표적을 보이라 그러면 우리가 믿으리라"라고 말합니다. 예수께서는 "이 세대가 표적을 구한다"고 말씀하셨습니다.

그 세대가 우리 세대보다 더 많은 표적을 구하지 않았습니다. 누군가 대단한 볼거리들로 광고를 해댄다면 사람들을 끌어 모으는 것은 어렵지 않을 것입니다. 왜냐고요? 이 세대는 말씀을 믿지 않지만, 표적과 기사 혹은 감각들을 흥분시키는 것들을 믿기 때문입니다.

오순절에 새로운 시대가 시작되었습니다. 우리는 그것을 성령의 시대라고 부릅니다. 하지만 그 명칭은 절반만 진리입니다. 그것은 재창조된 사람의 영의 시대입니다.

사람에게 있어 재창조된 부분은 그의 영입니다. 감각에 지배되던 마음이 말씀을 통해 성령에 의해 새로워져서 그 새로워진 마음이 재창조된 사람의 영과 사귐을 가질 수 있습니다.

우리의 영을 개발하는 것은 우리가 이 영에게 일상 생활에서 길을 선택할 권리를 줄 때 가능해집니다.

당신은 예수께서 신명기에서 인용하신 "사람이 떡으로만 살 것이 아니요 하나님의 입으로부터 나오는 모든 말씀으로 살 것이라"고 말씀하신 것을 기억할 것입니다.

하나님의 말씀은 성령에 의해 영감을 받은 것이며 재창조된 사람의 영의 양식입니다. 우리가 말씀을 묵상할 때, 그리고 우리가 말씀을 실행하는 사람이 될 때, 우리의 영은 감각에 의해 지배되던 마음에 대한 지배력을 천천히 그러나 확실하게 얻게 됩니다.

당신은 로마서 6장에서 성령이 "그러므로 너희는 죄가 너희 죽을 몸을 지배하지 못하게 하여 몸의 사욕에 순종하지 말고"(롬 6:12)라고 하신 것을 기억할 것입니다.

죄는 감각들 안에서 군림합니다. 물리적 몸은 잘못된 것이 없습니다. 잘못된 것은 우리 몸을 통제하고 우리가 해서는 안 될 것들을 하도록 하는 감각들 안에 존재합니다.

우리 몸의 지체들이(감각들에 의해 지배되는) 통제력을 장악할 때 우리의 영은 감각들에게 종속됩니다.

양심은 인간의 영 혹은 재창조된 영의 음성입니다. 영이 말씀 안에서 교육될 때 양심(혹은 음성)은 더욱 더 권위 있게 됩니다.

나는 사람이 성령의 조명하에 말씀과 교제하게 된다면, 잠시 후 그 사람의 영은 완벽한 안내자가 될 수 있다는 것을 믿게 되었습니다. 우리가 "직감"이라 불러온 것은 단지 우리 영이 우리에게 말하는 것입니다.

영의 마음은 하나님과의 사귐 안에 있습니다. 말씀은 영의 양식이자 생명입니다. 우리가 만일 사랑 안에서 걷는다면 영은 우리를 안내할 완벽한 자유를 갖습니다.

당신은 믿음과 사랑 둘 다 재창조된 사람의 영에서 생긴다는 것을 이해하고 있습니다. 믿음은 우리가 사랑을 실천할 때 자랍니다.

우리가 사랑을 실천할 때 아버지는 점점 더 우리에게 실재가 됩니다. 말씀은 점점 더 소중해집니다. 그것의 숨은 가치가 우리에게 드러납니다.

고린도전서 2:12은 "우리가 세상의 영(자연인의 영)을 받지 아니하고 오직 하나님으로부터 온 영을 받았으니 이는 우리로 하여금 하나님께서 우리에게 은혜로 주신 것들을 알게 하려 하심이라"고 선언합니다.

하나님으로부터 생명을 받은 우리의 영은 하나님의 일을 알 수 있습니다. 반면에 감각들에 의해 지배되던 육에 속한 마음은 그리스도의 속량 사역이 우리에게 은혜로 주신 것들을 알 수 없습니다.

자연인은 "그리스도 안에서"라는 표현과 그것이 의미하는 것을 이해할 수 없습니다. 그러나 하나님의 가르침을 받은 사람들 즉 재창조된 영은 그것을 기쁨과 함께 완전히 이해합니다.

우리는 이제 오늘날의 교회의 가장 큰 필요가 믿는 사람들의 마음을 새롭게 하고 교육을 새롭게 하는 것과 재창조된 영의 개발임을 알 수 있습니다.

오늘 날 보통의 그리스도인은 육신에 속해 있거나 감각에 지배 받고 있습니다. 그들은 그리스도 안에서 어린 아기들일 뿐입니다. 그들은 사람들의 방식을 답습하거나 감각들의 방식을 답습합니다. 그들은 결코 사랑의 방식을 배우지 않습니다.

그들은 언제나 말씀에 대해 많은 말을 하지만 말씀을 실행하지는 않습니다. 그들의 지혜는 자연인의 지혜입니다. 그들은 여전히 분투하고 있지만 결코 도달하지 못하고 있습니다.

이런 사람들을 돕는 유일한 방법이 있는데, 그것은 그들에게 자신들의 위치를 그리스도 안에 정하는 법, 즉 말씀을 듣기만 하는 사람이 아니라 말씀을 행하는 사람이 되는 법을 가르치는 것입니다.

07
우리의 영에 있는 성공과 실패

우리는 영적인 것들도 물질적인 것들만큼이나 실제적인 것을 알게 되었습니다.

사랑은 당신이 살고 있는 건물만큼이나 실제적입니다. 그리고 때때로 물질적인 실체보다 훨씬 더 실제적입니다.

우리가 영적인 것들의 실재를 깨달을 때, 그래서 우리가 그것들을 고려하고 마치 물질적인 것들에 입각하듯이 그것들에 입각한 계획을 세우게 되면, 삶은 비로소 어둠 속에서 방황하던 것을 그치게 될 것입니다.

용기는 하나의 영적 힘입니다. 그것은 영에서 비롯됩니다. 그것은 이성적 능력과 관련이 없습니다.

이성은 매트 위의 싸움에서 패배를 직면하고도 여전히 일어설 수 있는 용기를 이해할 수 없습니다.

당신은 투지fighting heart에 관해 들어봤을 것입니다. 그것은 투쟁하려는 정신spirit, 정복하려는 정신spirit, 뻗어버리거나 패배할 수 없는 지배하려는 정신spirit입니다.

이성은 "끝났어, 너는 패배를 인정하는 것이 나아!"라고 말합니다. 감각 지식은 싸움을 포기했지만, 당신은 이제 막 시작했습니다. 당신의 영은 계속해서 카운트아웃되지만 싸움을 지속합니다. 뻗어버릴 수 없습니다.

나는 내가 아주 어렸을 때 모든 것이 크게 잘못되어가던 것을 기억합니다. 죽음은 달콤한 탈출이 될 수 있었지만, 나는 죽을 수 없었고 뻗어버릴 수도 없었습니다.

그냥 뻗어버리고 싶을 때마다 나는 그러지 않았습니다. 내가 만일 패배한 채로 인생을 떠돌아 다닐 수 있었다면 기뻤을 것입니다. 그러나 나는 포기할 수 없었습니다.

웬일인지, 패배하는 것은 상상조차 하기 어려웠습니다. 나는 성공해야만 했습니다.

나의 지친 머리와 휴식을 외치는 나의 기진맥진한 몸, 그러나 내부의 무엇인가가 감각들의 욕구에 무너지기를 거부했습니다.

만일 그것을 계발하기 원한다면 그것은 누구에게나 존재합니다.

보다시피 용기는 환경에 굴하지 않고 감각 지식의 사실들을 초월하여 그것을 지배하는 영적인 실재입니다.

믿음은 또 하나의 강력한 영적인 힘입니다. 그것은 감각 지식에서 비롯되지 않습니다. 그것은 영 안에서 자라납니다.

믿음은 실패를 껴안고 승리를 그 안에 불어 넣습니다. 성공이라는 상부구조를 세울 수 있는 토대를 마련하기 위해 믿음은 오늘 아침의 패배와 어제의 실패들을 사용합니다.

믿음은 사람의 영 안에 있는 창조적인 힘입니다. 지혜로 북돋아진다면 그것은 실패할 수 없습니다.

승리하려는 의지도 하나의 영적인 힘입니다. 그것은 당신 영의 본성을 지배합니다.

그것은 연약하고 지친 몸을 회복시킵니다. 그것은 고갈된 감각들을 당신 영의 본성으로 이끕니다.

그것은 감각들에게 힘을 줍니다. 승리하려는 의지, 다시 말해 정복하려는 의지는 사람의 심령 안에 확고하게 서 있습니다.

기쁨은 영적인 것입니다. 기쁨은 행복이 아닙니다. 행복은 감각들에 속합니다.

만일 모든 것들이 몸과 마음에 아름답고 만족스럽다면 당신은 행복할 것입니다. 그러나 모든 아름다운 것들이 파괴되고 모든 만족스러운 꽃들이 그 향기를 잃을 때, 기쁨은 번창하고, 영혼을 웃음과 노래로 채웁니다. 기쁨은 모든 존재를 천국의 음악으로 채웁니다.

소망은 영에서 비롯됩니다. 소망은 천 번의 실패가 남긴 죽은 불씨로부터 일어나는 듯이 보입니다. 소망은 그 꽃잎들과 아름다운 꽃을 햇빛을 향해 들어올립니다.

그것은 향기와 웃음으로 채워집니다.

소망은 감각들에 속하지 않습니다. 감각 지식은 소망이란 가족의 단 하나의 구성원도 만들어내지 못합니다.

지혜는 지식, 학교들, 선생들 혹은 도서관들의 산물이 아닙니다. 지혜는 사람의 영에서 비롯되어 그 모든 아름다움을 분출합니다.

지혜는 정교한 기능공이며 모든 아름다운 것들의 창조자이며 노동을 줄여주는 기구를 만드는 발명가입니다. 그것은 아주 흔한 것을 취하여 아름다움으로 풍성하게 만듭니다.

인내는 어떤 사람들을 세계사에 있어서 뛰어나게 만드는 자질입니다. 그들은 매달, 매해 전율케 하는 확고한 자기 신뢰를 가지고 걸어갑니다.

그들은 수백 개의 짐을 집니다. 고통과 질병이 그들의 몸을 고문할 수 있지만, 그들은 정복될 수 없습니다.

이것은 하나님이 주신 영의 풍성한 자질 중 하나입니다.

신실함은 전 세계 비즈니스 시장에서 두드러집니다. 우리는 놀라운 신실함을 병원에 있는 간호사들에게서 발견합니다! 그러나 그것은 다른 곳에서는 가정에서만큼, 아내와 엄마의 품에서만큼 풍성하게 자라지 못합니다.

신실함은 모든 시험들과 시도들, 심적 고통 그리고 삶의 고난들을 통하여 더 많은 승리자들을 만들어 내며 그들을 강하게 만드는 강력한 힘입니다.

부정적인 힘들

우리는 영의 긍정적인 힘 또는 특성들을 다루었습니다. 그러나 우리의 영적 개발과 성장에 해로운 다른 힘들이 있습니다.

나는 한때 미움, 흉물스러운 것, 괴물 같은 것, 변형된 것, 부자연스러운 것이 사람의 영의 산물임을 믿지 않았습니다.

나는 오랫동안 영의 산물들을 사랑, 기쁨, 평화 그리고 그 토양에서 자란 다른 많은 아름다운 꽃들과 관련지어 생각했습니다. 그러다 나는 미움이 같은 근원에서 일어났음을 깨닫게 되었습니다.

증오Hatred는 온 나라를 황폐하게 만듭니다. 그것은 아름다운 영들을 왜소해 보이게 만듭니다. 증오한 적이 없던 사람들이 이제 증오로 채워졌습니다.

그것은 그들 몸의 혈액 순환을 해치고 있습니다. 그것은 그들 몸의 아름다운 모든 것들을 해치고 있습니다.

미움Hate은 지옥의 영감을 받은 사악한 것입니다. 그것은 제1차 세계대전 후의 독감과 같은 전염병을 생산할 것입니다.

미움은 그 누구의 영에도 자리를 차지해서는 안 됩니다. 나는 절대로 그것이 내 삶에 있어 주도권을 갖도록 허락하지 않을 것입니다. 그것은 독성이 있는 유해 잡초입니다.

영이 낳은 또 하나의 쓰라린 적은 두려움입니다. 성공에 얼마나 치명적인 적인지요. 그것은 우리의 생각을 위축시킵니다. 그것은 믿음을 황폐하게 만듭니다. 그것은 삶 전체를 영적인 마비로 채웁니다.

사람은 자신이 하나님과 매여 있다는 것과 원수가 자신의 삶을 지배할 능력이 없다는 것을 알게 됨으로써 두려움을 정복할 수 있습니다.

두려움은 하나님의 아들의 본분에 대한 무지의 산물입니다.

만일 당신이 2 더하기 2는 4이고, 1/4이 둘이면 1/2인 것을 아는 것처럼 당신의 능력들이 무엇인지 안다면, 그리고 당신의 적이 정복당했다는 것을 안다면, 당신은 두려움을 대면하고서 웃을 수 있습니다.

당신은 정복자입니다. 그러나 무지가 지배하는 한 그 무지는 어두움이고 당신은 삶에서 어두움을 몰아낼 어떤 빛도 갖지 못합니다. 따라서 당신은 무지의 어두움 안에서 살고 있으며 그 어두움은 끔찍한 것입니다.

당신이 그 아들 예수께서 당신을 자유롭게 만든 것과 당신이 두려워한 것들이 더 이상 파괴적인 힘으로 존재하지 않는다는 것을 알 때, 당신은 일어나 승리의 노래를 부르며 인생의 오솔길을 내려갈 것입니다.

그것들은 당신을 의심과 두려움으로 채울 수 없습니다. 왜냐하면 당신은 당신이 믿어온 하나님을 알고, 또 그분의 은혜 안에서 안식하고 있기 때문입니다.

또 다른 흉물스럽고 괴물 같은 것이 불신앙, 즉 의심입니다. 그것은 근절하기 어려운 적입니다. 그것은 때때로 변장을 하고 옵니다. 그러나 영의 다스림에 예민한 사람은 그것을 알아볼 것입니다.

의심과 불신앙은 두려움과 같은 혈통에서 태어납니다. 불신앙은 하나님의 말씀에 대한 무지의 산물입니다.

하나님의 존재하심을 의심하는 사람은 감각 지식의 어두움 안에서 살고 있습니다. 그는 감각 지식의 한계를 알지 못합니다. 결과적으로 그는 의문의 여지 없이 그것을 받아들입니다. 감각 지식의 의견은 틀린 것입니다. 그것은 사실에 입각한 것이 아닙니다.

당신이 감각 지식의 한계를 알고 그것이 때때로 얼마나 기만적인지 알 때, 그것은 당신을 조심하게 할 것입니다.

다윈Darwin이 감각 지식의 한계를 알았더라면 그는 결코 수백만 명의 삶에서 믿음을 파괴한 책을 쓰지 않았을 것입니다.

다윈에게는 감각 증거 외에는 아무것도 없었습니다. 그는 이론을 쓸 때 영에게 자리를 내어주지 않았습니다. 그는 정신 발달에 있어 반쪽짜리 사람이었습니다. 가장 핵심적인 부분인 그의 영은 완벽한 어두움에 덮여 있었습니다.

불신앙을 파괴하는 길은 위대하신 하나님 아버지와 그의 아들 예수를 아는 것입니다. 이것이 성경이라 불리는 책을 통해 우리에게 제일 먼저 옵니다. 성경은 하나님의 심령으로부터 사람의 심령으로 전해지는 계시입니다.

이성이 아닌 영이 낳은 또 다른 쓰라린 적은 절망입니다.

절망은 심령으로부터 비롯되는 소망, 믿음, 사랑을 질식시킵니다. 절망은 파괴를 즐거움과 갈망하는 것으로 보이게 합니다.

그것은 모든 자살자들을 치명적인 종말로 몰고 갑니다. 그것은 평생을 두고 "히치하이킹hitch-hiking"하는 수많은 사람들의 발걸음을 따라다니며 괴롭힙니다. 절망은 그들을 채찍질합니다.

나는 절망적인 상황에 직면해서 그것을 정복한 영웅정신을 갖고 있던 사람이 있었는지 궁금했습니다. 그리고 나서 나는 알았습니다. 절망을 만나 그것을 정복하신 예수의 얼굴을 쳐다본 사람은 절망을 정복할 수 있다는 것을 말입니다.

예수의 영

오랫동안 나는 오직 예수의 대속적 희생의 육체적인 면만을 볼 수 있었습니다.

사복음서에 나오는 제자들을 보면 그들은 감각 지식만을 가지고 있었음을 봅니다.

그들은 인자를 보았고, 인자의 목소리를 들었으며, 인자의 손을 느꼈고 그들은 인자의 기적을 목격했습니다. 또 그들은 체포와 재판과 십자가에 못 박힘을 보았습니다. 그들 중 어느 누구도 영의 투쟁을 가리고 있던 육체의 장막 너머를 보지 못했습니다.

어느 날 나는 죄 문제를 처리한 것은 그분의 육체적 죽음이 아니라 영적 죽음이었음을 알았습니다.

그분의 영은 사람이 하나님으로부터 분리되었던 것에 참여하게 되었습니다.

나는 그분이 십자가 위에서 두 번 죽으셨음을 알았습니다. 그분이 죄가 되셨던 순간 그분의 영은 죽음의 지배 아래를 지나가셨습니다. 몇 시간 후 그분은 육체적으로 죽으셨습니다.

"죄를 알지도 못하신 이를 하나님이 죄로 삼으신 것은 우리로 하여금 그 안에서 하나님의 의가 되게 하려 하심이라"

죄가 되셨던 것은 그분의 영이었습니다. 의롭게 되는 것은 우리의 영입니다. 재창조되는 것은 우리의 영입니다. 우리 죄에 대한 엄청난 값을 지불한 것은 예수의 영적인 고통이었습니다.

나는 지금 말하고 있는 것들을 받아들이고 싶지 않았습니다. 오랫동안 나는 그것들을 거부했습니다. 나의 마음이 이 사실들을 받아들이는 것을 허락하지 않았습니다. 그러나 이제 나는 그것들을 알게 되었습니다. 그것들은 나의 의식의 한 부분이 되었습니다.

첫째, 우리의 죄와 함께 죄가 되셨던 것은 예수의 영이었습니다. 그분은 징벌을 받아 하나님께 맞으며 우리의 죄로 고난을 당했습니다. 그것은 그분의 몸이 아니라 그분의 영이었습니다.

게다가 나는 "모든 사람을 위하여 죽음을 맛 본" 혹은 경험한 것은 그분의 영이었다는 것을 알았습니다.

그것은 육체적인 것이 아니었습니다. 그것은 정신적인 것이 아니었습니다. 그것은 영적인 실재였습니다.

또 나는 더 나아갔습니다. 나는 그분이 그분의 영으로 고통을 당하셨다는 것을 알았습니다.

그것은 그분의 마음의 고통, 또는 우리의 범죄의 형벌을 치르신 그분의 육체의 고통이 아니었습니다. 그것은 그분의 영의 고통이었습니다. (나의 책 "하나님 아버지와 그분의 가족"믿음의말씀사,2012을 보십시오.)

죄가 되셨던 그분의 영은 심판 아래에서 인류가 장차 받아야 할 영적 고통으로 고통 받고 계셨습니다. 그리고 나는 그분이 값을 지불하시고 공의의 요구를 만족시키셨을 때, 그분이 영으로 칭의 되셨음을, 영으로 살아나셨음을, 그리고 영으로 의롭게 되셨음을 알았습니다. 그분이 십자가 위에서 잃었던 것이 그분에게 다시 회복되었음을 알았습니다.

그분은 아버지 앞에 설 수 있는 능력을 상실했었습니다. 그래서 "나의 하나님, 나의 하나님, 왜 나를 버리시나이까?" 하고 부르짖었습니다.

죄가 되셨던, 그리고 인류에게 속했던 형벌을 감당하셨던 그분의 영은 의롭다고 여겨지게Justified 되었고, 의롭게Righteous 되었습니다.

그 다음에, 그분은 영으로 살아나셨습니다. 그분이 인류를 위하여 공의의 요구들을 만족시키고 난 후 그것들은 더 이상 그분을 붙잡고 있을 수 없었습니다.

죄가 되었던 영은 재창조되었습니다. 그분은 새로운 창조의 머리, 즉 "죽음에서 벗어난 맏아들the first born out of death"이 되셨습니다.

그것은 영적인 죽음이었고 영적인 출생이었습니다. 그것은 육체적이거나 정신적인 것이 아니었습니다.

그래서 감각들(혹은 감각 지식)에게는 대속적 희생이 불합리하게 여겨지는 것입니다. 그러나 그것은 사람의 영에게는 가장 논리적이고 당연한 것입니다.

그분이 영으로 살아나셨을 때, (공의의 관점에서) 교회 전체는 살아나게 되었습니다. 그분이 재창조되셨을 때, 우리는 그리스도 안에서 재창조 었습니다(빌 2:10).

그 재창조에서 그분은 우리의 대적 사단을 만나 그를 정복하시고, 그에게서 권세를 빼앗으시고, 공개된 전투에서 그를 패배시키시고, 그리고 동산에서 아담에게서 강탈해간 무기를 그로부터 빼앗으십니다.

또 그분은 죽은 자들 가운데서 부활하셨습니다. 그 부활은 육체적, 심리적 혹은 형이상학적인 것 이상의 것입니다. 그것은 완벽한 실재, 즉 육체적으로나 정신적으로 그리고 영적으로 완벽한 실재입니다.

그분은 부활하셨습니다. 죽음의 영역에서 삶의 영역으로 옮겨지셨습니다.

바울이 성령에 의해 로마서 5:17(웨이머스)에서 "한 사람의 범죄로 말미암아 사망이 그 한 사람을 통하여 통치권을 움켜잡았은즉 더욱 은혜와 의의 선물을 넘치게 받는 자들은 한 분 예수 그리스도를 통하여 생명 안에서 왕 노릇 하리로다"라고 말한 것은 전혀 이상하지 않습니다. 그 번역은 우리의 영의 스크린 위에 갈릴리 사람의 대속적 사역의 실재를 보여줍니다.

같은 이유로 이사야는 이사야 53:4-5에서 "그는 실로 우리의 연약함을 지고 우리의 질병을 당하였거늘 우리는 생각하기를 그는 징벌을 받아 하나님께 맞으며 고난을 당한다 하였노라 그가 다침은 우리의 범죄 때문이요 그가 멍든 것은 우리의 죄악 때문이라 그가 징계를 받으므로 우리는 평화를 누리고 그가 채찍에 맞으므로 우리는 나음을 받았도다"라고 선포하는 것을 알 것입니다.

그것은 완전히 영적입니다. 그때 물리적 육체의 치유는 영을 통해 일어납니다.

영적으로, 하나님은 그분에게 인류의 질병들을 두셨습니다. 그 질병들은 육체적인 것이 아니라 영적인 것이었습니다. 죄가 영적인 것처럼 병도 영적인 것이 육체에 나타난 것입니다.

그 질병들은 하나님의 아들의 영 위에 놓여졌습니다. 그분이 질병들을 가져가셨습니다. 그리고 그분이 채찍에 맞으므로 우리가 나았습니다. 그분이 영으로 회복되었을 때 우리도 회복되었습니다.

그분이 의롭게 되셨을 때 우리도 의로워졌습니다.

그분이 대적을 정복하셨을 때 우리도 그분 안에서 대적을 정복했습니다. 여기 완벽한 성공의 비밀이 있습니다.

예수께서 우리를 대신하여 대적을 정복하셨습니다. 만일 그분이 과거에 그렇게 하셨다면, 우리는 오늘날 정복자들입니다. 왜냐하면 대적에 대한 그분의 승리로 말미암아 우리도 승리했기 때문입니다.

영의 열매

바울이 고린도전서 1:30에 기록된 것처럼 위대한 영적 실체에 대해 우리에게 알려줄 때, 그는 "너희는 하나님으로부터 나서 그리스도 예수 안에 있고 예수는 하나님으로부터 나와서 우리에게 지혜와 의로움과 거룩함과 구원함이 되셨으니"라고 말합니다.

바울은 지혜를 맨 앞에 두었습니다. 고린도전서 12:7-8에서 영의 은사들에 대해 말할 때에도 동일하게 지혜를 먼저 언급했습니다.

"각 사람에게 성령을 나타내심은 유익하게 하려 하심이라 어떤 사람에게는 성령으로 말미암아 지혜의 말씀을, 어떤 사람에게는 같은 성령을 따라 지식의 말씀을,"

여기서 지혜가 첫 번째로 언급됩니다. 이것은 아버지의 관점에서 지혜가 가장 중요한 자리를 차지한다는 것을 보여줍니다.

이제 당신은 획득된 지식을 현명하게 사용하는 법을 아는 것은 지식의 문제가 아니라 지혜의 문제라는 것을 명쾌하게 이해할 수 있습니다.

"오직 영의 열매는 사랑과 희락과 화평과 오래 참음과 자비와 양선과 충성과 온유와 절제니 이 같은 것을 금지할 법이 없느니라"(갈 5:22)

이것은 성령의 열매가 아니라 재창조된 영의 열매입니다.

16절을 보십시오. "너희는 영spirit을 따라 행하라 그리하면 육체의 욕심(혹은 감각들의 욕구들)을 이루지 아니하리라."

"감각들은 당신의 영에 대항하여 싸우고 있고 당신의 영은 당신의 감각들에 대항하여 싸우고 있어, 이 둘이 서로 대적함으로 너희가 원하는 것을 하지 못하게 하려 함이니라. 너희가 만일 영의 인도하는 바가 되면(성령이 아닌 당신 자신의 재창조된 영), 율법 아래에 있지 아니하리라."

그 뒤 그는 감각들의 일들을 보여줍니다. 우리가 항상 이 두 구절을 성령의 일로 간주했으나 그렇지 않다는 것은 놀라운 사실입니다.

이 재창조된 영의 첫 번째 열매는 사랑입니다.

이어서 인간의 영이 맺는 아홉 가지 놀라운 열매들이 열거됩니다. 하지만 이 모든 것들에 앞서 바울은 지식을 사용하는 지혜, 사랑을 발휘하는 지혜, 사랑이 세상에 축복이 되게 하는 지혜, 기쁨을 통제하는 control 지혜 그리고 모든 이해를 능가하는 하나님의 평안을 입증하는 지혜를 두었습니다.

지혜와 재창조된 생명의 다른 모든 열매들이 인간의 영의 산물이라는 것을 깨닫는 것이 무엇보다도 중요합니다.

말씀과 최대한 밀접한 사귐을 유지할 때 이 위대한 실재들이 우리의 삶에서 찬란히 빛납니다.

08
재창조된 영의 창조적 능력

우리는 그리스도인이 아닌 사람들은 창조적이지 않다는 것을 압니다.

우리는 또 다른 사실, 즉 창조적인 생각creative minds은 영생이 있는 민족들에게 생긴다는 것을 압니다.

자연인은 베끼고 흉내 낼 수 있습니다. 그러나 그는 새로운 것을 창조할 능력은 없습니다.

창조적 능력은 재창조된 사람의 영에 존재한다는 것을 알았을 때 나는 사람의 문제에 대한 해답을 발견했습니다.

예수님과 같은 종류의 사랑은 자연인의 심령에서 생기지 않습니다.

"우리는 형제를 사랑함으로 사망에서 옮겨 생명으로 들어간 줄을 알거니와 사랑하지 아니하는 자는 사망에 머물러 있느니라."(요일 3:14) 이것은 영적인 죽음입니다.

이것은 아주 놀라운 인용입니다. 우리는 형제를 사랑하기 때문에 우리가 영생을 갖고 있음을 압니다.

다음 절에서 우리는 "그 형제를 미워하는 자마다 살인하는 자니 살인하는 자마다 영생이 그 속에 거하지 아니하는 것을 너희가 아는 바라"라는 말씀을 읽습니다.

　여기 또 다른 이해를 돕는 설명이 있습니다. 이 새로운 종류의 사랑은 하나님의 본성에서 비롯됩니다. 이 하나님의 본성이 우리를 재창조한 것입니다.

　이제 당신은 사랑이 재창조된 심령에서 비롯되는 것처럼 지혜는 재창조된 심령에서 생긴다는 것을 알 수 있습니다. 지혜는 자연의 힘들을 이용하는 능력입니다.

　어느 누구도 이교도 국가들은 화학물질, 광물과 가스 혹은 땅에 매장된 다른 천연자원들을 결코 이용할 수 없었다는 사실을 부인하지 않을 것입니다. 오직 새로운 피조물의 혈통을 가진 사람들만이 이러한 것들을 이용할 능력을 갖고 있습니다.

　이제 당신은 모든 창조적인 능력은 하나님의 능력임을 이해할 수 있습니다. 하나님은 이 능력을 사람의 영에 주셨습니다.

　기독교 국가들 가운데서 눈에 띄는 이 창조적 능력이 명백한 하나님만의 본성이라고 말하는 것은 비이성적이라고 할 수 없습니다.

　우리에게 내재된 하나님의 창조적 능력의 엄청난 잠재력은 아직까지 개발되지 않았습니다.

　이제 예수께서 요한복음 10:10에서 "내가 온 것은 양으로 생명을 얻게 하고 풍성히 얻게 하려는 것이라"고 선언하신 것을 주목하십시오.

　이 경우 생명에 해당하는 그리스어는 조에Zoe입니다. 그것은 하나님의 생명과 본성입니다.

　이제 당신은 요한복음 1:4(저자 직역)의 "그 안에 생명이 있으니 이 생명은 사람들의 빛 혹은 지혜 그리고 하나님의 능력이라"를 이해할 수 있습니다.

이것은 정말로 황홀합니다. 새로운 탄생으로 우리는 실제로 하나님의 능력과 제휴합니다.

고린도후서 3:5은 우리를 한 발 더 나아가게 합니다. "우리가 무슨 일이든지 우리에게서 난 것 같이 스스로 만족할 것이 아니니 우리의 만족은 오직 하나님으로부터 나느니라."

우리의 능력은 하나님으로부터 비롯됩니다. 하나님은 우리의 자원이 예치된 은행입니다. 우리는 그분의 지혜와 능력을 사용합니다.

이제 이 말씀을 주목하십시오. "나를 따르는 자는 어둠에 다니지 아니하고 생명의 빛을 얻으리라."(요 8:12)

이 절에는 두 개의 관련된 단어가 있습니다. (1) 어둠 : 감각 지식 혹은 사탄이 지배하는 지식입니다. (2) 빛 : 하나님으로부터 우리에게 전해진 지혜와 능력입니다.

요한일서 1:5은 "하나님은 빛이시라 그에게는 어둠이 조금도 없으시다는 것이니라"라고 선언합니다. 이것은 우리에게 그분이 빛 가운데 계신 것 같이 우리도 빛 가운데서 걸을 수 있음을 말해줍니다. 이것은 하나님의 능력 안에서의 걸음을 의미합니다.

예수께서 "나를 따르는 자는 어둠에 다니지 아니하고 생명의 빛을 얻으리라"고 말씀하셨습니다. 그것은 새로운 생명, 조에입니다.

우리가 만일 그것을 이용하고 하나님의 본성인 빛, 즉 하나님의 능력과 하나님의 지혜 가운데 걷는다면 무슨 일이 일어날까요?

우리는 더 이상 오감에 의해 지배되지 않을 것입니다. 우리는 잠재의식이 아닌 하나님의 본성과 생명을 받은 우리의 재창조된 사람의 영의 빛 가운데 걸을 것입니다.

잠언 20:27은 "사람의 영은 여호와의 등이라"라고 독특하게 선언합니다.

이 사람의 재창조된 영은 여호와의 등이 됩니다. 여호와는 우리를 자연 세계의 신비로 안내하기 위하여 그것을 사용하십니다.

"사람의 영은 여호와의 등이라" 이 얼마나 놀라운 선언인지요.

사람의 재창조된 영은 아버지께서 사람들을 지금까지 그들에게 감춰졌던 영역으로 인도하시기 위해 사용하시는 등입니다.

"내가 온 것은 양으로 생명을 얻게 하고 풍성히 얻게 하려는 것이라"라는 예수의 선언을 기억하십시오(흠정역에는 "더 풍성히"로 되어 있습니다).

이 말씀을 통해 의미하신 바는 무엇입니까? 그분은 당신이 아버지의 본성과 그것의 풍성함을 가질 수 있다는 것을 뜻하셨습니다.

풍성함은 "넘치는 수확"을 의미합니다. 곳간들이 넘치도록 채워집니다. 풍성함은 사용할 길이 내가 알 수 있는 것보다 더 많다는 것입니다.

우리는 영생이 사람에게 존재하는 창조적 능력임을 알았습니다. 그렇다면 만일 아버지께서 우리에게 이 창조적 능력을 풍성하게 주신다면, 한계란 없는 것처럼 보일 것입니다.

광물계에는 발견하거나 이용할 수 있는 화학물질이 하나도 남아있지 않을 것입니다.

우리가 제조 분야에서 낭비하고 포기했던 것을 사용하는 법을 알았을 것입니다.

우리가 꿈꾸었지만 도달할 수 없다고 믿었던 것의 비밀들을 알았을 것입니다.

원자력은 하나님의 특별한 재능의 예입니다. 힘은 거기 존재하였지만 우리는 그것을 포획하거나 사용하는 법을 알지 못했습니다. 그것은 마치 사람의 능력 밖으로 보였고 또 실제로 그랬었습니다. 핵에너지의 비밀을 우리에게 가르쳐 준 것은 하나님의 능력입니다.

이 능력은 비기독교도의 땅에서나, 국가가 지배하는 교회state-ruled church가 있는 나라에서는 발견되지 않았습니다. 그것은 사람들이 예수께서 세상에 가져오신 생명에 꾸준히 접속해온 곳에서만 발견됩니다.

왜 그것은 더 큰 자리를 차지하지 못했을까요?

그것은 교회의 가장 커다란 장점이었지만, 교회는 그것을 완전히 무시해왔습니다.

그들은 조에 혹은 아가페의 중요성을 알지 못했습니다.

그들은 아가페보다 필레오Phileo에게 더 큰 자리를 주었습니다.

필레오는 이기심에서 자라는 자연인의 사랑입니다. 그것을 소유하려는 욕구는 미움과 사랑과 모든 비도덕적인 행동을 낳습니다.

아가페는 예수님과 같은 종류의 사랑 곧 아버지의 본성입니다. 그것은 바로 아버지의 존재를 나타내는 것이며, 내재적 능력을 지닌 이 본성이 기독교의 실체입니다.

다르게 표현하면, 기독교는 하나님의 본성이 사람에게로 들어온 것입니다. 그것은 자신의 본성을 우리의 영에 주시는 하나님, 즉 우리의 영을 재창조하시는 하나님입니다.

에스겔 36:26에 있는 놀라운 예언이 실현되었습니다. "또 새 영spirit을 너희 속에 두고 새 마음spirit을 너희에게 주되 너희 육신에서 굳은 마음heart을 제거하고 부드러운 마음heart을 줄 것이며"

심령과 영은 같은 것을 의미합니다. 당신의 영이 당신의 진정한 자아입니다.

이제 그분은 "내가 옛 자아를 가져가고 너에게 새로운 자아를 주겠다"고 말씀하십니다.

"그 새로운 자아는 내게서 생기게 될 것이다. 내가 새로운 자아를 너희 속에 낳으려 한다. 그 새로운 자아는 나를 알 수 있을 것이다. 그것은 나를 이해할 수 있을 것이고 나와의 사귐을 즐길 수 있을 것이다."

"성령은 나의 창조적 능력을, 나의 노래들을, 나의 예술을 취하여 이 새로운 자아에 전할 것이다. 이 새로운 자아로부터 예술적인 능력, 창조적 능력이 흘러나올 것이다. 그것은 새로운 유형의 시를 낳을 것이다. 그 안에 바로 나의 재능을 담을 것이다."

이것은 새로운 형이상학이나 철학이 아닙니다. 이것은 실재입니다. 이것은 감각의 영역으로 침범해 들어오시는 하나님입니다.

이것은 그분 자신의 본성을 사람의 영에게 주시는 하나님입니다.

우리가 얼마나 골로새서 2:2-3의 "이는 그들로 마음에 위안을 받고 사랑 안에서 연합하여 확실한 이해의 모든 풍성함과 하나님의 비밀인 그리스도를 깨닫게 하려 함이니 그 안에는 지혜와 지식의 모든 보화가 감추어져 있느니라"의 진가를 알아보지 못했었는지요.

이제 우리는 이것을 주장합니다. 새로운 문명에 대한 비밀을 지닌 채 그리스도는 아버지께로부터 나셔서 새로운 유형의 사람들, 즉 새롭게 창조된 사람들을 지으셨다고 주장합니다.

사람이 그리스도를 구원자로 받아들이고 그분을 주님으로 고백할 때, 하나님은 그에게 새로운 본성을 주시어 그를 새로운 자아로 만드십니다.

"그런즉 누구든지 그리스도 안에 있으면 새로운 피조물, 새로운 자아라"(고후 5:17) 그 절의 나머지 부분을 주목하여 보십시오. "이전 것은 지나갔으니"

일본, 인도, 몽골, 아랍과 이집트, 그리고 다른 모든 비기독교 국가들을 지배하던 이전 것들이 지나갔습니다.

"모든 것이 하나님께로서 났으며."

모든 것이란 새롭게 창조된 것들, 새로운 능력으로 할 수 있는 것들, 하나님의 창조적 에너지입니다.

사람에게 필요한 것은 영생을 갖는 것이고, 그 후에 자녀들에게 영생을 개발할 기회를 주는 것입니다

이제 당신은 예수께서 "나를 따르는 자는 어둠에 다니지 아니하고 생명의 빛을 얻으리라"라고 말씀하셨을 때 그분이 의미하신 것을 이해할 수 있습니다. "나를 믿는 자는 사망에서 생명으로 옮겼느니라"라는 그분의 선포도 또한 이해할 수 있습니다.

말씀은 두 가지 종류의 사망에 대해 가르칩니다. 육체적 사망과 영적 사망입니다.

"허물과 죄로 죽었던 너희를 그가 살리셨도다" 육체적 사망은 무덤의 영역에 존재합니다. 영적인 사망은 사단의 본성의 영역에 존재합니다. 영생 안에서 우리는 영적인 사망의 본질로부터 살리심을 받았습니다.

"우리는 형제를 사랑함으로 사망에서 옮겨 생명으로(즉 사망의 영역에서 생명의 영역으로) 들어간 줄을 알거니와"(요일 3:14)

이제 다음 절을 주목하십시오. "그 형제를 미워하는 자마다 살인하는 자니 살인하는 자마다 영생이 그 속에 거하지 아니하는 것을 너희가 아는 바라."

영생을 소유하고 그것의 지배를 받다가 살인을 저지른 사람은 없습니다. 살인은 영적인 사망, 즉 사단의 본성에서 자랍니다. 그는 처음부터 살인자였습니다.

이 새로운 종류의 생명이 사람의 심령으로 들어올 때, 그것은 하나님의 본성이 사람에게 들어오는 것입니다.

이 생명의 두드러진 특징은 사랑, 화평, 기쁨, 인내, 온유, 서로를 참아 주기, 서로를 용서하기, 서로에게 원한을 품지 않기입니다.

그것이 영생이 사람들에게 주는 것입니다. 그들은 예수처럼Jesus-like 됩니다.

죽은 자들 가운데서 살아나셨을 때 그분이 첫 번째로 하고 싶으셨던 것은 베드로를 만나는 것이었습니다. 그분은 그저 베드로를 안고 싶으셨습니다. 주님께서 재판 받을 때 베드로는 주님을 배반하고 부인했었습니다.

만일 유다가 살아 있었다면 그분은 그를 만나셨을 것입니다.

우리는 그분이 그분의 손과 발에 못을 박은 사람들에게, 그리고 창으로 그분의 옆구리를 찌른 병사에게, 그리고 가시면류관을 그분의 이마에 씌운 사람들에게 말씀하셨다고 확신합니다.

그분은 "아버지 저들을 사하여 주옵소서 자기들이 하는 것을 알지 못함이니이다"라는 생소한 단어들을 말씀하셨습니다.

이제 그분이 그들에게 오셔서 그들의 죄로 인하여 죽으셨고, 그들이 범한 모든 죄들을 지워버리고 그들에게 영생과 아들의 신분을 주실 수 있다고 말씀하셨습니다.

스테반이 죽어갈 때, "아버지 저들을 사하여 주옵소서 자기들이 하는 것을 알지 못함이니이다"라고 그는 속삭였습니다.

그들이 성자가 된 폴리캅 주교 주위의 장작에 불을 붙였을 때 그의 마지막 말은 이것이었습니다. "아버지 저들을 사하여 주옵소서 자기들이 하는 것을 알지 못함이니이다."

이런 거룩한 사람들은 어떻게 사랑으로 미움을 정복했을까요? 하나님의 본성이 그들에게 들어와 미움을 가져가 버렸습니다.

이제 우리는 하나님의 창조적인 능력을 이해할 수 있습니다. 그것은 세상이 지금까지 알아 온 것중 가장 위대한 것입니다. 그것이 바로 기독교의 비밀입니다.

만일 새로운 유형의 복음전도자가 나타나서 영생에 관한 진리, 즉 영생이 인류에게 해 온 일과 장차 할 일에 대해 말한다면 이 나라 지도자들의 90%는 줄지어 서서 "나는 이 영생을 원한다"고 말할 것입니다.

모든 대학의 남녀 학생들은 "나는 반드시 영생을 가져 나의 아이들이 이 창조적 능력의 혜택을 갖도록 해야만 해."라고 말할 것입니다.

유대인들은 그들이 예수를 알지 못했기에 대대로 그를 억제했습니다.

교회는 유대인들이 섬기는 주님이 누구인지, 혹은 영생이 사람들을 위해 어떤 일을 할 것인지 결코 이해하지 못했습니다.

만일 교회가 유대인들에게 영생의 실재를 보여준다면, 그들은 유대교인이 되는 것을 멈추고 하나님의 아들들이 되려고 했을 것입니다.

우리는 기독교를 구성하는 실재보다 오히려 기독교의 윤리를 설교해 왔습니다.

이제 당신은 다음의 말씀들을 이해할 수 있습니다. "나는 그들이 생명을 얻고 그것을 풍성하게 갖도록 하기 위하여 왔다" 그리고 "그 안에 생명이 있었으니 그 생명은 사람들 안에 있는 하나님의 창조적 능력이라"(요 1:4, 저자 직역)

철학은 감각 지식의 문제아입니다. 감각 지식은 생명 안에 있는 실재를 찾는데 실패했을 때에 철학을 낳았습니다.
철학은 단지 정제된 감각 지식의 산물일 뿐입니다.
철학자는 죽은 자를 숨기기 위해 관을 꽃들로 덮는 장의사와 같습니다. 그는 감각 지식의 실패라는 죽은 몸을 아름답고 사랑스러운 말들로 덮으려 합니다. 그러나 그 꽃들은 생명을 줄 수 없습니다. 사랑도 실재도 줄 수 없습니다.
철학은 사람의 실패를 위한 백조의 노래 이상이었던 적이 없습니다. 그것은 지난 이천 년간 눈먼 자들을 위한 눈먼 인도자였습니다.
그것은 결코 실재를 찾지 못했습니다. 그것은 누구도 실재로 인도하지 못했습니다. 실재는 결코 철학자에게 발견되지 않았습니다.
실재는 오직 새로운 창조 안에서 발견됩니다.
예수께서 "내가 길이요 실재요 생명이라"고 말씀하셨습니다.

09

재창조된 영에 관한 연구들

이것은 심리학의 연구에 있어서 새로운 접근임에 틀림없습니다. 잠재의식에 관한 하버드의 제임스 교수의 가르침은 이 주제를 공부하는 학생들의 마음에 심오한 인상을 남겼습니다.

이 엘 하우스E. L. House의 "정설의 심리학The Psychology of Orthodoxy" 62쪽에서 옮긴 제임스James 교수의 인용입니다.

"그것(잠재의식)은 잠재적인 모든 것들의 집이며 기록되지 않거나 간과되는 모든 것들의 저장소입니다. 예를 들어 그것에는 잠깐 동안 활동하지 않는 우리의 모든 기억들과 같은 것들이 들어있습니다. 그리고 그것은 우리의 모든 애매하게 자극받은 열정들, 충동들, 좋아하는 것들, 좋아하지 않는 것들, 그리고 편견들의 샘들을 품고 있습니다. 우리의 의도, 가설, 공상, 미신, 설득, 신념 그리고 일반적으로 모든 우리의 비이성적인 활동들은 거기에서 비롯됩니다.

잠재의식은 우리의 꿈들의 근원이고 분명히 그 꿈들은 그것으로 돌아갑니다. 그 안에서 우리가 겪을 수 있는 모든 신비적인 경험들, 감각, 운동,

무의식적 자동작용automatism이 일어납니다. 즉 만일 우리가 최면과 수면 상태와 같은 특정 상태가 되면 이러한 일들이 나타나고, 특히 우리가 히스테리 실험 대상자라면 우리의 환상들, 공상들, 아이디어들과 발작적인 사건들이 여기에서 일어나고, 텔레파시 같은 것이 존재하여 우리가 텔레파시 실험 대상자라면 우리의 초월적 인지supra-normal cognition가 일어납니다.

그것은 또한 우리의 종교를 충족시키는 많은 것들의 원천입니다. 종교적인 삶에 깊이 빠진 사람들에게는, 우리가 이미 충분히 보아왔듯이 – 그리고 이것은 나의 결론인데 – 이 영역으로 들어가는 문이 특이하게 활짝 열린 것처럼 보입니다. 어쨌든 그 문을 통해 그들이 들어가도록 만드는 경험들은 종교적인 역사를 형성하는 데에 강한 영향을 주었습니다."

위의 인용에서 그들이 잠재의식의 정확한 위치를 찾아내는 것과 그것이 무엇인지 말하는 것이 불가능한 것을 알게 되었습니다.

그들은 오직 사람의 영만이 할 수 있는 것을 하기 위하여 잠재의식을 신뢰하기 시작했습니다. 그러나 그들은 사람이 영이란 것은 알지 못했습니다.

하우스박사는 잠재의식이 의식보다 훨씬 더 크다고 말합니다. 그는 잠재의식은 사람 안에서 작용하는 부분이라고 말합니다. 우리에게 그것이 기억의 저장소라고 말합니다.

그는 "그 마음의 생각이 어떠하면 그 위인도 그러한즉"이라는 성경 구절을 인용합니다. 그는 그것의 실제 진리에 매우 가깝게 접근합니다.

세대 간에 전승되는 모든 지식들이 (계시 지식과 유리되어) 우리의 오감을 통해 우리에게 전해졌음을 우리는 압니다.

모든 학생들은 감각 지식의 한계를 인식하고 있습니다. 주의 깊은 학생들은 정신적인 사람과 육신적인 사람뿐 아니라 영적인 사람이 있다는 것을 알아차립니다. 영이 진정한 사람이라는 것을 깨닫는 사람은 거의 없습니다.

사람들은 하나님이 사람을 창조하실 때 그를 하나님의 형상과 모양대로 창조하셨다는 것을 이해하지 못합니다.

"하나님은 영이시니 예배하는 자가 영과 실재로 예배할지니라." 놀라운 선언일 뿐 아니라 완벽히 맞는 말입니다.

사람은 오감으로부터 모든 자극들을 받아들이는 마음을 갖고 있습니다. 그 마음은 어떠한 창조적인 능력도 갖고 있지 않습니다. 그것은 발명할 수 없습니다. 그것은 화학실험처럼 실험할 수는 있으나 자신의 감각들이 이전에 마음에 전달하지 않았던 것은 아무것도 개발할 수 없습니다.

상상력은 오감이 마음에 전달한 재료로 그림을 그릴 수 있을 뿐입니다.

자연인의 마음은 그 안에 어떠한 창조적인 요소도 갖고 있지 않습니다.

내가 처음으로 감각 지식의 한계를 알게 되었던 것은 어떤 이교도 국가도 특허법이나 저작권법을 필요로 한 적이 없다는 사실입니다.

나는 인도, 일본 그리고 중국의 민족들이 어떤 앵글로색슨족만큼이나 훌륭한 지적 능력을 갖고 있다는 것을 알았습니다. 고대 그리스인의 머리 minds가 현대인보다 우월하지 않더라도 거의 같은 수준이었다는 것을 압니다.

아랍 사람 그리고 동양의 수많은 사람들이 훌륭한 지적 능력을 지니고 있었습니다.

왜 그들은 아무것도 창조하지 않았을까요?

왜 그들 중에는 발명가나 위대한 과학자들이 없을까요?

그들은 형이상학자들과 철학자들은 배출했지만 결코 창의적이거나 독창적인 인물은 배출하지 못했습니다.

그 때 나는 이 사실, 즉 기계적인 르네상스가 독일이 영생을 받기 시작한 후에 시작되었다는 것을 알았습니다.

그것은 스칸디나비아 반도의 사람들이 영생을 받았을 때 스칸디나비아 반도로 퍼져나갔습니다.

그것은 영국을 사로잡았고, 영국은 영생을 받은 후에 창조와 발명을 하기 시작했습니다.

나는 또 다른 사실에 주목했습니다. 국교회State Churches에 의해 지배되는 나라들, 즉 비국교도Non-Conformists가 없는 나라들은 거의 창조적인 능력을 보이지 못한다는 것입니다.

예를 들어, 스페인, 북아일랜드, 포르투갈 그리고 이태리는 영국, 독일 그리고 스칸디나비아 반도보다 훨씬 처져있습니다.

이것이 나를 깨웠습니다. 진리가 서서히 나의 의식에 분명해지기 시작했습니다.

기독교가 도입되기 전까지는 어떠한 창조적 능력도 없었습니다.

이 영생이 개종한 사람들에게 무엇인가를 했습니다.

영생이 그들의 마음에 무언가를 한 것입니까? 아닙니다. 마음은 재창조되지 않았고 여전히 감각들에게 종속되었습니다.

그러고 나서 나는 재창조된 사람의 영에 대해 연구하기 시작했습니다.

알다시피 사람이 새로운 탄생을 할 때 영생을 받는 부분은 사람의 영입니다. 사람은 그가 거듭나기 전에 가졌던 것과 같은 마음을 소유하고 있습니다.

로마서 12:1-2에 "그러므로 형제들아 내가 하나님의 모든 자비하심으로 너희를 권하노니 너희 몸을 하나님이 기뻐하시는 거룩한 산 제물로 드리라 이는 너희가 드릴 영적 예배니라"라고 권면하고 있습니다.

나는 바울이 왜 사람의 몸을 산 제물로 드리라고 하는지 궁금했고, 그것은 몸이 오감의 집이기 때문이었습니다.

오감은 뇌의 가정교사들입니다. 뇌는 이 감각들을 통하지 않고는 지식을 획득할 방법이 없습니다. 우리는 뇌는 창조적인 기능이나 능력이 없음을 발견했습니다. 그것은 감각들의 메시지들을 움켜쥐고, 상관관계를 보여주고 그것들을 분류할 수 있습니다. 뇌는 이 지식을 정리하여 지금 그리고 미래에 유리하게 이용되도록 할 수 있습니다.

지혜

우리가 발견한 가장 놀라운 것은 뇌가 지혜를 줄 수 없다는 것입니다. 오감은 지혜를 줄 수 없습니다.

우리는 지혜가 지식을 유용하게 사용하는 능력이란 것을 압니다. 어디로부터 이 능력이 오는 것입니까?

그 때 나는 재창조된 사람의 영이 지혜에 접속하며 자연인의 영은 그런 종류의 능력을 갖지 못한 것을 알았습니다.

나는 사랑이 재창조된 사람의 영의 산물임을 알았습니다. 자연인의 심령은 재창조된 사람의 영의 사랑과 비슷한 사랑을 생산할 수 없다는 것을 깨닫는 것이 내게는 힘든 일이었습니다.

나는 우리가 자연인의 사랑이라고 부르는 것이 이기심의 소산임을 알았습니다. 자연인은 거의 전적으로 이기심에 지배받습니다. 그의 야망들은 대체로 이기심에서 생겨났습니다.

그때, "재창조된 사람의 영이 새로운 종류의 사랑을 갖는 것은 왜일까?"라는 의문이 일어났습니다.

그 대답은 명백했습니다. 하나님께서 그분 자신의 본성을 사람의 영에게 주심으로 사람의 영을 재창조하셨습니다. 재창조된 사람은 하나님의 본성과 능력을 갖고 있습니다.

그때 나는 고린도전서 1:30의 "그리스도는 하나님께로서 나와서 우리에게 지혜가 되셨으니"란 말씀을 이해했습니다.

나는 에베소서와 골로새서에 있는 바울의 기도의 주안점이 우리가 지혜를 갖고 있다는 것임을 알았습니다.

나는 두 종류의 지혜가 있음을 발견했습니다. 사단이 사람에게 주는 지혜, 즉 교활하고 감지하기 힘들며 악한 유형의 지혜가 있습니다. 우리가 오늘날 세상에서 거짓말과 기만과 사기적인 거래에 만연한 그것을 목격하고 있습니다.

어떤 이교도 국가도 하나님의 지혜나 능력을 갖고 있지 않습니다.

사단은 거짓말쟁이이며 거짓의 아비입니다. 그가 사람에게 자신의 능력을 준다면 그것은 기만적이고 부정직한 능력입니다.

오직 재창조된 사람의 영에서만 하나님의 지혜와 능력을 찾을 수 있습니다.

영성이란 무엇인가?

그것은 추론할 수 있는 능력에 대해 우위를 차지하고 그 사람 전체를 지배하는 재창조된 사람의 영입니다.

재창조된 영은 하나님 아버지의 사랑의 본성으로 다시 만들어졌습니다.

예수께서 "내가 온 것은 양으로 생명을 얻게 하고 더 풍성히 얻게 하려는 것이라"고 말씀하셨습니다. 그 생명이 하나님 아버지의 본성입니다.

사람은 그를 새로운 피조물로 만들고 그에게 새로운 자아를 주는 하나님의 본성을 그의 영에 받음으로 재창조됩니다. 옛 자아는 이기적이었지만, 이 새로운 자아는 사랑으로 지배됩니다.

이 새로운 생명은 예수와 같습니다. 그것은 예수의 본질이며 본성입니다. 그것은 사람을 지배하는 사랑입니다. 성령이 사람의 몸 안으로 오셔서 더 많은 사랑을 가져다주십니다.

"성령으로 말미암아 하나님의 사랑이 우리 마음hearts에 부은 바 됨이니"(롬 5:5)

성령께서 오실 때 그분은 아버지와 아들의 능력을 가져와 우리 안에 그것들을 세우십니다. 그분들의 충만함과 힘과 지혜가 우리 안에 세워집니다.

성령께서 말씀을 열어 그것을 우리에게 살아있는 것으로 만드십니다. 그분은 말씀의 깊이와 아름다움, 그것의 풍부함과 은혜를 드러내십니다.

그분은 신학적으로 위대한 대속적 사실들을 나의 영에 생생한 실재로 만드셨습니다. 나의 새로워진 마음은 영 안에서 이미 이루어진 사역의 결실을 실제로 먹고 있습니다.

성령은 이제 예수께서 약속하셨던 것들을 하고 계십니다. 그분은 나의 영과 나의 추론할 수 있는 능력들을 새로운 피조물의 실재라는 영역으로, 그리고 그리스도와의 연합이라는 영역으로 안내하십니다.

나는 주님께서 이미 이루신 사역의 실재에 대해 무엇인가를 이해하기 시작했습니다. 나의 영은 그분이 하늘 보좌 우편에 앉아 계시다는 사실의 의미를 어렴풋이 붙잡았습니다. 그분은 안식에 들어가셨고 나는 그분과 함께 안식의 장소에 앉도록 초대받았습니다. 나는 그분의 안식 안에 안식 하도록 초대받았습니다. 이 얼마나 훌륭한 사귐인지요.

이제 나는 나의 영이 그분과 그토록 가까운 교감과 사귐을 가지므로 이 사랑의 삶에서 그분과 더불어 동일시되어 더 이상 과거를 의식하지 않게 되었다는 것이 무엇을 의미할 수 있는지 알 수 있습니다. 나는 오직 나의 현재만을, 나와 그분과의 새로운 관계만을 의식하며 삽니다.

이 새롭고 훌륭한 관계로부터 믿음은 자라기 시작합니다.

믿음은 추론할 수 있는 능력의 산물이 아닙니다.

감각 지식은 감각 지식 믿음이라고 알려진 것, 즉 눈으로 볼 수 있는 것, 귀로 들을 수 있는 것 또는 우리가 느끼거나 맛보거나 냄새 맡을 수 있는 것들에 대한 믿음 외에는 믿음을 생산할 수 없습니다. 그것은 자연적인 믿음입니다. 그것이 세상 사람들이 소유한 유일한 종류의 믿음입니다.

우리는 새로운 종류의 믿음, 즉 없는 것을 있는 것처럼 여기면 그것이 실재하게 되는 믿음을 갖고 있습니다. 나는 내가 보지 못하는 것을 가지고 있습니다. 나는 그것이 내 것임을 압니다. 그리고 나는 보지 않아도 그것을 소유하고 있다고 말하는 그런 믿음을 가지고 있습니다.

믿음의 창시자이자 완성자이신 분 그리고 완벽한 사랑과 사귐을 갖는 이 재창조된 사람의 영은 믿음이 필요하거나 믿음을 가져야 한다는 의식이 없어집니다.

마치 사랑이 사랑에 초연하게 되어 오직 그 사랑의 대상만을 의식하게 되는 것처럼, 이 새로운 피조물은 재창조된 영에 창조주의 확실한 자신감을 불어 넣었습니다. 그 자신은 사랑 자체가 되었습니다. 그 사랑으로부터 그의 살아있는 믿음이 솟아납니다.

그는 사랑을 행하고, 사랑하며, 사랑을 고백하기 시작합니다. 그리고 믿음의 엄청난 능력은 의식할 수 있는 실재가 됩니다.

여기 이 엄청난 일들, 즉 새로운 피조물의 실재들을 우리가 아는 것에 도움이 되는 몇몇 성경 구절들이 있습니다.

새로운 번역본으로 고린도후서 10:3-5를 봅시다. "우리가 감각의 영역에서 행하나 감각에 따라 싸우지 아니하노니 (우리의 싸우는 무기는 감각이 아니요 오직 하나님 앞에서 견고한 진지를 파하는 능력이라) 감각의 추론과 하나님의 말씀에 반하여 스스로를 격상시킨 높은 것들을 파하고 모든 생각을 사로잡아 그리스도께 복종케 하니"

재창조된 영이 우리 안에 있는 왕좌를 취하여 추론할 수 있는 능력에게 명령을 내리기 시작할 때, 말씀이 우리에 대한 지배력을 행사할 수 있는 위치를 차지할 수 있습니다.

우리가 우리의 모든 것을 다스리는 이성적 논리를 깨뜨리는 것을 배우고, 비판이나 다른 사람들의 태도를 개의치 않으며, 말씀으로 똑바로 설 때, 우리는 말씀이 지금 우리에게 말씀하시는 아버지임을 알게 됩니다.

여기 또 다른 위대한 말씀인 에베소서 3:19,20이 있습니다. 이 말씀은 이 책에서 여러 번 보았던 것입니다. 나는 주님께서 우리에게 다시 그 말씀을 통해 말씀하시도록 하려고 합니다. "지식에 넘치는(그것은 감각 지식입니다) 그리스도의 사랑을 알아 하나님의 모든 충만하신 것으로 너희가 충만하게 채워지기를 (구하노라)"

정말로 그것은 아버지의 충만하신 것으로 채워지는 것을 의미합니다.

그것은 정말 감각 지식의 추론을 휘청거리게 합니다. 그렇지 않습니까? 아버지께서 말씀하시고 싶은 것은 우리의 영이 아버지 자신으로 채워진다는 것입니다.

그의 충만은 사랑, 곧 주님의 사랑과 지금까지 우리 중에 아주 적은 수만이 참여했던 지혜, 그리고 가장 제멋대로이고 사악한 사람들을 참을 수 있는 은혜, 우리의 영적인 삶에 있어 우리를 전능하게 하는 힘으로 이루어져 있습니다.

그분의 충만으로 채워지는 것은 도저히 형언할 수 없습니다! 그것은 하나님께 압도되는 것을 의미합니다.

에베소서 5:18을 기억할 것입니다. "술 취하지 말라 이는 방탕한 것이니 너의 영으로 취하라(혹은 충만해져라)."

그분은 우리를 그분 자신으로 취하게, 그분 자신으로 압도되도록 하려고 하십니다. 사랑으로 취하도록 하기 위하여! 은혜와 아버지 그분 자신의 모든 달콤한 속성들로 취하도록 하기 위하여!

그것이 우리의 것입니다. 우리는 바로 그 충만으로, 즉 아버지의 완전함으로 채워질 수 있습니다.

그것이 어떻게 가능한지 궁금하지 않으십니까? 에베소서 3:20을 읽어봅시다. "우리 안에서 역사하시는 하나님의 능력을 따라 우리가 구할 수 있거나 생각할 수 있는 모든 것에 더 넘치도록 하실 수 있는 이에게"(저자 직역)

심장이 거의 멎을 것 같습니다.

이것이 사실일 수 있습니까? 죽은 자들 가운데서 예수를 다시 살리신 바로 그 분이 우리의 몸 안으로 오셔서 예수의 부활이라는 엄청난 기적에서 이미 발휘되었던 능력을 우리에게 주셨다는 것이 사실일 수 있습니까?

그것은 사실입니다. 그분이 들어오셨습니다! 그분의 능력, 그분의 지혜, 그분의 사랑과 은혜와 함께 들어오셨습니다.

그분이 어떻게 우리의 심령에 성령을 부어주셨는지 로마서 5:5을 주목하라고 한 것을 기억할 것입니다.

우리 안에 사랑을 가져다주시는 유일한 분이 들어오셨습니다. 그리고 그분은 그 사랑의 충만을 주셨습니다.

그분은 요한복음 1:16에서 우리에게 말씀하신 것, 즉 "우리가 다 그의 충만한 데서 받으니 은혜 위에 은혜러라" 이것을 주십니다.

이것은 우리의 것입니다. 우리는 결코 다시 하찮아지거나 작아질 수 없습니다. 그렇지 않습니까? 우리는 결코 감각 지식의 정말 얼마 안 되는 자원으로 돌아가지 않을 것입니다. 우리는 결코 한낱 사람의 얄팍한 가르침으로 돌아가지 않을 것입니다.

심리학이 이제 얼마나 얄팍해 보이는지요. 그것은 감각 지식의 결실일 뿐입니다.

자연인의 종교들은 공허하고 소리 나는 구리와 울리는 꽹과리입니다.

우리는 마침내 실재를 찾았습니다.

안개같이 희미한 감각 지식에 우리가 잡혀있었지만, 단 한 번의 성령의 호흡이 안개를 걷어버려 우리는 그분의 놀라운 은혜의 충만 가운데 있습니다.

우리는 이제 새로운 피조물입니다. 우리는 하나님의 영역에서 살고 있습니다.

나는 이 새로운 피조물을 적절하게 묘사한 성경말씀을 압니다. 그것은 웨이머스 역(3판)의 로마서 5:17입니다. "만일 한 사람의 범죄를 통하여 사망이 통치권을 장악하기 위해 그 한 사람을 이용했기 때문이라면, 하나님의 넘치는 은혜와 의의 선물을 받은 많은 사람들은 한 사람 예수 그리스도를 통하여 생명 안에서 왕들처럼 통치할 것입니다."

그것은 죽음 이후가 아닙니다. 그것은 지금입니다.

우리는 생명이라는 이 새로운 영역에서 왕처럼 통치합니다. 그리고 우리는 사랑의 주권sovereignty을 인정합니다.

영적인 죽음이 우리를 수년 동안 가둬두었습니다. 그러나 마침내 영적인 죽음은 생명(영생, 곧 아버지의 본성) 안에서 삼켜졌습니다. 그리고 이제 우리는 새로운 영역에 자리하고 하나님의 아들들로서 통치합니다.

우리는 왕으로서 통치합니다. 우리는 더 이상 평범하지 않습니다. 우리는 더 이상 그저 그런 사람으로서 걷지 않습니다. 우리는 그저 그런 사람으로 행동하지 않습니다.

우리가 아버지 앞에 우리의 필요를 알리기 위하여 보좌로 나아갈 때, 우리는 아들로서 나아갑니다. 우리는 어떠한 열등감도 없이 그분 앞에 설 수 있는 사랑의 능력을 갖고 있습니다.

그분의 위대한 은혜는 우리를 새로운 피조물로 만들었습니다. 그리고 그분은 우리를 그분 자신으로부터 만드셨습니다. 하나님 아버지가 말씀을 통하여, 그리고 성령의 능력으로 우리를 재창조하셨습니다. 우리는 사랑의 산물입니다. 우리는 사랑의 능력을 갖고 있고, 사랑의 힘을 갖고 있습니다. 우리는 사랑의 일을 할 수 있습니다.

오늘부터 나는 여러분이 자신들을 사랑의 아들들로 여기기 바랍니다.

거울 앞에 서서 거기에 반사되는 남자 혹은 여자에게 "당신은 이제 새로운 피조물이며 아버지의 본성을 받은 사람입니다. 당신은 아버지의 넘치는 은혜와 의의 선물을 받았습니다. 그리고 이제 당신은 왕으로서 이 새로운 생명의 영역을 다스립니다."라고 말하십시오.

당신은 한때 종으로 섬기던 곳의 주인이 되었습니다. 악한 자의 힘이 다스리던 곳의 승리자가 되었습니다.

당신은 이제 "사랑하시는 자 안에" 있습니다. 당신은 예수께서 이 땅에서 사역하실 때만큼이나 아버지의 마음에 가까이 있습니다.

10
자연인의 믿음

자연인은 믿는 자가 누리는 믿음과 같은 종류의 믿음을 갖고 있지 않습니다. 자연인은 보고, 듣고, 맛보고, 냄새 맡고, 느낄 수 있는 것들을 믿습니다. (나의 책 "두 가지 믿음The Two Kinds of Faith"을 보십시오.)

우리가 이것을 완전히 이해하기는 어렵습니다. 오랫동안 나는 자연인과 관련하여 "믿는다believe"라는 단어의 의미를 이해할 수 없었습니다.

그때 성령께서 나에게 그것을 밝혀 주셨습니다. "믿는다"는 행동을 표현하는 동사입니다. "믿음faith"은 명사로서 행동의 결과입니다. 구원 받지 못한 사람에게 믿는다는 것believing은 하나님이 말씀하신 것을 따라 행동하는 것이 될 것입니다.

하나님은 구원 받지 못한 사람에게 "만일 네가 예수 그리스도를 너의 구원자로 받아들이고 주로 고백한다면 나는 네게 영생을 주겠노라"라고 말씀하십니다.

그러면 자연인은 단순하게 말씀을 따라 행동하고, 아버지는 그에게 영생을 주십니다. 그러자 아버지는 그를 자녀로 받아들이십니다. 아버지의 마음에는 그가 믿는 자이며 모든 것을 소유했습니다.

에베소서 1:3은 그것을 보여줍니다. "찬송하리로다 하나님 곧 우리 주 예수 그리스도의 아버지께서 그리스도 안에서 하늘에 속한 모든 신령한 복을 우리에게 주사"

모든 것이 그의 것이나 그는 그것을 알지 못합니다. 그는 은혜가 커져 가며 그리스도 안에서 자신이 어떤 존재인지 깨닫게 됩니다.

말씀이 없이는 은혜가 커질 수 없습니다. 그는 살아있는 말씀, 기록된 말씀을 갖고 있습니다. 그리고 그는 위대하고 엄청난 성령을 자신의 교사로 갖고 있기에 말씀에 있어 성장할 수 있습니다.

말씀이 커져가기 때문에 은혜 또한 커져갑니다. 그의 영이 예수의 사랑이라는 본성을 띠기 시작하는 것입니다. 그는 영적으로 부드럽고 아름다워집니다.

그는 전에는 매우 비판적이고 냉정했지만 지금은 주님의 온유함이 그를 사로잡았습니다. 완전히 성장한 믿음에 대한 바울의 묘사들이 그에게는 도전이 되어 그는 날마다 말씀을 먹습니다. 그는 아버지에게 인정받은 자신을 보여주기 위해 공부합니다.

그는 자신보다 더 약한 사람들의 짐을 떠맡기 시작합니다. 로마서 15:1은 그가 가장 좋아하는 말씀이 되었습니다. "믿음이 강한 우리는 마땅히 믿음이 약한 자의 약점을 담당하고 자기를 기쁘게 하지 아니할 것이라."

그는 비정상적으로 이기적인 사람이었지만, 지금은 비정상적일 정도로 이기적이지 않은 사람이 되었습니다.

그리스도 안에서 이 새로운 아기는 매우 빨리 성장하고 있습니다. 아버지의 생명이 그의 안에서 복제되고 있습니다. 그리스도의 말씀이 그의 안에 풍성하게 거합니다. 그를 결박했던 구속이 풀려버렸습니다.

그의 정신은 온통 부적절한 것들로 가득했습니다. 그러나 지금은 그의 재창조된 영이 사랑으로 채워져서 제멋대로인 마음과 상상력을 통제하고 있습니다. 그는 그것을 사로잡아 말씀에 복종시키고 있습니다.

말씀이 진실로 그의 안에 풍성하게 거하기 시작합니다. 그는 말씀을 먹고 말씀으로 삽니다. 그는 말씀을 따라 행동합니다.

말씀은 아버지가 그의 영에게 보내는 러브 레터가 되었습니다. 말씀은 하늘 보좌로부터의 매일의 메시지입니다. 말씀은 그가 아버지와 주님과 나누는 소통입니다.

잠시 후 말씀은 그의 믿음의 삶이 두드러질 정도까지 그의 안에 거합니다.

요한복음 15:7,8이 아름다운 현실이 됩니다. "너희가 내 안에 거하고 내 말이 너희 안에 거하면 무엇이든지 원하는 대로 구하라 그리하면 이루리라. 너희가 열매를 많이 맺으면 내 아버지께서 영광을 받으실 것이요 너희는 내 제자가 되리라"

나는 그분이 말씀하시는 것을 듣습니다. 나는 8절이 내 삶에서 실현되기를 원합니다. 나는 많은 열매를 맺기 원합니다. 나는 그분이 나를 제자로, 학생으로, 그의 발치에 앉아 말씀을 훈련받는 사람으로 삼아 주시길 원합니다.

그분 안에서 자녀가 된 이 새로운 사람은, 새로운 자아는, 완전히 옛 자아의 행위와 관행을 대체합니다.

사람들은 이것을 이해할 수 없습니다. 그는 더 이상 신성 모독의 발언을 하거나 과거에 어울리던 사람들과 어울리려 하지 않습니다. 그가 옛 동료들과 어울리는 때는, 복음전도자로서 그들을 만나는 것입니다. 그는 잃어버린 자를 찾으러 나갑니다.

그는 예수의 자리를 차지합니다. 예수의 생명이 이제 그를 다스립니다. 이 삶이 가장 아름다운 삶입니다.

자연인인 그는 이러한 것들을 이해하지 못했고 신경 쓰지도 않았지만 그의 옛 동료들과 과거의 삶과 습관들이 모두 떨어져 나갔습니다. 그는 완전하게 새로운 사람이 되었습니다.

자연인의 한계

그는 자신의 감각들의 노예입니다.

우리는 영이 지배하는 존재로서 동산에서 하나님과 함께 걷는 그를 생각합니다. 그때 그의 영은 모든 것을 다스렸습니다.

하나님은 최고의 자유와 함께 그와 소통하실 수 있었습니다. 그러나 그가 타락했을 때, 그의 영은 사단의 본성에 참여하는 자가 되었습니다. 그는 하나님과의 만남을 잃었고 동산에서 쫓겨나 자신을 부양하고 보호하고 돌보기 위해 완전히 자신의 감각들에 의존하게 되었습니다.

그는 지금 사단이 다스리는 세상에 나가 있습니다. 그는 위험을 볼 수 있는 눈과 적들의 소리를 들을 수 있는 귀가 있어야만 했습니다. 그는 먹을 수 있는 것을 알기 위하여 먹어봐야만 했습니다. 그는 예민한 후각으로 적이나 독이 든 열매들을 감지할 수 있어야만 했습니다. 그는 촉감이 있어야만 했습니다.

그는 지금 자신의 감각의 영역 안에서 살고 있습니다.

타락 이후 사람이 배우는 모든 것은 그의 감각들을 통해서 입니다. 사람은 지식을 구할 다른 어떤 방법도 갖지 못했습니다. 그는 하나님으로부터 차단되어 있었습니다.

"육에 속한 사람은 하나님의 성령의 일들을 이해하지 아니하나니 이는 그것들이 그에게는 어리석게 보임이요, 또 그는 그것들을 알 수도 없나니 그러한 일은 영적으로 분별되기 때문이라"(고전 2:14)

하나님으로부터 어떠한 영적인 계시도 그에게 올 수 없었습니다. 만일 그가 어떤 영적인 계시를 받는다면 그것은 마귀로부터 온 것일 것입니다.

구약시대에 하나님은 자신을 자연인에게 계시하실 수 없었기에 천사들이 소통의 중개자가 되었습니다. 천사들은 보일 수도 말을 들려줄 수도 있었습니다. 자연인은 그들로부터 메시지들을 받을 수 있었습니다. 모세와 장로들이 들을 수 있도록 시내산에서 한 음성이 들렸습니다.

바울의 계시는 얼마나 다른지요!

어떤 천사도 바울을 찾아와 그에게 기록할 것을 말해주지 않았습니다. 하나님은 그의 영 안에 계셨고, 계시는 영을 통해 왔습니다.

하나님은 바울에게 예수를 계시해 주셨습니다. 즉 그의 영 안에 예수를 드러내 주셨습니다. 그 때, 그의 영이 지배하던 마음은 성령이 예수에 관해 주시는 바를 기록할 수 있었습니다.

동산에서 사람이 타락한 이후 사람은 오감에 의해 지배받아 왔습니다. 사단이 사람의 지배자가 되었습니다.

자연인은 사단의 본성을 지니고 있으므로 사단이 자신의 뜻을 그에게 나타내는 것은 쉬운 일이었습니다. 자연인에게는 사단의 뜻을 실행하는 것이 쉽습니다.

믿는 사람은 아버지의 본성을 지니고 있기에, 아버지께서 살아있는 말씀을 통해 자녀에게 그분 자신을 계시하는 것은 쉬운 일입니다.

사단이 다스리는 사람은 영에 속한 것을 알 수 없습니다. 그가 아는 모든 것은 이 세상의 신인 사단에게 속한 것입니다.

그는 사단에게 속한 깊은 것들을 이해할 수는 있지만, 성경이나 말씀의 놀라운 계시들을 이해하지는 못합니다.

이 사단이 다스리는 사람은 자신만의 경험이든, 다른 사람들의 경험이든, 경험들을 믿습니다. 그것이, 당신이 큰 무리의 구원받지 못한 사람들에게 놀라운 경험들을 말해 줄 사람들을 확보할 수만 있다면 그들을 끌어당길 수 있는 이유입니다. 이것이 감각의 사람의 마음을 끕니다.

곰곰이 생각해볼 감각 지식의 사실들

우리는 감각 지식이 신조들과 교리들을 형성하는데 있어 그토록 큰 자리를 차지해 왔다는 사실을 제대로 평가해보지 않았습니다.

만일 사랑이 교리들과 신조들을 쓴 사람들을 지배해 왔다면, 결코 그리스도의 몸에 분열이 없었을 것입니다.

감각 지식은 대체로 이기적인 욕심에서 솟아나고, 믿는 사람들이 완전히 말씀의 통치권과 사랑의 통치권 그리고 인자이신 예수의 통치권에 복종하지 않는다면, 우리의 영을 결박한 채 지배합니다.

사랑은 우리를 묶고 우리를 하나로 만듭니다.

교회를 갈라지게 한 교리들은 결코 사랑의 산물이 아닙니다.

나는 칼뱅주의Calvinism를 연구하면서 그것은 수많은 성경을 인용함으로 감각 지식을 가리려는 철학에 불과하다는 것을 알고 놀랐습니다. 아르미니우스설도 마찬가지입니다.

기억하십시오. 진리는 결코 교회를 갈라지게 하지 않습니다. 교회를 그룹들로 나누지 않습니다. 그들을 서로 적대적으로 만들지 않습니다.

감각들에 기초한 경험들은 많은 분쟁을 만듭니다.

방언 운동Tongues Movement이라 부르는 훌륭한 운동에서, 이 놀라운 방언을 하는 미성숙한 믿는 자들은 자신들은 더 이상 같은 경험을 하지 않은 다른 사람과 같은 구성원이 될 수 없다고 느꼈습니다.

우리 대부분은 그리스도의 재림을 두고 어떻게 교회가 나뉘었는지 기억합니다. 신유Divine Healing라는 주제로 또 다른 분열이 있었습니다.

감각 지식은 분리시키고 나누는 자입니다. 사랑은 우리 모두를 결합시킵니다. 감각들은 위험한 교사들입니다.

경험들은 그것들이 설령 성별consecration되고, 많은 기도가 수반되며, 죄의 고백에 근거한 것일지라도 신뢰할 수 없습니다. 말씀만이 바울의 계시에 드러났듯이 유일하고 안전한 안내입니다.

나를 오해하지 마십시오. 어떤 종류의 경험이든 사복음서에 기록된 세례 요한과 예수의 가르침이 바울의 계시나 베드로와 요한이 그들의 서신에서 드러낸 것에서 확인되고 설명되며 명확히 되지 않는다면, 그 가르침에 의해 안내 받을 수 없습니다.

사복음서에서 예수는 첫 언약의 백성들이며 자연인, 즉 영적으로 죽은 사람들인 유대인들을 거의 전적으로 다루고 계십니다.

바울의 계시에서 그분은 새 언약의 백성이며 새롭게 창조된 사람들을 거의 전적으로 다루고 계십니다.

결코 경험을 설교하지 마십시오. 말씀을 설교하십시오! 경험을 설교하고 경험을 이야기하는 사람은 위험한 지도자가 될 것입니다.

사랑이 말씀을 해석하게 하십시오. 사랑이 당신 삶의 모든 결정과 모든 행동을 지배하게 하십시오.

이 예수님과 같은 종류의 사랑, 즉 아가페는 바로 아버지의 본성입니다. 그것이 우리를 다스린다면, 우리는 아버지에 의해 다스려질 것입니다.

기억하십시오. 말씀이 당신의 심령에 말하는 사랑입니다. 당신의 추론할 수 있는 능력에게가 아니라 언제나 당신의 심령에 말씀하십시오.

사랑이 다스리는 곳에는 결코 분열이 없습니다.

이기심은 언제나 패권supremacy을 지향하는 감각입니다. 기억하십시오. 감각들은 언제나 질투합니다.

나는 이것을 제안하고 싶습니다. 하나님의 자녀로서 경험을 구하지 마십시오. 거의 모든 경험들은 감각에 속했고 그 경험들은 말씀에 대한 믿음을 주지 못합니다. 경험들은 사람의 말에 대한 믿음을 줍니다.

그들은 사람들이 치유되는 것을 보았기 때문에 치유를 믿습니다. 그들은 방언을 들었기 때문에 방언을 말하는 것을 믿습니다.

나는 말씀이 치유를 가르쳐 주기 때문에 치유를 믿습니다. 나는 말씀이 방언을 말하는 것을 가르쳐 주기 때문에 그것을 믿는 것이지, 누군가가 방언을 말하거나 혹은 치유 받거나 혹은 다른 어떤 놀라운 경험을 해서가 아닙니다.

결코 경험에게 당신 삶의 최우선의 자리를 주지 마십시오. 말씀이 그 자리를 차지해야만 합니다.

우리는 성령을 구할 필요가 없습니다. 그분은 이미 주어졌습니다. 그분은 여기에 계십니다.

"하물며 너희 하늘 아버지께서 구하는 자에게 성령을 주시지 않겠느냐?"(눅 11:13) "너희 하늘 아버지"를 주목하십시오. 그것은 믿는 사람을 위한 것입니다. 그것은 유대인을 위해 쓴 것이 아닙니다. 왜냐하면 그분은 유대인의 하늘 아버지가 아니기 때문입니다.

"내가 너희에게서 다만 이것을 알려 하노니 너희가 성령을 받은 것이 율법의 행위로냐 혹은 듣고 믿음으로냐?"(갈 3:2) 그것이 문제를 해결합니다.

당신은 제자들이 열흘을 기다렸다고 말할 것입니다.

그렇습니다. 그러나 그들은 자신들이 기다리고 있는 것이 무엇인지 알지 못했습니다.

그들은 그리스도께서 성경말씀을 따라서 그들의 죄를 위하여 죽으신 것을 알지 못했습니다.

그들은 그 열흘 동안 왜 그들이 다락방에서 기다리고 있어야 하는지 알지 못했습니다.

그들은 그분의 대속적 희생에 관하여 어떤 것도 알지 못했습니다.

그들 중 누구도 그분의 부활을 믿지 않았습니다. 심지어 그분이 다시 살아나신 후 그분을 뵙고도 말입니다.

그들은 삼일 낮과 삼일 밤이 인류에게 무엇을 의미하는지 아무것도 알지 못했습니다.

그들은 예수께서 머물러 있으면서 세례를 받아야 한다고 말씀하셨을 때 무엇을 의미하는지 알지 못했습니다. 그들은 세례가 새로운 탄생을 의미하는지 알지 못했습니다.

그들은 자신들이 방언으로 말하는 것을 가능하게 하는 성령의 내주에 대해 아무것도 알지 못했습니다. 그들은 그것을 이해하지 못했습니다.

"우리가 유대인이나 헬라인이나 종이나 자유인이나 다 한 성령으로 침례를 받아 한 몸이 되었고 또 다 한 성령을 마시게 하셨느니라"(고전 12:13) 이것이 새로운 탄생입니다.

담그는 것immersion은 채우는 것을 의미하지는 않습니다. 왜냐하면 내가 한 사람을 물에 담글 때, 나는 그를 물로 채우지 않습니다. 그들은 다락방에서 성령에 의해 담겨진 후에야 성령으로 채워졌습니다.

우리의 질문은 바울이 에베소 교인들에게 했던 질문입니다. "네가 믿음으로 성령을 받았느냐?" 이것은 지적인 질문입니다.

당신이 믿는 사람에게 그가 세례를 받았는지 물을 때, 그리고 믿는 사람이 말씀을 배울 때, 그는 "확실히, 나는 영생을 받았습니다. 그러나 만일 당신이 성령을 받았는지를 묻는다면 그것은 또 다른 질문입니다"라고 대답할 것입니다.

우리는 의를 구하지 않습니다. 우리는 그리스도 안에서 하나님의 의로 지음 받았습니다.

우리는 능력을 구하지 않습니다. 왜냐하면 우리는 예수를 죽은 자들 가운데서 다시 살리신 성령을 우리 안에 가졌기 때문입니다.

우리는 믿음을 구하지 않습니다. 왜냐하면 우리는 믿는 사람들이기 때문입니다.

우리는 의심하는 자들이 아닙니다. 우리는 진정한 하나님의 아들들입니다.

우리는 예수께서 그의 아버지의 말씀을 따라 행동한 것처럼 아버지의 말씀을 따라 행동하는 사람들입니다.

이 새로운 생명의 질서, 즉 감각 지식에 관한 진리를 우리에게 계시해 주고, 예수의 이름으로 우리의 모든 삶에서 우리를 결박했던 힘들에 대해 우리가 주인이 되게 해준 이 새로운 유형의 기독교는 살아있는 실재가 되었습니다.

우리는 이제 무엇이 사람들을 무신론자와 모더니스트로 만드는지 압니다.

우리는 형이상학자의 왜라는 질문을 압니다. 우리는 왜 사람들이 철학자가 되는지를 이해합니다.

그것은 하나님을 갈망하고 있는 굶주린 사람의 영을 만족시킬 무엇인가를 구하는 감각 지식입니다.

이 사람들은 모두 한 부류입니다.

그들은 모두 감각 지식의 헌신적인 추종자들입니다. 그들은 자신들이 과학적이라고 말합니다.

과학이 무엇입니까? 그것은 어떤 자료들을 한데 모으는 감각 지식일 뿐입니다. 그들은 오감이 기여해온 것 외에는 아무것도 갖고 있지 않습니다.

그들은 감각 지식의 사람들입니다. 종종 그들이 수집하고 모으고 분류한 사실들에 취하곤 합니다.

철학은 하나님을 구하는 감각 지식입니다.

철학의 영역에서 하나님을 발견한 철학자는 한 사람도 없습니다. 철학은 감각의 자녀일 뿐입니다.

하나님을 구하는 철학자는 오직 자신만을 발견할 뿐입니다. 왜냐하면 그는 자신 안에서 찾기 때문입니다. 외부에서는 찾을 수가 없습니다. 자연인은 자신을 제외한 어떤 것도 발견하거나 알 수 없습니다.

철학자는 육체적이고 정신적인 사람입니다.

심리분석은 자신을 발견하는 것일 뿐입니다. 그는 진정한 자아를 발견하지 못합니다. 왜냐하면 그는 진정한 자아를 찾을 수 없기 때문입니다. 진정한 자아는 영입니다.

그가 발견한 유일한 자아는 그가 오감으로부터 획득한 모든 지식에서 비롯된 정신적인 자아입니다.

사람이 내적 자아 안에서 찾으려 한다면, 그는 오직 그가 이미 자신의 내면에 지은 것이나 혹은 다른 사람이 세운 다른 것을 발견할 뿐입니다.

철학은 사람의 문제에 대한 해답을 구하는데 있어서 전적으로 실패했습니다.

심리학자들은 사람의 영을 "잠재의식"이라 불렀습니다. 자의식self-consciousness 안에서 그것을 찾으려 했던 사람들은 이성 외에 무엇인가가 있다는 것을 발견했기 때문입니다.

그들은 그것을 알아내거나 진단할 수 없어서 그것을 "잠재의식"이라고 부릅니다.

잠재의식은 영을 표현하는 옳은 방법이 아닙니다. 영은 이성이 찾아낼 수 없고, 설령 찾더라도 이해할 수 없습니다.

그 영이 하나님의 본성을 받아 감각들로부터의 자극들을 취하는 이성에 대해 지배적 위치를 차지할 때, 사람은 심리학을 연구할 수 있고 실재하는 자신을 알 수 있습니다.

새로운 심리학이 생길 수는 있으나 그것은 더 이상 심리학으로 불릴 수 없습니다. 그것은 영학Spiritology이 될 것입니다.

그것은 새로워진 마음과 관련하여 재창조된 사람의 영의 작동과 활동들에 대한 지식입니다.

11
믿음에 대한 연구

사람의 의Righteousness는 커질 수 없습니다. 의 의식Righteousness Consciousness이 커질 수 있을 뿐입니다. 사람은 이미 그리스도 안에서 하나님의 의입니다.

사람의 자녀라는 신분sonship은 커질 수 없습니다. 자녀라는 신분에 대한 의식이 커질 수는 있고 가족 안에서의 권리와 특권을 배울 수도 있습니다.

우리의 은혜는 커질 수 있습니다. 은혜는 사랑의 첫 열매입니다. 은혜는 열매를 맺는 사랑입니다.

"나는 포도나무요 너희는 가지라." 포도나무는 사랑이고, 열매들은 은혜입니다.

우리는 드러난 하나님의 은혜입니다. 우리는 하나님의 아들들이고 따라서 우리의 열매 맺음은 증가합니다.

우리의 유용성은 증가합니다. 우리의 온유함이, 다정함이, 주님의 아름다움이 커질 수 있습니다. 우리의 사랑이 커질 수도 있습니다.

우리의 사랑은 처음에는 이기적인 구석이 거의 없었으나 점차 손상되었습니다. 그러나 사랑이 우리의 삶에서 압도적으로 우세해져서 우리가 오직 사랑의 일을 하고 사랑의 말을 할 때까지 우리는 계속해서 말씀을 공부하고, 주님과 사귀고, 사랑 안에서 걷습니다.

이렇게 우리는 사랑 안에서 성장하고 우리가 실제로 사랑을 믿기까지 꾸준히 성장합니다. 우리는 사랑이 삶에 있어서 모든 문제의 해답임을 믿습니다. 우리는 사랑이 힘보다, 법보다, 채찍질하는 것보다, 싸우는 것보다 더 좋다는 것을 믿습니다.

우리는 사랑의 길이 확실한 길이고 성공의 길임을 믿습니다.

예수께서 "내가 길이요"라고 말씀하셨을 때 그분은 자신이 사랑의 길임을 의미하셨습니다. 이 새로운 길이 최선의 길입니다. 우리 아버지를 아는 지식이, 우리의 권리들을 아는 지식이, 그리스도께서 완성하신 사역을 아는 지식이 자랍니다.

그러면 우리는 이 지식을 사용할 수 있는 지혜를 얻게 됩니다. 우리의 지혜가 자라지는 않습니다. 왜냐하면 예수께서 우리에게 지혜가 되셨기 때문입니다.

우리는 지식을 현명하게 사용하는 능력이 커집니다.

당신의 속량이 커질 수는 없습니다. 그러나 속량이 의미하는 것을 아는 당신의 지식이 증가할 수는 있습니다.

당신의 사귐이 커질 수는 있습니다. 당신의 믿음이 커질 수도 있습니다. 당신의 사귐은 당신이 개인적으로 주님과 공유하는 것으로 그리고 다른 사람과 주님의 은혜를 공유하는 것으로 평가될 것입니다.

믿음은 여린 식물입니다. 그것은 감각 지식이라는 혹독한 바람을 견딜 수 없습니다. 믿음이 그 자리에서 더욱 풍성하게 자라기 위해서는 어떤 과정을 겪습니다.

그것은 반드시 지속적으로 하나님의 말씀과 그 말씀에 따른 우리의 행동이 공급되어야만 합니다.

단순하게 말씀을 읽는 것, 말씀을 묵상하는 것은 믿음을 세우지 못합니다. 그것은 믿음을 위한 용량을 키울 수 있을 뿐입니다. 믿음은 오직 그 말씀이 우리가 매일 사용하고 행동하며 말하는 것의 일부분이 될 때만 세워질 수 있습니다.

믿음이 자랄수록 우리에 대한 사단의 지배는 약해집니다. 환경은 훨씬 덜 끔찍해집니다. 두려움은 파괴됩니다. 당신의 믿음이 자랄수록 당신은 그리스도 안에서 당신의 권리를 소유하기 시작합니다. 당신은 자신에게 속한 것들을 취하기 시작합니다.

우선, 당신은 전에 단지 바라던 것들을 취합니다. 당신이 돈을 바랐다면, 이제 믿음으로 그것을 갖습니다.

둘째로, 당신은 예전에 "생각으로 동의했던" 것을 누리기 시작합니다.

당신은 "네, 주님께서 채찍에 맞으심으로 나는 나았습니다. 그런데 나는 아픕니다."라고 말해왔습니다. 당신은 늘 말씀에 동의했습니다. 그러나 당신은 말씀에 따라 행동하지 않았습니다. 당신은 그저 말씀에 동의만 했을 뿐입니다. 이제 당신은 더 이상 그것을 바랄 수 없는 곳에 도달했습니다. 그러나 당신은 "아버지, 저는 당신께서 말씀하신 그런 자임을 감사드립니다."라고 말합니다.

당신이 정신적으로 동의해왔던 것을 이제 당신은 소유합니다.

믿는 것은 소유하는 것입니다. 수년간 당신이 동의했던 것을 이제 당신은 누립니다. 믿음은 말씀의 고백이 있는 곳에서 자랍니다.

우리는 죄의 고백을 말하지 않습니다. 우리가 그리스도 안에서 누구인지, 그리스도가 우리 안에서 어떤 존재인지 그리고 우리 입술에 어떤 말씀이 있는지를 고백합니다.

당신 입술에 있는 말씀은 살아있는 것이 됩니다. 마치 예수의 입술에 있던 말씀이 바다와 바람과 파도를(심지어 바다 속의 물고기들을) 다스릴 수 있었던 것처럼, 지금 당신의 입술에 있는 그분의 말씀이 이 땅에서의 예수를 대신하게 됩니다.

아픈 사람이 있습니다. 이제 당신의 입술에 있는 말씀은 예수를 대신합니다. 만일 예수께서 이 자리에 계시다면, 그분은 "아들아, 너는 나았다."라고 말씀하실 것입니다. 당신은 "아들아, 그가 채찍에 맞음으로 너는 나았다."라고 말합니다. 당신은 그분의 말씀을 사용합니다. 그것이 당신의 고백이고, 그분의 말씀은 이제 당신의 입술에 있는 치유자가 됩니다.

사단에게 묶인 또 다른 사람이 있습니다. 당신은 그분이 "믿는 자들은 귀신을 쫓아낼 것이다"라고 말씀하신 것을 기억합니다. 두려움 없이 당신은 "사단아, 예수의 이름으로 이 사람을 떠나라. 네가 속한 무저갱으로 떨어져라."라고 말합니다.

당신은 바로 그리스도의 말씀을 인용하고 있습니다. 당신의 입술은 예수 그리스도의 설교강단이 됩니다.

믿음은 이런 고백으로 자랍니다. 믿음은 당신의 고백보다 크지 않습니다.

당신이 말씀의 온전함에 대한 공개적인 고백으로 두려움의 침묵을 깨뜨릴 때마다, 당신이 말씀을 따라 행동할 때마다, 당신은 자신의 삶에 존재하는 그 두려움과 불신앙의 뿌리를 파괴합니다.

믿음이 고백으로 자라는 것처럼 두려움과 불신앙도 고백으로 자랍니다. 당신이 아프다고 고백하면 불신앙은 당신 안에서 자랍니다.

만일 당신이 계속 기도해왔는데 병 고침을 받지 못했다고 고백하는 것은 사단이 하나님의 말씀을 효과가 없게 만들었다고 고백하는 것입니다.

그리고 우리는 "하나님의 모든 말씀은 능하지 못하심이 없느니라"라는 말씀을 압니다. 이 누가복음 1:37의 말씀은 "하나님의 모든 말씀은 능력이 있다"라고 직역할 수 있습니다.

그것은 환경이나 연관성, 한계, 사람들의 정신적 태도와는 상관이 없습니다. 여기 살아있고 항상 있는 말씀이 있습니다. 그 말씀은 깨질 수 없습니다. 말씀이 "있으라Let there be"라고 하면 존재했습니다. 해와 달과 별들이 생겨났습니다.

말씀은 그 능력을 잃은 적이 없습니다. 말씀의 능력은 지으신 분의 능력으로 측정됩니다.

그분의 말씀은 지금 창조적 능력으로 가득 차 있습니다. 그분은 그분의 말씀 안에 거하십니다. 그분의 말씀은 피조물에게, 즉 사람과 동물과 식물에게 생명을 주십니다.

"그 안에 (말씀인) 생명이 있었으니 이 생명은 사람들의 빛이 되었습니다."(요 1:4)

믿음은 우리가 말씀을 사용하여 하나님의 말씀이 당신을 통해 기능하는 것입니다. 그것이 역사하는 하나님의 말씀입니다.

"하나님은 능치 못하심이 없느니라"(마 19:26)

"믿는 자에게는 모든 일이 가능하니라"(막 9:23)

사람과 하나님의 결합이 일어났습니다. 하나님의 능력이 사람의 무능력과 연결되고 그것을 집어삼켰습니다. 사람의 약점은 곧 하나님의 기회입니다. "내가 약한 그 때에 강함이라."

"네게 불가능한 것은 아무 것도 없다"고 하나님이 당신에게 직접 말하고 계십니다. 음식이 몸을 회춘시키는 것처럼, 말씀이 우리 영 안에 있는 믿음을 소생시킵니다.

우리가 언제쯤 그분과 그분의 말씀이 하나라는 것을 배울까요? 그분은 새 언약의 보증이십니다. 그분은 그분의 말씀을 지키십니다. 그분은 그분의 말씀 안에 거하십니다. 그분의 능력이 그분의 말씀 안에 있습니다.

당신이 말씀을 사용할 때, 그것은 예수께서 당신의 입술을 통하여 말씀하고 계신 것입니다.

포도나무에 관하여 다시 한 번 생각해 봅시다. 당신은 가지이고, 그곳은 포도나무의 기적을 맺는 부분입니다.

당신과 포도나무는 하나입니다.

당신은 그리스도의 몸의 기적을 담당하는 부분입니다. 열매는 가지에서 자랍니다. 사랑이란 열매, 치유라는 열매는 가지에서 맺습니다.

우리는 그분과 함께 공유하는 사람들이며 그분의 열매를 맺는 사람들입니다.

당신의 열매 맺음은 당신의 고백의 척도입니다. 당신의 고백이 당신의 믿음의 삶을 결정합니다. 그러므로 모든 적들 앞에서 당신의 고백을 굳게 잡으십시오. 그들은 당신을 정복할 수 없습니다. 당신은 정복할 수 없는 존재입니다.

당신의 입술이 당신의 믿음을 나타낸다는 것을 기억하십시오. 당신이 하는 말들이 곧 당신의 믿음입니다. 당신은 "나는 믿는다, 나는 가졌다."라고 말합니다. 그리고 당신은 그것에 대해 그분께 감사합니다.

당신은 보거나 듣거나 느낄 필요가 없습니다. 말씀이 증거입니다.

당신은 그분이 말한 대로 존재합니다. 하나님이 말씀하시는 당신이 진짜 당신입니다.

나는 내가 고백하는 것을 소유합니다

나는 이 진리를 알기까지 오랜 시간이 걸렸습니다. 나는 이것을 알고 이해한다고 생각한 후에도 여전히 그것을 따라 행동할 수 없었습니다.

기독교는 "위대한 고백"이라 불립니다. 그 고백의 법칙은 내가 무엇인가 소유한 것을 의식하기 전에 나는 그것을 가졌노라고 고백하는 것입니다.

로마서 10:9-10은 당신에게 믿음의 가정의 일원이 되는 법칙을 알려줍니다. "네가 만일 네 입으로 예수를 주로 시인하며 또 하나님께서 그를 죽은 자 가운데서 살리신 것을 네 마음heart에 믿으면 구원을 받으리라 사람이 마음heart으로 믿어 의에 이르고 입으로 시인하여 구원에 이르느니라."

사람은 예수가 자신의 의라는 것을 심령으로 믿고, 자신의 구원을 입술로 고백합니다.

당신은 하나님이 우리의 영을 재창조하시기 전에 입술의 고백이 먼저 일어난다는 것에 주목하십시오.

나는 "성경대로 예수께서 나의 죄를 위하여 죽으셨습니다. 그래서 이제 나는 그분을 나의 주님으로 인정합니다."라고 말합니다. 그리고 내가 그분을 주님으로 인정하자마자 나는 영생을 갖게 된다는 것을 압니다.

내가 영생을 가졌다고 고백하기 전에는 나는 영생을 가질 수 없습니다.

나는 하나님이 행동하시고 나를 재창조하시기 전에 나는 구원을 받았다고 고백합니다.

치유와 관련하여서도 같은 진리가 통용됩니다. 나는 "그가 채찍에 맞으므로 나는 나았다"라고 고백합니다. 그런데도 질병은 여전히 내 몸에 남아있습니다.

나는 "그분은 실로 나의 아픔을 떠맡으시고 나의 고통을 가져가셨으며 그분이 나의 질병으로 고통 당하시고 징벌을 받으셔서 감사합니다. 그리고 나는 이제 그가 채찍에 맞으므로 나는 나았다"는 것을 압니다 (저자 직역).

나는 "그가 채찍에 맞으므로 나는 나았다"라고 고백합니다. 질병과 증상들이 내 몸을 즉시 떠나지 않을 수도 있지만, 나는 나의 고백을 굳게 붙잡습니다.

나는 그분은 자신이 말씀하신 것을 실행하신다는 것을 압니다.

나는 그분이 내가 나았다고 말씀하셨기 때문에 내가 나은 것을 압니다. 그리고 증상들이 여전히 내 몸에 남아있어도 다르지 않다는 것을 압니다. 나는 그것들을 비웃고 예수의 이름으로 질병을 일으키는 것은 내 몸을 떠나라고 명령합니다.

그는 패배했고 나는 승리자입니다.

나는 이 법칙, 즉 내가 담대하게 고백할 때만 내가 소유한다는 것을 배웠습니다.

나는 내 입술이 그의 일을 하게 합니다. 나는 말씀을 제자리에 둡니다. 하나님이 말씀하시고 나는 말씀의 편에 섭니다.

만일 내가 질병과 고통의 편을 든다면 내게 나음은 없습니다. 그러나 나는 말씀을 편들기 때문에 나는 질병과 아픔을 물리칩니다.

나의 고백은 내게 소유를 줍니다.

나는 당신이 이 사실, 즉 믿음이 우리의 고백에 의해 지배된다는 것을 유념하기 바랍니다. 만일 내가 나는 오랫동안 기도해 왔으며 지금 하나님이 나를 치료해 주시기를 기다린다고 말한다면, 나는 나의 치유를 거부하는 것입니다.

나의 고백은 이래야만 합니다: 말씀이 내가 나았다고 선포하고 나는 그것을 아버지께 감사하며 그분을 찬양합니다. 왜냐하면 그것은 사실이기 때문입니다.

"아무 것도 염려하지 말고 다만 모든 일에 기도와 간구로, 너희 구할 것을 감사함으로 하나님께 아뢰라 그리하면 모든 지각에 뛰어난 하나님의 평강이 그리스도 예수 안에서 너희 마음과 생각을 지키시리라"(빌 4:6-7)라는 말씀을 기억할 것입니다.

왜 감사함으로 기도해야만 합니까? 그것은 내가 그 일이 이루어졌다는 것을 안다는 것을 의미합니다. 내가 그것을 구했고 그리고 지금 내가 그것을 가졌으므로 나는 아버지께 그것에 대해 감사드립니다.

7절은 "모든 지각에 뛰어난 하나님의 평강이 나의 심령을 채우시리라"라고 말씀하십니다.

나는 더 이상 염려하지 않습니다. 나는 그것을 갖고 있습니다. 나는 장차 내가 필요한 돈을 가질 예정이 아닙니다. 나는 그것을 갖고 있습니다.

그것은 마치 그 돈이 내 주머니 안에 있는 것처럼 실재적입니다. 나는 장차 나을 예정이 아닙니다. 나는 나음을 받았습니다. 왜냐하면 나는 그분의 말씀을 갖고 있고, 그리고 나의 심령은 황홀함rapture으로 가득하기 때문입니다.

당신의 고백이 문제를 해결합니다.

잘못된 고백은 당신의 몸 안에서의 성령의 일을 방해합니다. 중립적인 고백은 불신앙입니다. 그것은 부정적인 고백만큼이나 나쁩니다.

이기는 것은 긍정적이고 명쾌한 고백입니다.

"나는 내가 믿는 분이 누구신지 압니다."

"나는 하나님의 어떤 말씀도 능력이 결여되거나 이루어지지 못할 것이 없다는 것을 압니다."

"나는 그분이 그분의 말씀이 이루어지도록 보살피신다는 것을 압니다."

이것들은 승리자의 고백들입니다.

나는 당신이 고백과 믿음의 관계에 관한 몇 가지 사실들을 주목하길 바랍니다.

당신의 고백은 곧 당신의 믿음입니다. 만일 그것이 중립적인 고백이라면, 당신은 중립적인 믿음을 가진 것입니다. 만일 그것이 부정적인 고백이라면, 그것은 불신앙이 당신의 영을 지배하는 것입니다.

불신앙은 부정적인 고백으로 자랍니다. 실패의 고백은 실패를 왕좌에 올립니다. 내가 만일 연약함을 고백한다면, 연약함이 나를 지배합니다. 내가 만일 나의 질병을 고백한다면, 나는 그것에 의해 결박될 것입니다.

이러한 부정적인 고백들은 하나님의 교회에 대한 사단의 지배를 인정하는 것입니다.

당신의 영은 언제나 당신의 고백에 반응을 보입니다.

믿음은 추론할 수 있는 능력의 산물이 아니라 재창조된 영의 산물입니다.

당신이 거듭났을 때, 당신은 하나님 아버지의 본성을 받았습니다. 그 본성은 당신이 말씀대로 행동하고, 당신의 몸에서의 아버지의 완전한 지배를 고백함으로 성장합니다. 그리고 그것은 당신의 영이 은혜와 능력에서 성장하도록 만듭니다.

당신은 당신의 고백이 아버지에 대한 당신의 현재의 태도를 나타내는 것임을 기억할 것입니다.

당신에게 일어날 수 있는 몇몇 특별한 시험에서, 당신의 고백은 믿음의 영역에 있거나 아니면 불신앙의 영역에 있습니다. 당신의 고백은 아버지를 명예롭게 하거나 아니면 사단을 명예롭게 합니다. 당신의 고백은 당신의 삶의 지배권을 사단에게 주거나 아니면 말씀에게 줍니다.

이제 당신은 당신의 고백을 굳게 잡는 것의 가치를 알 수 있습니다.

당신의 고백은 당신을 정복자로 만들거나 아니면 당신을 패배시킵니다. 당신은 당신 고백의 수준으로 올라가거나 아니면 떨어집니다.

어려운 상황 속에서 당신의 고백을 굳게 잡는 것을 배우십시오.

"아들이 너희를 자유롭게 했으면 너희는 참으로 자유롭다"(요 8:36) 아들이 우리를 자유롭게 하였으므로, 이제 그 자유 안에 굳게 서십시오.

갈라디아서 5:1은 모든 믿는 사람에게 없어서는 안 될 중요한 말씀입니다. "그리스도께서 우리를 자유롭게 하려고 자유를 주셨으니 그러므로 굳건하게 서라"

사단이 당신을 공격할 때가 바로 당신이 고백을 할 때입니다. 당신은 당신의 몸에 고통이 오는 것을 느낍니다. 당신은 그것을 거부합니다. 당신은 예수의 이름으로 그것이 떠날 것을 명령합니다.

"만일 하나님이 우리를 위하시면 누가 우리를 대적하리요?"(롬 8:31) 당신의 아버지는 당신을 위하십니다.

질병은 당신을 정복할 수 없습니다. 질병을 만든 이도 당신을 정복할 수 없습니다. 환경은 당신을 다스릴 수 없습니다. 왜냐하면 아버지와 예수는 어떤 환경보다도 더 크시기 때문입니다.

당신은 당신이 어떠한 환경이나 조건에 처하더라도, 당신의 지속적인 승리를 즐거워하는 것을 배웠습니다.

당신은 요한일서 4:4이 옳다는 것을 압니다. "자녀들아 너희는 하나님께 속하였고 또 그들을 이기었나니"

당신이 누구인지 주목하십시오. "너희는 하나님께 속하였습니다." "너희는 하나님께로부터 났음이라." 당신은 그분의 산물입니다. 즉 그분은 그분의 의지로 당신을 말씀으로 낳으셨습니다.

4절의 나머지 부분에서 "너희 안에 계신 이가 세상에 있는 자보다 크심이라"고 말씀하십니다.

"너희 안에서 행하시는 이는 하나님이시니 자기의 기쁘신 뜻을 위하여 너희에게 소원을 두고 행하게 하시나니"

빌립보서 2:13은 너무나 많은 경우에 나의 승리가 되었습니다.

이제 로마서 8:11로 가봅시다. "예수를 죽은 자 가운데서 살리신 이의 영이 너희 안에 거하시면 그리스도 예수를 죽은 자 가운데서 살리신 이가 너희 안에 거하시는 그의 영으로 말미암아 너희 죽을 몸도 살리시리라"

당신은 반드시 이 사실을 깨달아야 합니다. 고백함으로써 모든 것이 당신의 것이거나, 부정적인 고백을 함으로써 모든 것을 잃거나 입니다. 당신이 하나님의 가장 좋은 것을 가졌다고 고백함으로 당신은 그것을 취합니다.

믿음의 비밀은 고백의 비밀입니다.

믿음은 그가 바라는 것을 실제로 소유하기possess 전에 그것을 가졌다has는 고백을 합니다.

감각 지식의 믿음은 통증이 떠나고 부기가 가라앉을 때 그가 치유된다고 고백합니다. 거기에는 정말로 믿음이란 전혀 없습니다.

믿음은 통증이 여전히 당신의 몸을 괴롭히고 있는 동안에도 당신이 나았다고 선언합니다.

다시 말해서, 소유는 고백과 함께 옵니다. 소유는 반복되는 고백과 함께 머뭅니다.

당신은 당신이 그것을 갖고 있다고 고백합니다. 그리고 당신은 아버지께 그것을 감사드립니다. 그러면 실현이 뒤를 따릅니다.

기억하십시오. 감사와 함께하는 고백은 항상 실현을 가져다줍니다.

고백은 믿음의 멜로디입니다.

실현에 앞선 고백은 감각 지식에게는 어리석음입니다.

아브라함의 믿음은 감각의 증거와 반대였습니다. 그는 하나님은 자신이 약속하신 것을 실행하신다는 것을 알고 있었기에, 하나님께 영광을 드림으로, 그는 강해져 갔습니다.

감각 지식은 말씀에 대한 진정한 믿음을 전혀 갖고 있지 않습니다.

심령과 입술이 즐거운 고백에 참여할 때 믿음은 차올라 만조가 됩니다.

우리 관계의 실재

우리가 속량의 사실들을 대담하게 고백하기 전에는 우리는 그것들을 결코 알 수 없습니다.

우리가 우리 아버지와의 사귐이나 도움을 고백하기 전에는 우리는 결코 그것을 누리지 못합니다.

새로운 피조물의 실재들은 우리가 그것들을 고백하기 전에는 결코 실재가 되지 못합니다.

성령의 내주하심에 대한 물리적 증거들을 신뢰해온 많은 사람들은 그분의 임재에 대한 어떠한 고백도 하지 않습니다. 왜냐하면 그들은 그분의 내주하심을 고백하지 않고, 오직 그분의 찾아오심만을 고백하기 때문입니다.

그들은 대담하게 그들의 성령 세례와 그 때 그들이 받은 증거에 관해 얘기합니다. 그러나 그들은 "내 안에 계신 이가 세상에 있는 자보다 크심이라"라고 고백하지 않습니다.

그들 안에 계시는 그분의 현재의 권세와 능력에 대한 반복적인 고백이 그들의 입술에는 없습니다.

나는 내가 반드시 그분이 내 안에 계심을 반복적으로 고백해야만 한다는 것을 알았습니다. 내가 하는 모든 설교에서 하나님이 내 안에 살고 계시고, 그분이 나를 통해서 일하십니다고 고백합니다.

"너희 안에서 행하시는 이는 하나님이시니 자기의 기쁘신 뜻을 위하여 너희에게 소원을 두고 행하게 하시나니."

나는 오늘날 아버지 우편에 계신 그리스도께서 나를 대신해서 일하고 계심을 반복적으로 고백하기로 작정합니다.

히브리서 7:25은 축복받은 실재입니다. "그러므로 자기를 힘입어 하나님께 나아가는 자들을 온전히 구원하실 수 있으니 이는 그가 항상 살아 계셔서 그들을 위하여 간구하심이라."

그분은 우리의 중보자이십니다. 그분은 살아 계셔서 나를 위하여 기도하십니다.

나의 성공과 승리의 비밀은 그분의 반복적인 중보입니다. 모든 것이 분명하게 내게 반할 때, 내게 용기와 승리를 주는 것은 그분이 중보하심을 내가 알고 있기 때문입니다.

나는 그분이 살아계셔서 나를 위하여 중보하고 계신 것을 압니다. 나는 분명한 패배를 직면해서도 승리자입니다.

나는 아버지와 주께서 나에 대해 갖고 계신 사랑의 실재를 압니다. "아버지께서 친히 너희를 사랑하심이라." 이 말씀이 나를 강하게 만들었습니다.

"나를 사랑하심 같이 그들도 사랑하신 것을 세상으로 알게 하려 함이로소이다"(요 17:23)

나는 그분의 사랑을 알고, 그것을 반복적으로 고백합니다. 나는 그분의 사랑을 알 뿐만 아니라, 그분의 지혜도 갖고 있습니다.

나는 이 모든 지식을 가질 수 있고, 속량의 계획을 분명하게 알 수도 있습니다. 그러나 만일 내가 지혜를 갖지 못한다면, 이 지식을 어떻게 사용할지 알 수 없을 것입니다. 지혜는 지식을 사용할 수 있는 능력으로 사랑에 속한 능력입니다. 그래서 나는 고린도전서 1:30 말씀의 "예수는 나에게 지혜가 되셨습니다"를 대단히 기뻐합니다.

그분은 지금 나의 지혜입니다. 그분은 나의 삶의 힘입니다. 그분은 나의 심령에 아버지의 뜻을 드러내시는 분이시며 또한 옹호자이며 교사이십니다.

나는 아들로서의 합법적인 권리들을 압니다. 내가 나의 법적 지위와, 어둠의 주관자들과 나 사이의 싸움에서 예수의 이름을 사용할 수 있는 합법적인 권리를 알았을 때 내 몸을 흐르던 그 전율!

내가 아버지의 가족에 속한 아들로서의 권리를 알고, 아들의 역할을 하기 시작했을 때, 나는 하나님의 가족에서의 아들의 자리를 차지했습니다.

얼마나 황홀한 순간인지요! 나는 더 이상 종이 아니었습니다. 이것저것을 구걸하며 아버지에게 간청하는 죄인도 더 이상 아니었습니다. 나는 하나님의 아들입니다.

그때 나는 아들로서의 나의 권한authority을 배웠고, 나의 자리를 차지했습니다. 아들로서의 짐을 지고, 아들로서 아버지의 뜻을 행하고, 사단의 주인으로서의 나의 자리를 차지했습니다. 그것이 아들의 자리였습니다.

나는 예수께서 마태복음 28:18-19에서 "하늘과 땅의 모든 권세authorities를 내게 주셨으니 그러므로 너희는 가서 모든 민족을 제자로 삼아"라고 말씀하신 것을 기억합니다.

그때 나는 내가 권한authority을 받았고, 가서 복음을 전하도록 임명되었음을 알았습니다. 나는 그분의 권능을 받았습니다. 나는 그분의 지혜, 은혜 그리고 사랑을 가졌습니다.

나는 내가 하나님의 능력을 부여받았음을 고백하며 나갔습니다. 그때부터 나는 나의 아버지에 관하여 그리고 그분이 그분의 자녀들을 위하여

하신 것들에 관하여 떠벌리기 시작했습니다. 내가 그렇게 했을 때, 보이지 않던 것들이 실현되기 시작했습니다.

나는 사람들에게 그리스도 안에서 우리가 무엇인지, 그리고 우리가 대담하게 우리의 입술로 그것을 고백할 때 우리가 어떻게 그것을 아는지를 말하기 시작했습니다.

그분이 "나는 포도나무요 너희는 가지라"라고 말씀하셨을 때, 나는 얼마나 전율했던지요! 그분은 나의 일부분이셨습니다. 나는 세상에서의 그분의 자리를 차지하고 그분이 하셨던 것처럼 행동하기로 예정되어 있었습니다.

그때 나의 기분이 예수께서는 자신이 누구였는지 알고 계셨다는 사실로 좋아졌습니다. 그분은 그분이 왜 오셨는지를 알고 계셨습니다. 그분은 그분의 사역이 어떻게 될지 알고 계셨습니다. 그분은 감히 자신이 아버지로부터 왔다고 고백하셨습니다. "나는 세상에 왔고 다시 세상을 떠나 아버지께로 가노라."

나는 그것이 믿음으로 하신 말씀이라고 믿습니다. 나는 예수께서 오늘 당신과 내가 그러하듯 믿음으로 행하셨습니다. 나는 그분이 어떤 종류든 감각의 증거를 의존하셨다고 믿지 않습니다.

그분은 아버지가 그분께 하신 말씀이 무엇인지 알고 계셨습니다. 그분은 아버지의 뜻을 알고 계셨습니다. 왜냐하면 아버지께서 그분에게 그 뜻을 드러내셨기 때문입니다. 예수께서는 자진해서 새로운 피조물의 머리가 되셨습니다.

나는 예수께서 또 다른 아버지의 계시를 갖고 있었는지 궁금합니다. 그분이 받은 계시는 바울의 계시에 있는 하나님의 아들들과 딸들에게 주어진 것보다 더 크거나 더 명쾌하지 않습니다.

우리는 바울의 계시를 갖고 있습니다. 즉 십자가 위에서 예수께 무슨 일이 일어났는지, 삼일 낮과 삼일 밤 동안, 그분이 죽은 자들 가운데서 일어나시기 전에 무슨 일이 있었는지, 그리고 그분이 자신의 피를 하늘에 있는 지성소로 가져가 높은 곳에 계신 지극히 크신 이의 우편에 앉으셨을 때 무슨 일이 일어났는지 베일이 벗겨졌습니다.

그분은 그분의 속량 사역을 마치시고 우리의 대제사장으로서 앉으셨습니다. 그분은 거기에서 오늘 우리의 예배를 아버지께서 기뻐하시는 것으로 만들고 계십니다. 우리는 그분이 우리의 중보자이시며 구원자이심을 압니다. 그뿐만 아니라 그분은 새 언약의 보증이십니다.

이 새 언약은 실패가 아닙니다. 그것을 믿는 사람은 누구라도 부끄러움을 당하지 않을 것입니다.

그는 아버지의 우편에 앉으신 그분이 이제 우리의 주님이심을 압니다.

그분은 우리의 대제사장이시며, 주이시며, 양식을 공급하시는 분이시며, 보호자이시며, 돌보시는 분이십니다. 우리는 실패하거나 정복될 수 없습니다. 우리는 그분과 연합되었고 콤비가 되었습니다. 우리는 그분이 만드신 그대로입니다.

우리가 우리 자신을 구원하지 않았습니다. 그분이 우리를 재창조하셨습니다. 그분은 우리에게 그분 자신의 본성과 생명을 주셨습니다.

우리는 신성에 참여하는 자들입니다. 우리는 그분과 연결되었습니다. 가지가 포도나무의 일부분인 것처럼 우리는 그분의 일부분입니다.

우리가 우리의 주와 이 실재의 지식을 고백하는 것은 기쁨을 줍니다. 우리는 더 이상 고백하기를 주저하지 않습니다. 우리는 우리가 어떤 존재인지 압니다. 우리는 그분이 우리를 만들기 원하신 대로의 존재입니다.

우리는 그분이 우리가 무엇이라고 말씀하시는 그런 존재입니다.

우리는 그분이 우리가 하기를 바라시는 것을 할 수 있는 그분의 능력을 우리가 갖고 있다는 것을 압니다.

우리는 그분의 말씀은 실패할 수 없다는 것을 압니다. 왜냐하면 "하나님의 어떤 말씀도 그것을 이룰 능력이 결여되어 있지 않기" 때문입니다.

우리는 마치 적이 정복되어 우리의 발밑에 족쇄를 차고 있는 듯 승리와 성공을 확신합니다.

우리는 우리의 믿음에 대해 이야기하지 않습니다.

기도할 때 우리는 "아버지, 나는 당신의 말씀을 믿으며 당신이 그것을 지키실 것을 압니다."라고 말하지 않습니다. 그것은 불신앙의 말입니다.

말씀을 믿는 사람은 그가 기도할 때 단순하게 말씀에 대해 아버지께 감사드립니다. 그는 결코 아버지에게 자신이 믿는다고 말하지 않습니다. 그는 그럴 필요가 없습니다.

베드로가 어떻게 말했는지 기억하십니까? "모두 주를 버릴지라도 나는 결코 버리지 않겠나이다." 그러나 그는 첫 번째 실패자였습니다. 우리는 그렇게 말하지 않습니다.

우리는 우리가 어떤 존재인지 압니다. "그러나 이 모든 일에 우리가 넉넉히 이기느니라."

폭풍이 올 것입니다. 그러나 그분이 배에 우리와 함께 계십니다. 그리고 당신은 "평안하라, 잠잠하라."라고 말씀하시는 그분의 음성을 들을 것입니다.

당신의 심령이 말씀에 뿌리내린다면, 당신이 말씀을 연구하고 말씀으로 살고 말씀이 당신 안에 거한다면, 당신은 폭풍이 올 때 무엇을 해야 하는지 알 것입니다. 만일 당신이 다른 사람의 기도에 의존하는 영적인 무임승차자라면, 폭풍이 갑자기 당신을 덮칠 때 당신은 절망적인 상황에 처할 것입니다. 당신이 "부끄러울 것이 없는 일꾼으로 인정된 자로 자신을 하나님 앞에 드리기를 공부하는 것"은 없어서는 안 될 중요한 것입니다.

확언Affirmation에 관한 몇몇 사실들

확언은 사실이거나 추정된 사실에 대한 성명statement입니다.

믿음과 불신앙은 확언으로부터 만들어집니다. 의심에 대한 확언은 불신앙을 만들어냅니다. 믿음에 대한 확언은 더 많은 것을 믿을 수 있는 강인함을 만들어냅니다.

당신이 하나님의 말씀은 갈라질 수 없다고 확언할 때, 당신은 말씀과 하나님은 하나라고, 즉 당신이 말씀을 신뢰할 때 당신은 하나님 아버지를 신뢰하고 있는 것을 확언하는 것입니다.

당신은 당신의 심령에게 말씀 뒤에는 하나님의 보좌가 있다는 것을 확언합니다. 즉 하나님의 온전함integrity이 그분의 말씀의 패턴pattern에 섞여있다는 것을 확언합니다.

아브라함은 하나님은 그분이 약속하신 모든 것을 실행하실 수 있다는 것을 인정했습니다.

하나님은 아브라함에게 그분의 약속을 실행하셨습니다. 놀라운 것은 그분이 100세 된 남자를 택하시어 그의 몸을 새 것으로 만드셔서 다시 젊어지게 하셨다는 것입니다. 그분은 90세 된 여자를 택하시고, 그녀를 젊고 아름답고 매혹적으로 만드셔서, 왕이 그녀와 사랑에 빠지게 되었습니다.

그녀가 90세가 지난 후에 그녀는 아름다운 사내아이를 낳았습니다.

이 여인을 젊게 만든 것은 사라의 믿음이 아니었습니다. 그것은 아브라함의 믿음이었습니다.

의심은 그녀의 삶의 일부분이었습니다. 그녀는 그녀의 불신을 말로 표현했고 천사가 이를 듣고 그것에 대해 그녀를 질책했습니다(창 18:12) 불신앙이 항상 우리를 물러서게 하듯이, 그녀는 두려움에 천사로부터 꽁무니를 뺐습니다.

당신이 끊임없이 "예수는 새 언약의 보증입니다"라고 그리고 마태복음부터 계시록까지의 모든 말씀은 완전하게 의존할 수 있는 것이라고 확언한다면, 당신의 입술에 있는 말씀은 하나님이 말씀하고 계신 것입니다.

하나님이 당신에게 말하라고 말씀하신 것을 당신이 말할 때, 그것은 마치 예수께서 그것을 말씀하고 계신 것과 같다.

말씀은 늙거나 연약해지거나 그 힘을 잃지 않고, 항상 살아 있으며, 생명을 주고, 지탱해주고, 사단을 패배시킨다는 것을 당신이 기억하고 그것을 대담하게 고백할 때, 그것은 당신 입술에서 살아있는 것이 됩니다.

당신이 사단은 보혈의 인을 깨뜨릴 능력이 없다고 고백할 때, 그리고 "피와 자기들이 증언하는 말씀으로써 그를 이겼으니"라고 고백할 때, 당신은 우월한 지위를 획득합니다.

당신이 공개적으로 그분의 말씀은 그것이 나타내는바 그대로임을 확언할 때, 즉 하나님의 말씀으로서, 그분의 말씀은 당신이 그분과 만나는 접점일 뿐만 아니라 당신이 그분과 맺은 계약이라는 것을 확인할 때, 그 때 말씀은 당신의 매일의 삶에서 살아있는 실재가 됩니다.

당신의 말은 하나님의 말씀과 하나가 될 수 있습니다. 그분의 말씀은 당신의 말과 하나가 될 수 있습니다. 당신 안에 거하는 그분의 말씀은 당신에게 하늘의 권세를 줍니다. 그것은 전율할만한 사실입니다.

"너희가 내 안에 거하고 내 말이 너희 안에 거하면 무엇이든지 원하는 대로 구하라 그리하면 이루리라"(요 15:7)

당신의 입술에 있는 말씀들은 당신 안에 거하시고 당신을 다스리시는 말씀들입니다.

이 눈으로 볼 수 있는 말씀은 하나님의 우편에 앉아 계신 보이지 않는 말씀에 대한 믿음을 줍니다.

당신의 손에 있는 말씀이 당신을 감각 지식을 넘어 하나님 앞으로 데려가 거기에서의 당신의 지위를 줍니다.

옳고 그른 확언들

우리는 끊임없이 무엇인가를 확언합니다. 그리고 그 확언과 확언에 대한 반작용이 우리의 삶에 미치는 영향은 때때로 처참합니다.

당신은 가족들의 말들이 당신에게 주는 영향을 압니다. 그것은 당신 자신의 말들이 당신에게 주는 영향만큼이나 강력합니다.

당신은 끊임없이 "음, 나는 그것을 할 수 없어. 나는 단지 그것을 할 수 없을 뿐이야. 나는 그것을 할 수 있는 힘이 없어."라고 말합니다. 그러면 당신의 육체적 에너지와 정신적 능률이 점점 없어져 당신을 연약하게 하고 주저함과 의심으로 가득 차 당신의 능률은 없어져 버립니다.

 확언은 우리의 믿음의 표현입니다. 우리가 우리 자신을 믿든, 가족들을 믿든, 성경을 믿든 또는 성경을 지으신 이를 믿든 혹은 질병과 실패와 연약함을 믿든 우리 믿음의 표현입니다.

 어떤 사람들은 항상 질병에 대한 그들의 믿음을, 실패와 재앙에 대한 그들의 믿음을 고백하고 있습니다.

 당신은 그들의 아이들이 반항적이라는 것과 그들의 남편 혹은 아내는 옳은 것을 행하지 않다는 그들의 고백을 들을 수 있을 것입니다.

 그들은 끊임없이 실패와 의심을 고백합니다. 그들은 그 고백이 그들에게서 그들의 능력과 능률을 강탈해간다는 것을 거의 깨닫지 못합니다.

 그들은 그 고백이 단단하고 굳은 길을 늪 같고 막힌 진창으로 바꿀 수 있다는 것을 거의 깨닫지 못합니다. 그러나 그것은 사실입니다. 약함을 고백하는 것은 당신을 묶어 가둬둘 것입니다.

 가난을 말하면 당신은 늘 가난할 것입니다. 결핍과 항상 돈이 부족함을 고백하면 당신은 언제나 부족할 것입니다.

 당신의 고백은 당신의 믿음의 표현입니다. 그리고 이러한 결핍과 질병을 고백하는 것은 당신의 삶에 아버지 하나님의 출입을 막고 사단에게 통행권을 주어 들어오게 하는 것입니다.

 실패를 고백하는 것은 질병과 실패가 당신의 삶을 지배하게 하는 것입니다. 그것들은 사단을 명예롭게 하고 하나님에게서 그분의 영광을 강탈해갑니다.

 여기 몇몇 좋은 고백의 예가 있습니다. "주는 나의 목자시니 내가 부족함이 없으리로다." 당신은 부족함이 당신의 주인이었다는 사실 앞에서 이것을 말합니다. 새로운 주인이 왕국을 인수하였고 당신은 제일 먼저 그것을 부드럽게 속삭입니다. "주는 나의 목자시니." 그러고 나서 당신은 조금 더 강하게 말합니다. 그것이 당신을 지배할 때까지 당신은 그것을 계속 반복합니다.

이것이 당신의 삶에서 사실이 될 때, 당신은 더 이상 "나는 부족합니다" 혹은 "나는 필요합니다"라고 말하지 않고 "나는 갖고 있습니다"라고 할 것입니다.

"믿는 자는 갖습니다." 믿는 것은 갖는 것입니다.

이제 당신은 "내 아버지는 만물보다 크시매"라고 속삭입니다. 그런 고백이라니! 나의 아버지가 부족함보다 크시고, 질병보다 크시고, 약함보다 크시고, 나를 대적할 수 있는 모든 적들보다 크십니다.

그러고 나서 당신은 자신에 차 "하나님은 내 삶의 힘이시니, 내가 누구를 두려워할까?"라고 말합니다.

하나님은 나의 힘이십니다. 그렇다면 내가 얼마나 많은 힘을 가지고 있습니까? 하나님만큼입니다.

당신이 주목하길 바라는 두 가지 형태의 확언이 있습니다. 첫째로, 그것을 이루려는 나의 의지 외에는 아무것도 없는 확언이 있습니다. 그것은 감각 지식이 낳은 철학에 근거한 것입니다. 그 감각 지식은 나만의 마음의 산물입니다. 만일 그것이 죄에 관한 것이라면, 나는 그것의 존재를 부정합니다. 만일 그것이 질병에 관한 것이라면, 나는 질병이 지금 존재하는 것을 부인합니다. 우리는 이것을 크리스천 사이언스에서 봅니다.

그것이 재정적인 의무를 맞춰야 하는 능력에 관한 문제라면, 나는 온 힘을 다해 내가 그것을 맞출 능력을 갖고 있다고 확언합니다.

이 확언들을 이루기 위해 내가 갖고 있는 모든 것은 나의 일부이거나 내가 갖고 있는 것이거나 혹은 내 자신의 무엇인가 입니다. 하나님의 말씀은 이런 확언에 있어 아무런 역할을 못합니다.

나는 내가 질병보다 크다거나 내게 요구되는 것보다 크다고 말할 수 없습니다. 결과적으로 나의 확언은 실패가 될 것입니다.

두 번째 형태의 확언은 하나님의 말씀에 근거한 것입니다.

말씀은 "하나님이 너희를 위하시면, 누가 너희를 반대할 수 있겠는가" 이렇게 말씀하십니다. 나는 그분이 나를 위하신다는 것을 압니다. 내게 있던 이 질병은 패배했다는 것을 나는 압니다. 그것은 실제로는 그리스도께 있었고 그리고 "그가 채찍에 맞으므로 나는 나음을 받았다"는 것을 나는 알고 있습니다.

이 확언은 하나님의 말씀, 즉 살아있는 그리고 내주하시며 결코 손상되지 않는 말씀에 근거한 것입니다.

예수께서 "천지는 없어지겠으나 내 말은 없어지지 아니하리라"라고 말씀하셨습니다.

당신 자신의 의지 혹은 철학에 입각한 확언과 하나님 자신이 뒷받침해 주시는 확언 사이의 엄청난 차이를 보십시오.

감각 지식이 낳은 철학에 입각한 확언들은 확언하는 사람의 마음과 의지에 존재하는 것 이상의 가치나 실행할 능력을 갖고 있는 것이 아닙니다. 그러나 살아있는 말씀에 입각한 확언은 하나님이 그것을 뒷받침해주시어 그것을 이루어 주십니다.

믿음이 아닌 어떤 것들

"약속들을 주장하는 것"은 믿음이 아닙니다. 믿음은 이미 그것을 갖고 있습니다. "주장하는 것"은 그 사람이 아직 그것을 갖지 못했다는 것을 입증합니다. 그것은 믿음처럼 행동하기 위해 시도하는 불신앙일 뿐입니다.

누군가 그것을 얻기 위해 노력하는 한, 믿음은 아직 작동하지 않습니다. 믿음은 "감사합니다. 아버지"라고 말합니다. 믿음은 그것을 갖고 있습니다. 믿음은 도착했습니다. 믿음은 기도하는 것을 멈추고 찬양하기 시작합니다.

주의 깊게 살펴보십시오. 의심은 이렇게 말을 합니다. "나는 약속들을 주장합니다." "나는 약속들 위에 서 있습니다." 이것들은 모두 의심의 언어입니다.

불신앙은 말씀을 인용하지만, 말씀대로 행동하지 않습니다. 우리는 이것을 정신적 동의Mental Assent라고 부릅니다.

나는 초창기에 우리가 얼마나 "약속들을 간청하고plead 그것들을 우리 것으로 주장하곤claim" 했는지를 기억할 수 있습니다. 우리는 우리의 바로 그 언어가 불신앙의 기미가 있는 것임을 알지 못했었습니다.

믿는 것은 그저 말씀대로 행동하는 것입니다. 우리는 사랑하는 이의 말을 따라 행동하려는 것 같이 우리는 말씀대로 행동합니다.

우리는 우리가 말씀이 사실이란true 것을 알기 때문에 말씀대로 행동합니다. 우리는 그것을 믿으려고 노력하지 않습니다. 우리는 믿음을 달라고 기도하지 않습니다. 우리는 그저 믿음대로 행동합니다.

어느 날 누군가 내게 "나는 말씀이 사실이 되게 하려고 노력하고 있어"라고 말했습니다. 나는 "나는 당신이 왜 그것을 할 필요가 있는지 모르겠어.

왜냐하면 그것은 항상 사실이었기 때문이지"라고 말했습니다.

사람들은 그들이 말씀을 실천하기 시작하고 그 말씀이 그들 안에서 살도록 하기 전까지는 말씀을 알지 못합니다. 그들은 수년간 그 나라에서 최고의 선생이나 설교자 앞에 앉아 있을 수 있지만, 말씀이 결코 그들의 삶의 일부분이 되지 않습니다.

당신의 매일의 삶에 말씀을 사용하는 것이 믿음의 비밀입니다.

말씀은 당신 안에 살며 그리고 그분이 당신을 통하여 자신을 표현하는 것을 가능하게 합니다. 당신은 포도나무의 생명에서 지혜와 사랑과 능력을 끌어냅니다. 당신은 근원이 없이는 결코 존재하지 못합니다.

말씀은 당신에게 말하고 계시는 주님이십니다. 당신이 말씀대로 행동한다면, 당신은 주님과 함께 조화를 이뤄 행동하고 있는 것입니다. 당신과 그분은 함께 짐을 들고 있습니다. 그분은 당신과 사귀고 계시고 당신과 공유하고 계십니다. 당신은 그분의 능력과 힘을 공유하고 있습니다.

이제 당신은 믿음의 모든 것은 말씀대로 행동하는 것이라는 것을 충분히 이해할 수 있습니다.

우리는 감각 지식의 공식들과는 담을 쌓습니다.

이제 우리는 그분의 능력이 우리의 것이 되었음을 깨달으며 그분과 동행하고 있습니다.

"그러므로 이제 그리스도 예수 안에 있는 자에게는 결코 정죄함이 없나니"(롬 8:1)

"누가 능히 하나님께서 택하신 자들을 고발하리요 의롭다 하신 이는 하나님이시니"(롬 8:33)

"자기도 의로우시며 또한 예수 믿는 자를 의롭다 하려 하심이라"(롬 3:26, Marg. Am. Rev.)

"하나님이 죄를 알지도 못하신 이를 죄로 삼으신 것은, 우리로 하여금 그 안에서 하나님의 의가 되게 하려 하심이라"(고후 5:21)

이 말씀들은 우리 시대에 한 번도 연구된 적이 없습니다.

우리는 죄 의식을 연구해 왔습니다. 우리는 율법에 대해 설교해 왔습니다. 우리는 우리 백성들을 여전히 정죄 아래 두었습니다.

믿음은 그런 종류의 분위기에서는 자랄 수 없습니다. 결과적으로 오늘날 믿는 사람들 중 말씀에 대한 적극적인 믿음을 가진 사람이 거의 없습니다.

12

죄 의식

죄 의식은 믿음에 대한 사단의 주된 장애물입니다.

그것은 사단의 가장 오래된 도구입니다. 오늘날 그것은 그리스도의 대속적 사역에 대한 무지함으로부터 비롯됩니다.

신자들을 세속적인 영향으로부터 분리시켜 "경건한 삶" 안에 세우려는 시도를 하는 목회자들은 의, 속량 그리고 자식이라는 신분 보다는 오히려 죄를 열심히 설교해 왔습니다.

바울의 계시에서 정의된 의에 대한 설교나 하나님과의 사귐에 대한 설교는 거의 존재하지 않습니다.

사실은 아주 소수의 사람들만이 하나님과의 사귐과 하나님과의 관계 사이의 차이를 깨닫고 있다는 것입니다.

우리의 관계는 하나님에게서 비롯됩니다. 그분이 관계를 만드신 분입니다.

사람은 자신과 아버지와의 관계를 단절할 수 없습니다. 그러나 아버지가 관계를 단절하는 것을 초래할 수는 있습니다.

우리의 관계는 법률상의 결혼과 같습니다. 법적으로 묶이게 되면 그들은 스스로 파혼할 수 없습니다. 그들은 법률로 하여금 자신들을 갈라서게 하도록 만들 수는 있습니다.

하나님이 우리와 그분 자신의 연합을 만드시는 분임을 충분히 이해해야 합니다.

예수께서 "나는 포도나무요 너희는 가지라"라고 말씀하셨습니다. 가지는 포도나무로부터 자신을 분리시킬 수 있는 능력을 소유하고 있지 않습니다. 그 능력은 농부의 손에 있습니다.

우리가 아버지와의 사귐을 깨뜨리는 것은 쉽습니다. 요한의 서신은 우리에게 아버지와 그리고 다른 사람과의 사귐을 유지하는 비밀을 가르쳐주기 위해 기록되었습니다.

"되돌아가다back-slide"라는 단어는 신약성경에서는 찾아볼 수 없습니다. 왜 그럴까요? 그것은 이스라엘 사람을 묘사하는 것입니다. 여호와의 종이었던 첫 언약의 백성들은 "되돌아가"거나 또 다른 신을 찾아 여호와를 떠나려 했습니다.

그들은 영생을 갖지 못했습니다. 그들은 아들들이 아니라 단지 종이었습니다. 그들은 결코 재창조된 적이 없었습니다. 그들은 아브라함 언약의 종이었고, 그 언약의 율법의 종이었습니다.

우리는 사귐을 깨뜨린 그리스도인을 언급함에 있어서 "되돌아가다"라는 단어를 써서는 안 됩니다.

우리는 그에게 사귐이 무엇을 의미하는지 분명하게 가르쳐야 합니다.

"우리가 보고 들은 바를 너희에게도 전함은 너희로 우리와 사귐이 있게 하려 함이니 우리의 사귐은 아버지와 그의 아들 예수 그리스도와

더불어 누림이라 우리가 이것을 씀은 우리의 기쁨이 충만하게 하려 함이라"(요일 1:3-4)

기쁨은 새로운 피조물의 부요함 중 하나입니다. 우리 가운데 지금까지 그것을 연구한 사람은 거의 없습니다.

기쁨과 행복 사이에는 치명적인 차이가 있습니다. 행복은 우리의 주위, 환경, 건강 그리고 돈에서 비롯됩니다. 기쁨은 오직 하나님의 자녀만이 소유하는 특별한 것입니다. 그것은 아버지와, 말씀과 그리고 또 다른 사람과의 깊은 사귐의 결실입니다.

"우리가 그에게서 듣고 너희에게 전하는 소식은 이것이니 곧 하나님은 빛이시라 그에게는 어둠이 조금도 없으시다는 것이니라"(요일 1:5)

다음 절을 주목하십시오. "만일 우리가 하나님과 사귐이 있습니다 하고 어둠에 행하면 거짓말을 하고 진리를 행하지 아니함이거니와"

골로새서 1:13을 기억하십시오. "그가 우리를 흑암의 권세에서 건져 내사 그의 사랑의 아들의 나라로 옮기셨으니"

어둠은 사단의 영토입니다.

새 언약의 율법이 요한복음 13:34-35에서 우리에게 주어졌습니다. "새 계명을 너희에게 주노니 서로 사랑하라 내가 너희를 사랑한 것 같이 너희도 서로 사랑하십시오." 여기서 사랑이란 단어는 "아가페", 즉 새로운 종류의 사랑입니다.

그 계명이 믿는 사람의 행동을 지배하게 됩니다. 만일 우리가 형제 중 하나를 비난하거나, 언급해서는 안 될 것을 말하거나, 혹은 해서는 안 될 것을 함으로서 사랑에서 벗어나 걷는다면, 우리는 우리의 사귐을 손상시키고 어둠 속으로 들어가는 것입니다.

매 주 일요일마다, 얼마나 많은 사람들이, 즉 자신들이 거듭난 것을 알지만 수년 동안 아버지와 전혀 사귐이 없는 사람들이, 교회에 규칙적으로 출석하는지 참으로 놀라운 일입니다.

그들은 말씀에 관한 한 영적인 어둠 속에서 살고 있습니다. 그들은 잃어버린 영혼들에 대해 어떠한 느낌도 없습니다. 그들은 의무적으로 드리고 습관적으로 교회에 출석합니다.

그들이 한때 그들의 영적인 삶에서 알았던 기쁨은 사라져 버렸습니다. 그들은 영적인 어둠 속에서 살고 있습니다.

요한일서 1:7을 주목하십시오. "그가 빛 가운데 계신 것 같이 우리도 빛 가운데 행하면 우리가 서로 사귐이 있고 그 아들 예수의 피가 우리를 모든 죄에서 깨끗하게 하실 것이요"

하나님은 빛이십니다.

내가 사귐 가운데 행한다면, 나는 말씀의 빛, 성령의 빛 가운데 행하는 것입니다.

나는 내 자신의 영과의 사귐 가운데 있습니다. 나는 형제와의 사귐 가운데 있습니다.

하나님의 아들, 예수 그리스도의 피가 내가 이전에 범했을 수 있는 알지 못하는 죄들로부터(나는 그것들이 죄라는 것을 알만큼 아직 충분히 성장하지 못했습니다) 나를 깨끗하게 해줍니다.

그 다음절은 "만일 우리가 죄가 없다고 말하면 스스로 속이고 또 진리가 우리 속에 있지 아니할 것이요"라고 말합니다. 우리는 우리의 사귐을 잃고 어둠 속을 걷고 있습니다.

다음 절은 그것을 분명하게 해줍니다. "만일 우리가 우리 죄를 자백하면 그는 미쁘시고 의로우사 우리 죄를 사하시며 우리를 모든 불의에서 깨끗하게 하실 것이요" 이것은 구원받지 않은 사람을 위한 것이 아니라 믿는 사람을 위한 것입니다.

그것은 그분이 우리의 사귐을 회복시키실 것임을 의미합니다.

의란 아버지 앞에 죄책감이나 열등감 혹은 정죄함 없이 설 수 있는 능력을 의미합니다.

로마서 8:1을 기억할 것입니다. "그러므로 이제 그리스도 예수 안에 있는 자에게는 결코 정죄함이 없나니" 우리가 그분과의 사귐을 충만하게 즐기고 있기 때문에 죄책감은 없습니다.

이것을 주의하십시오. 만일 우리가 우리 죄를 자백하면, 그분은 즉시 우리를 용서하시고 우리의 지위와 그리스도 안에서의 특권들을 회복시키십니다.

그분이 당신을 용서하신 후에 당신이 당신 자신을 정죄하는 것은 잘못입니다. 당신은 결코 그것을 다시 생각해서는 안 됩니다.

"나의 자녀들아 내가 이것을 너희에게 씀은 너희로 죄를 범하지 않게 하려 함이라 만일 누가 죄를 범하여도 아버지 앞에서 우리에게 대언자가 있으니 곧 의로우신 예수 그리스도시라"(요일 2:1) 그분은 하나님의 가문의 변호사이십니다. 그분은 하나님의 가문의 법무장관이십니다.

우리가 사귐을 깨뜨리고 아버지의 용서를 구할 때, 우리의 대언자께서 즉각적으로 우리의 사건을 처리하시고 우리의 잃어버린 사귐을 회복시키십니다.

우리가 이것을 아는 것은 절대적으로 필요합니다.

믿는 사람이 범하는 유일한 근본적인 죄가 있습니다. 그 죄가 범해질 때, 그것은 일천의 다른 죄들에게 문을 열어 놓는 것입니다. 그 죄는 사랑의 법을 깨뜨리는 것입니다. 우리는 사랑 안에서 걸어야만 합니다.

요한일서 4:16은 우리에게 사랑에 대해 놀라운 것을 겪게 해줍니다. "우리의 사건에 있어서 하나님이 갖고 계시는 사랑을 우리가 알고 믿었노니 하나님은 사랑이시라 사랑 안에 사는 자는 하나님 안에 살고 하나님도 그의 안에 사시느니라"

나는 이 번역을 좋아합니다. 그것은 친밀한 터치를 지녔는데, 그것은 우리를 그분과의 연합이라는 절대적으로 필요한 의식으로 인도합니다.

"온전한perfect"이란 단어는 이 서신에 몇 차례 등장합니다.

"어느 때나 하나님을 본 사람이 없으되 만일 우리가 서로 사랑하면 하나님이 우리 안에 거하시고(우리는 서로에게 있는 하나님을 볼 수 있습니다) 그의 사랑이 우리 안에 온전히 이루어지느니라"(요일 4:12)

"누구든지 그의 말씀을 지키는 자는 하나님의 사랑이 참으로 그 속에서 온전하게 되었나니"(요일 2:5)

"이로써 사랑이 우리에게 온전히 이루어진 것은 우리로 심판 날에 담대함을 가지게 하려 함이니"(요일 4:17)

"두려워하는 자는 사랑 안에서 온전히 이루지 못하였느니라"(요일 4:18)

당신은 믿음이나 지혜에서는 온전해지지 못할 수도 있지만, 사랑에서는 온전해 질 수 있습니다. 왜 그럴까요? 왜냐하면 그분의 본성이 우리를 그러한 존재로 만들었기 때문입니다. 우리는 본성상 새로운 피조물들입니다. 그리고 그 본성은 사랑입니다.

이제 우리는 죄 의식이 사랑의 영역을 벗어나 어둠, 혹은 이기심의 영역을 디딤으로부터 비롯된다는 것을 이해할 수 있습니다. 사랑의 빛을 벗어나, 감각 지식의 어둠으로 들어감으로 생깁니다.

죄 의식이 믿는 사람을 지배하는 이유는 새로운 피조물에 관한 분명한 가르침이 없었기 때문입니다.

"그런즉 누구든지 그리스도 안에 있으면 새로운 피조물이라 이전 것은 지나갔으니 보라 새 것이 되었도다. 모든 것이 하나님께로서 났으며 그가 그리스도로 말미암아 우리를 자기와 화목하게 하시고"

우리의 그래픽 번역가 중 한 사람이 이렇게 번역했습니다. "그런즉 누구든지 그리스도 안에 있으면 새로운 자아라."

사람은 영이며, 그는 혼 혹은 추론할 수 있는 능력을 가졌고 그리고 그는 몸 안에 삽니다.

에스겔 36:26은 우리에게 이렇게 말합니다. "또 새 영spirit을 너희 속에 두고 새 마음heart을 너희에게 주되 너희 육신에서 굳은 마음heart을 제거하고 부드러운 마음heart을 줄 것이며."

만일 그분이 당신 속에 새 영을 두신다면, 그분은 당신 속에 새로운 자아를 두신 것입니다. 새로운 종류의 사랑과 이 새로운 종류의 사랑에 의해 지배되는 새로운 자아가 존재하게 될 것입니다.

그분은 굳은 마음heart을 제거하려고 하십니다. 굳은 마음heart은 이기심으로 생겨난, 미움으로 가득한 자연적인 인간의 영natural human spirit입니다.

그뿐만 아니라 그분은 "내 영my spirit을 너희 속에 두어"라고 말씀하십니다.

그분은 나로부터 새로운 자아를 만드실 뿐만 아니라, 그분은 오셔서 내 몸에 당신의 집을 마련하려고 하십니다. 나의 몸은 그분의 신전이요 성소가 될 것입니다.

"새 사람을 입었으니 이는 자기를 창조하신 이의 형상을 따라 지식에까지 새롭게 하심을 입은 자니라"(골 3:10)

우리의 영은 "심령에 숨은 사람"으로 불립니다.

고린도후서 4:16에서 우리는 "속사람"으로 불립니다.

로마서 7:22에서도 우리는 "속사람inward man"으로 불립니다.

이 "새 사람"은 그리스도 예수 안에서 창조되었습니다. 그는 의와 거룩함과 진리로 창조되었습니다.

이 새 사람이 새로운 피조물입니다. 그는 하나님으로부터 태어납니다.

말씀은 우리의 삶 안에 그의 자리를 둔 적이 없습니다. 우리는 정신적 동의로 말씀에 접근합니다. 우리는 아버지로부터의 이 살아있는 메시지에 대한 꾸준한 확신이 결여되어 있습니다.

나는 불신앙의 근본적인 이유가 사단, 즉 우리의 이전의 주인이(우리가 한때 그의 본성을 지녔었습니다) 거짓말쟁이라는 사실 때문이라고 믿습니다. 이 사단의 본성 때문에 거듭나지 않은 사람은 본질상 거짓말쟁이입니다.

영생을 갖지 못한 사람들이 있는 어느 곳이든지 가보십시오. 그러면 그들이 거짓말쟁이라는 것을 알게 될 것입니다.

우리 정부에 직면한 가장 어려운 문제는 거짓말을 숭배하는 나라들을 다루는 것입니다. 그들 안에 어떤 진실도 없습니다. 그들이 거짓말할 때, 그들은 자신의 일부분을 반영합니다. 왜냐하면 그들은 거짓말쟁이기 때문입니다.

우리가 사단의 가문에서 나와 하나님의 가문으로 갈 때, 그만두기 가장 어려운 습관은 거짓말하는 습관입니다.

우리는 진실이 훨씬 더 쉬웠을 때에도 수백 가지 방법으로 거짓말을 해왔습니다.

자연인은 본래 거짓말쟁이기 때문에, 만일 그가 하나님의 자녀가 된 후 사귐을 깨뜨린다면, 이 오래된 죄가 때때로 고삐를 쥐고 그를 지배합니다.

거짓말하는 것이 널리 퍼져있어 우리가 말씀을 확신하는 것이 어렵습니다.

우리는 지금까지 결코 사람들의 말을 믿을 수 없었습니다. 우리는 다른 사람들이 말하는 것을 신뢰하는 습관이 없습니다. 그래서 하나님이 말씀하시는 것을 신뢰하는 것이 어렵습니다.

우리는 감각 지식에 의해 지배되어 왔고 우리가 믿음이라 불러온 것은 감각 지식의 믿음이었습니다.

보이지 않고 알려지지 않은 것을 믿는 것은 어려운 문제이지만, 만일 우리가 빛 가운데 걷는다면, 그분이 빛 가운데 계시기 때문에, 그리고 우리의 사귐이 풍성하게 자라고 강력해진다면, 우리의 아버지에 대한 확신은 호흡하는 것만큼이나 자연스럽고 정상적인 것이 될 것입니다.

우리는 결코 두 종류의 진리, 즉 감각 지식의 진리와 계시 진리 사이의 차이에 대해 들어본 적이 없습니다.

누군가 지난밤에 "만일 내가 이미 나았다고 고백한다면, 나는 거짓말하고 있는 것입니다. 왜냐하면 통증이 여전히 내 몸에 있기 때문입니다." 라고 내게 말했습니다.

우리는 두 종류의 진리 사이의 차이를 반드시 기억해야만 합니다. 감각의 증거는 감각 지식의 진리입니다.

통증은 여전히 거기에 있지만, 말씀은 무엇이라고 말씀합니까? "그가 채찍에 맞으므로 나는 나음을 받았습니다." 그것이 계시 진리, 즉 하나님의 진리입니다.

나는 하나님의 어떤 말씀도 이루지 못할 것이 없다는 것을 배웠습니다. 그분은 당신의 말씀이 실행되는 것을 지켜보십니다.

예수와 그분의 말씀은 하나입니다. 아버지와 그분의 말씀은 하나입니다.

따라서 나는 감히 말합니다. "예수의 이름으로 나는 완벽하게 나았습니다. 아버지는 예수께서 십자가위에 계실 때 나의 질병들과 통증들을 예수에게 두셨습니다. 그분은 나의 병으로 병드셨고 그분이 나의 질병들과 죄들을 옮기셨습니다. 그가 멍든 것은 나의 허물 때문이요 그가 상함은 나의 죄악 때문이라 그가 징계를 받으므로 나는 평화를 누리고 그가 채찍에 맞으므로 나는 나음을 받았도다."

아버지의 생각으로는 질병과 죄는 하나입니다. 그것들은 영적인 결함입니다. 죄는 나의 행위에 자신을 드러내고, 질병은 나의 몸에 자신을 드러냅니다.

나의 아픔이 치유되기 전에, 나는 반드시 나의 영으로 하나님이 나의 질병을 예수께 두셨다는 것을 확신해야만 합니다. 하나님이 그것을 예수께 두셨고 나는 그 대리인을 나를 대신하는 것으로 받아들인다면, 그러면 나의 죄들이 면제되고 나는 마치 죄가 존재하지도 않았던 것처럼 하나님 앞에 설 수 있습니다. 같은 법칙이 질병에 관해서도 유효합니다. 질병은 영적인 것이지만, 그것은 나의 물리적 몸에 자신을 드러냅니다.

나는 나를 대신하는 그리스도의 대속적 사역을 받아들였습니다. 그래서 나는 마치 죄인이 그의 호흡이 그의 마지막 들숨의 기미를 보일 때 "나는 구원받았다"라고 말하는 것처럼, 대담하게 "나는 나았다"라고 (통증이 나의 몸에 고통을 주는 동안에도) 말합니다.

그는 그리스도를 받아들였고 하나님은 그를 받아들였습니다. 이제 그의 행위는 그의 재창조된 영과 조화를 이루게 될 것입니다.

나는 새로운 피조물이 되었습니다. 나는 물리적으로 완벽하고 건강한 사람이 되었습니다. 그것은 나의 물리적인 몸에 드러나는 영적인 사실입니다.

말씀은 영적인 사실로 그것은 나의 행위와 나의 고백에 드러납니다.

이것을 철저하게 이해하십시오. 그 고백이 소유보다 선행합니다. 당신은 아버지께서 당신의 개인적인 사건에 개입하시기 전에 고백을 합니다.

당신은 질병이 당신의 몸 안에서 최대로 진전되고 있을 때에도 당신이 완벽하게 나았다고 고백합니다. 당신의 고백은 당신의 몸 안에 있는 하나님의 초자연적인 힘에 시동을 겁니다.

우리는 한 번도 고백에게 그것의 자리를 준 적이 없습니다.

당신은 당신의 고백의 노예가 됩니다. 당신은 그것 이상으로 성장할 수 없습니다. 당신의 믿음은 당신의 고백에 의해 묶여있습니다.

당신이 고백할 때 은혜와 능력이 커집니다.

만일 당신이 연약함을 고백한다면, 당신은 그 수준으로 가라앉을 것입니다.

당신은 예수의 대속적인 희생이 당신의 영, 혼 그리고 몸의 모든 필요를 채워주신다는 것을 고백해야만 합니다.

죄 의식은 당신의 고백이 아버지께 영광을 더하는 순간 당신에 대한 지배력을 잃어 버립니다.

우리가 그리스도 예수 안에서 창조된 새로운 피조물이라는 것을 우리가 알 때, 그리고 우리가 하늘에서 그분과 함께 앉았다는 것과 아버지와 그리스도와 우리의 하나 됨을 우리가 알 때, 죄 의식에게는 어떤 여지도 없습니다.

요한복음 15:7은 그것을 묘사하고 있습니다. "너희가 내 안에 거하고 내 말이 너희 안에 거하면 무엇이든지 원하는 대로 구하라 그리하면 이루리라."

그분은 당신이 그리스도 안에 거하도록 하셨습니다. 우리는 말씀이 우리 안에 거하도록 합니다. 그것은 말씀대로 살고 말씀을 행하는 것입니다. 우리는 이 말씀의 완전함을 의존합니다. 우리는 하나님의 어떠한 말씀도 갈라질 수 없음을 압니다. 우리는 예수가 곧 말씀이심을 압니다. 우리는 말씀이 보좌 곧 아버지와 주님에 의해 지지받고 있다는 것을 알았습니다.

우리는 예수를 죽은 자들 가운데서 다시 살리신 크고 굉장한 성령이 우리의 심령에 말씀을 드러내시기 위하여 우리 안에 살고 계심을 압니다. 그분은 살아있는 말씀의 실재를, 그리고 우리 관계의 실재와 그분의 내주하심을 드러내고 계십니다.

그분은 우리에게 우리가 질병과 연약함으로부터 완벽하게 건져졌음을 실제적으로 보여주고 계십니다.

믿는 사람의 심령에는 어떠한 죄 의식도 있어서는 안 됩니다. 왜냐하면 "하나님의 아들 예수 그리스도의 피가 모든 죄에서 우리를 깨끗하게 씻으셨기" 때문입니다.

우리는 그분의 완성하심으로 완전하게 서 있습니다.

"우리가 다 그의 충만한 데서 받으니 은혜 위에 은혜러라."

13

믿는 사람은 어떻게 죄를 짓는가?

이것은 신학적인 세계에서 논쟁거리가 되어 왔습니다.

알다시피 사람은 영으로 존재합니다. 사람은 하나님과 같은 부류입니다. 사람은 하나님의 형상과 모양대로 창조되었습니다. 사람은 신성을 참여하는 자가 되기 위하여 그랬어야만 했습니다.

사람이 죄를 지었을 때 그는 사단의 본성, 즉 이기심에 참여하는 자가 되었습니다.

당신은 이기심으로부터 자유로운 세상을 상상할 수 있는가?

당신은 이기적인 욕망이 없는 사람들과 함께하는 영원한 세계를 상상할 수 있습니까?

사람은 타락하기 전에는 그와 같았습니다.

사람의 재창조된 부분은 그의 영입니다. 하나님이 우리의 영에 그분 고유의 본성, 즉 영생을 주셨습니다.

새로운 피조물인 사람을 지배하는 법칙은 사랑입니다. 하나님은 그 사랑을 우리의 심령에 뿌리셨습니다. 성령은 우리에게 그 사랑의 본성을 주셨습니다. 그래서 마치 우리의 감각들이 지식의 샘인 것처럼, 우리의 영이 사랑의 샘이 되었습니다.

새로운 피조물의 궁극, 속량의 궁극은 사귐입니다.

사람은 하나님과의 사귐을 위해 창조되었습니다. 하나님은 사랑에 굶주리셨고, 그분의 가슴은 사랑을 갈망하셨습니다. 그래서 이 영으로 존재하는 사람이 실제로 존재하게 되었습니다. 하나님은 사람에게 물리적인 몸을 주셨고 그래서 사람은 땅에서 살 수 있었습니다.

사람의 몸은 그의 영의 집이며 그의 오감의 집입니다.

사람의 뇌가 모든 자극을 받는 것은 그의 감각들을 통해서입니다. 감각들이 자연인이 갖고 있는 모든 지식들을 낳습니다.

잠깐 동안만 사람을 다른 각도에서 살펴 봅시다.

사람이 재창조될 때 그는 하나님과 관계를 맺게 됩니다. 그 관계에서 사귐이 옵니다.

세상은 사단에게 지배되며, 우리는 우리의 감각들을 통해서 세상과 접촉하게 됩니다.

사람이 거듭날 때, 그의 영은 재창조됩니다. 그러나 그의 마음은 여전히 지배받고 다스려지며 감각들로부터 모든 자극을 받습니다.

새로운 피조물을 지배하는 유일한 법이 있으니 그것은 사랑입니다. "그분이 우리를 사랑하신 것 같이" 우리는 사랑해야 합니다. 법을 깬다는 것이 나에게는 내가 사랑의 영역에서 나와서 감각의 영역으로 들어서는 것을 의미합니다.

게다가 죄는 감각의 영역에서 살고 있으며 사랑의 영역을 떠나있습니다.

내가 사랑에서 나온다면, 나는 이기심 안으로 들어서는 것입니다.

오늘날 세상에는 오직 두 개의 거대한 힘이 존재하는데, 그것들은 사랑과 이기심입니다.

믿는 사람이 범하는 모든 죄는 이기심에서 시작합니다. 이기심은 믿는 사람을 다른 많은 종류의 죄로 이끕니다. 그러나 오직 하나의 근본적인 죄가 존재하는데, 그것은 이기심입니다.

누군가가 이런 말을 했습니다. "나는-나의-나를-나의 것I-my-me-mine"은 사귐이 깨어진 영역으로 들어가는 네 개의 고속도로이다."

따라서 믿는 사람에게 죄는 이전의 삶을 행하는 것으로 되돌아가는 것입니다. 그것은 사랑의 지배에 대한 거부입니다. 그것은 이기심의 영역에서 만족을 찾으려고 애쓰는 것입니다.

이기심은 모든 고통과 상심을 우리 집에 야기합니다.

깨어진 사귐에 대한 치료법은 말씀을 연구하는 것과 말씀을 실천하는 것, 즉 말씀으로 살고 "말씀을 행하는 것"입니다.

만일 누군가가 사람들을 그리스도께로 이끄는 것에 열중한다면, 그는 죄를 짓지 않을 것입니다.

만일 그가 누군가를 믿음의 삶 안에 세우려고 누군가를 돕거나 또 다른 사람의 짐을 대신 지는데 열중한다면, 그는 죄를 짓지 않을 것입니다.

사랑 안에는 죄가 없습니다. 죄는 사랑 밖으로 나오는 것입니다. 우리가 아버지와 깊고 풍요로운 사귐을 누리는 한, 죄는 결코 매력적이지 않습니다. 사귐이 만조일 때 죄는 우리를 유혹하는 힘을 갖지 못합니다.

죄는 사랑과의 사귐을 파괴하고 영의 영역을 떠나 감각의 영역으로 향하게 합니다. 죄는 감각의 욕망들이 지배하도록 하고, 감각들이 통제권을 얻도록 합니다. 감각들이 폭주할 때, 하나님은 잊혀집니다.

새로운 피조물인 사람은 사랑을 실천하고 자신의 영을 개발해야 합니다. 그래서 영이 그 사람의 감각에 대하여 주인이 되어야 합니다.

나는 혹시 당신이 사람이 영적인 운동선수가 되어 사단과 그의 무리들이 그를 건드리지 못할 정도로 강해질 때까지 자신의 사랑과 아버지와의 사귐을 발전시킬 수 있다고 생각해 본 적이 있는지 궁금합니다.

순교자들은 그들이 수년 동안 고문을 당했음에도 여전히 하나님에 대한 그들의 믿음이 신실한 것으로 보아 영적인 운동선수들이었음이 분명합니다.

"끝으로 너희가 주 안에서와 그 힘의 능력으로 강건하여지고"(엡 6:10) 그것은 "그의 사랑 안에서와 그의 은혜의 능력 안에서 강건하여지고"라고도 읽을 수 있습니다.

사랑의 행동에 있어서 강력해지십시오. 사랑의 영역에서 진정한 삼손이 되십시오.

보다시피 하나님의 힘은 사랑이고, 하나님의 지혜는 사랑이며 그리고 하나님의 아름다움은 사랑입니다.

튼튼하고 건강한 몸은 아름다운 몸입니다. 마찬가지로 튼튼하고 건강한 사랑의 행보는 아름다운 삶을 만듭니다.

에베소서 6:10-18을 직역하면 "마지막으로, 너희가 주 안에서와 그 힘의 능력으로 강건하여지고, 강인해져서, 마귀의 공격하는 화살을 대적하기 위하여 하나님의 전신갑주(혹은 사랑의 전신갑주)를 입으라" 입니다.

믿는 사람이 필요로 하는 가장 적합한 방패는 그의 주님을 향한 사랑과 다른 사람들을 섬기려는 그의 갈망입니다.

우리는 우리의 사랑의 삶으로 대적을 정복할 수 있습니다.

"우리의 씨름은 혈과 육에 대한 것이 아니요 정사와 권세와 이 어두움의 세상 주관자들과 하늘에 있는 악의 영들에게 대함이라."

만일 당신이 신중하게 주목한다면, 이 모든 적의 부대들이 사랑에 대항하여 싸우고 있다는 것을 알게 될 것입니다. 그들은 우리에게 늘 있어온 강력한 힘에 대항하여 싸우고 있습니다.

"하나님이 이처럼 사랑하사 그가 … 을 주셨으니"

"왜냐하면 우리 안에서 역사하는 것은 사랑이니"

"너희 안에 있는 사랑이 세상에 있는 이보다 큼이라."

"그러므로 하나님의 전신 갑주를 취하십시오."

사랑의 행동을 하고 사랑의 생각을 생각하라 그러면 당신은 악한 날들에 굳게 설 수 있을 것입니다. 왜냐하면 당신은 사랑 안에 서 있기 때문입니다.

"그런즉 서서 진리로 너희 허리띠를 띠고 의의 호심경을 붙이고"

여기서 의란 아버지 혹은 사단 앞에 아무 두려움이나 열등감 없이 설 수 있는 능력을 의미합니다. 당신은 아버지 앞에 사랑받는 아들로서 설 수 있습니다. 당신은 어둠의 무리들을 아무 두려움 없이 대면할 수 있습니다. 당신은 그리스도 안에서 하나님의 의입니다.

"평안의 복음이 준비한 것으로 신을 신고." 사랑은 평안의 제조자입니다.

"모든 지각에 뛰어난 하나님의 평강이 너희 마음과 생각을 채우시리라"라는 말씀이 선포될 때, 그것은 사랑이 의심과 두려움을 내몰 수 있는 지배적 지위를 확보했음과 사랑이 진지를 취하여 그것을 보호하고 있음을 의미합니다.

"믿음의 방패를 가지고 이로써 능히 적의 모든 불화살을 소멸하고"

믿음은 사랑의 자녀입니다. 미움은 어떤 믿음도 갖고 있지 않습니다.

사랑은 믿음을 세우는 자이며 믿음을 주는 자입니다. 하나님은 사랑이시고, 하나님은 믿음의 하나님이십니다.

당신은 믿음이라는 본성, 즉 하나님의 믿음을 참여하는 자입니다. 거듭날 때 모든 사람에게 적당량의 믿음이 주어집니다.

"구원의 투구와 성령의 검 곧 하나님의 말씀을 가지라." 그것은 그분이 믿음의 입술을 통해 사용하시는 성령의 검일 뿐만 아니라, 우리의 재창조된 영의 검이기도 합니다.

알다시피 당신의 재창조된 영이 말씀을 사용하는 주체입니다. 그리고 그 말씀은 항상 사랑에 푹 담겨 있어 결코 고통스럽게 주어지지 않고, 사랑의 심령으로부터 부어집니다.

당신은 당신 주변의 사람들의 필요에 부응합니다. 당신은 많은 청중들 앞에 서 있습니다. 거기에는 구원받지 못한 많은 사람들과 사귐을 잃은 많은 사람들이 있고 당신은 이제 그들에게 말씀을 열어주려고 합니다. 그 말씀이 주님의 사랑에 흠뻑 젖은 당신의 입술로부터 나옵니다.

어떤 사람도 사랑으로 불타는 말씀으로부터 자신을 보호할 수 있는 방패를 갖고 있지 않습니다.

다락방에서 나타났던 불의 혀… 그것은 사랑의 불꽃이었습니다. 그것은 말씀에 불을 지른 사랑이었습니다.

사람은 사랑의 말씀에 저항할 수 없습니다.

우리가 살펴 본 에베소서에 묘사된 무기들은 하나님의 군대를 위한 사랑의 무기들입니다.

당신은 예수께서 제자들에게 하늘로부터의 능력을 덧입을 때까지 그들이 머물러야 함을 말씀하신 것을 기억할 것입니다. 이기적인 사람들의 심령에 닿을 수 있는 사랑의 능력으로 덧입을 때까지 그들은 머물러야만 했습니다. 그것은 그들 안에 풀어지는 하나님의 능력이었습니다.

죄는 이기심 안에서 걷고 있다는 것을 기억하십시오.

믿는 사람이 사랑에서 나오자마자 그는 사귐을 깨뜨리고 어둠과 죄로 들어섭니다.

죄를 짓는 믿는 사람은 사랑에서 떠난 사람입니다.

우리는 믿는 사람 안에 그들의 그릇된 행동을 규탄하고 죄와 심판에 관하여 설교함으로 믿음을 세우려고 노력해 왔습니다.

그런 방법으로 믿음을 가진 사람은 아무도 없습니다. 이것이 그나마 가지고 있던 믿음을 파괴하는 것을 누구나 볼 수 있습니다.

믿음을 구하는 모든 기도는 불신앙에 불과합니다. 불신앙은 가치 없다는 느낌 sense of unworthiness에서 자랍니다.

그러면 이제 우리는 무엇을 해야 합니까?

첫째로 사람은 그리스도 안에서 자신이 누구인지 분명하게 알아야 합니다. 새로운 피조물로서 그는 사망에서 생명으로 옮겨졌습니다. 그는 이제 영생을 가졌고, 그는 하나님의 아들, 하나님의 상속자, 그리스도와 공동 상속자입니다.

이것은 그에게 아버지와의 완전한 사귐에 대한 법적 근거를 제공해줍니다.

이 사귐은 이 새로운 피조물이 그리스도 안에서 하나님의 의가 되었다는 사실에 근거합니다.

이제 심판은 없습니다. 그는 그리스도 안에 온전합니다.

14

죄 의식에 대한 하나님의 치유

하나님은 우리의 속량을 계획하셨습니다. 그분의 아들과 성령이 그것을 실행하셨습니다. 이 속량은 사단의 영원한 패배를 실증합니다. 예수는 사람의 범죄에 대한 죄 값을 지불하시고 난 후, 사단에게서 권세와 지배를 벗기셨습니다.

"우리는 그리스도 안에서 그의 은혜의 풍성함을 따라 그의 피로 말미암아 속량 곧 죄 사함을 받았느니라 이는 그가 모든 지혜와 분별prudence을 우리에게 풍부하게 하사"(엡 1:7-8)

우리의 속량은 하찮은 것이 아닙니다. 왜냐하면 그것은 그의 풍성한 은혜와 넘치는 능력이 함께 있기 때문입니다.

그분은 우리의 속량 안에 자신을 드러내셨습니다.

그것은 법적 속량입니다. 그것은 인류를 위해 수난을 당하고 사람의 죄 값을 지불할 신이 필요했습니다.

그것은 하나님의 지혜를 나타내는 것이었습니다. 사람은 그것을 계획할 수 없었습니다.

그것은 하나님의 총명과 현명함을, 즉 그분의 완벽한 계획을, 그리고 삼위일체의 협력을 드러내는 것이었습니다.

그것은 사랑을 나타내는 것이었습니다. 예수가 세상에 드러내셨던 그 새로운 종류의 사랑을 실증하는 것이었습니다. 그분은 사람의 필요를 충족시키고 공의의 요구를 만족시키는 그분의 능력을 사랑에 근거하여 드러내셨습니다.

그분은 법적 근거 위에 사람에게 그분의 본성을 주시는 것이 가능했었습니다.

속량은 피조물을 돌보시는 하나님의 능력을 나타내는 것이었습니다.

그분이 대적의 지배로부터 사람을 속량하신 후 제일 먼저 하셔야 했던 일은 법적 근거 위에 사람을 재창조하여 완전한 새로운 피조물로 만드는 것이었습니다.

사람의 죄를 용서하고 그를 본래의 조건하에 그대로 두는 것은 가치 없는 일이었을 것입니다.

사람은 행위로 인해 죄인일 뿐만 아니라 본질상 죄인입니다. 사람은 단순한 범칙자 그 이상으로, 본질상 무법자입니다.

아버지는 사람에게 새로운 본성을 주셔야만 했습니다.

그분은 우리가 신성한 성품에 참여하는 자가 되게 하는 것을 가능하게 하셨습니다(벧후 1:4)

요한복음 3:5에서 예수는 "사람이 위로부터 나지 아니하면(하나님으로부터 나지 아니하면) 하나님의 나라에 들어갈 수 없느니라"라고 말씀하셨습니다.(저자 직역)

"자기의 뜻을 따라 우리를 낳으셨느니라"(약 1:18)

우리는 하나님께로부터 난 자들일 뿐만 아니라 하나님의 뜻입니다.

"영접하는 자 곧 그 이름을 믿는 자들에게는 하나님의 자녀가 되는 권세를 주셨으니"(요 1:12-13)

그분이 거듭나지 않은 사람에게 하나님의 자녀가 될 수 있는 법적 권리를 주셨다는 것을 주목하십시오. 그것은 하나님의 관용이나 연민 때문이 아닙니다. 모든 사람은 영생에 대한 합법적 권리를 갖고 있습니다.

로마서 4:25를 직역하면, "예수는 우리가 범죄한 것 때문에 내줌이 되고 또한 우리가 의롭게 되었을 때 죽은 자들 가운데서 다시 살아나셨느니라"입니다. 이것이 내가 아는 최고의 번역입니다.

사람이 합법적으로 의롭게 되기 전에는 그분은 살아나지 않으셨다는 것을 주목하십시오. 여기서 의가 사람에게 주어졌습니다. 그것은 아브라함이 할례를 받았을 때 가졌던 의와 유사합니다. 이 의로움이 죄를 지은 사람에게 영생에 대한 합법적인 권리를 줍니다.

사람은 하나님께 자신을 구원해 줄 것을 간청해서는 안 됩니다. 사람은 하나님께 와서 하나님을 만나 이렇게 말할 수 있습니다. "나는 당신의 아들을 나의 구원자로 받아들이기 원합니다. 그리고 나는 그분을 나의 주로 고백합니다. 나는 그분이 나의 죄로 인해 죽으셨고 그분이 실제로 나를 대신하여 죄가 되셨음을, 그리고 나는 그분 안에서 하나님의 의가 될 수 있음을 압니다. 나는 나의 합법적인 권리를 따라 행동할 것이며 그분을 나의 구원자로 받아드리려 합니다. 이제 당신께서 저에게 영생을 주시고 나는 당신의 합법적인 자녀가 될 것이라는 것을 압니다."

이제 13절을 주목하십시오. "이는 혈통으로나 육정으로나 사람의 뜻으로 나지 아니하고 오직 하나님께로서 난 자들이니라."

에베소서 2:10로 돌아가 봅시다. 여기서 조금 더 분명하게 언급되어 있습니다. "우리는 그가 만드신 바라 그리스도 예수 안에서 선한 일을 위하여 지으심을 받은 자니 이 일은 하나님이 전에 예비하사 우리로 그 가운데서 행하게 하려 하심이니라."

하나님이 당신을 낳으신 것은 바로 그분의 뜻이었습니다.

베드로전서 1:23을 보면 우리가 거듭나는데, 이는 (자연인처럼) 썩어질 씨로 되는 것이 아니요, 살아 있고 항상 있는 하나님의 말씀을 통해서 거듭난다는 것을 알게 될 것입니다.

예수께서 성령으로 잉태되셨던 것처럼 우리는 살아 있는 말씀으로 잉태됩니다. 그 말씀이 우리에게 생명을 주고 성령은 우리를 낳으십니다. 그것은 베드로전서 1:3을 근거로 합니다. "우리 주 예수 그리스도의 아버지 하나님을 찬송하리로다 그의 많으신 긍휼대로 예수 그리스도를 죽은 자 가운데서 부활하게 하심으로 말미암아 우리를 거듭나게 하사 산 소망이 있게 하시며"

새로운 탄생은 합법적인 근거를 토대로 하며, 그 권리 증서는 열린 무덤과 보좌에 앉아 계신 그리스도입니다.

이 사실을 적어두기 바랍니다: 우리는 재창조되었고, 하나님께로부터 태어났으며, 신성에 참여하는 자들입니다.

"아들이 있는 자에게는 생명이 있고 하나님의 아들이 없는 자에게는 생명이 없느니라"(요일 5:12)

13절을 주목하십시오. "내가 하나님의 아들의 이름을 믿는 너희에게 이것을 쓰는 것은 너희로 하여금 너희에게 영생이 있음을 알게 하려 함이라."

우리는 하나님 고유의 본성에 참여하는 자들입니다. 우리는 실제로 하나님께로부터 태어났습니다. 만일 이것이 사실이라면, 우리는 그리스도 안에서 하나님의 의가 되었습니다.

"하나님이 죄를 알지도 못하신 이를 죄로 삼으신 것은 우리로 하여금 그 안에서 하나님의 의가 되게 하려 하심이라"(고후 5:21)

이 말씀이 당신의 영 의식에 푹 담길 때까지 읽고 또 읽으십시오.

"그러므로 이제 내게는 결코 정죄함이 없나니 이는 내가 하나님으로부터 태어났기 때문입니다. 하나님은 나의 실제의 아버지이시고, 나는 하나님의 실제 자녀입니다"라고 크게 말하십시오.

그리고 나서 당신의 심령에 로마서 8:31의 "그런즉 이 일에 대하여 우리가 무슨 말 하리요 만일 하나님이 우리를 위하시면 누가 우리를 대적하리요?"를 속삭입니다.

그것은 하나님의 도전입니다. 하나님은 우리를 그분의 손으로 빚으신 완벽한 작품으로 간주하십니다.

다음 구절을 적어두십시오. "자기 아들을 아끼지 아니하시고 우리 모든 사람을 위하여 내주신 이가 어찌 그 아들과 함께 모든 것을 우리에게 주시지 아니하겠느냐?"

"그 아들과 함께"라는 말을 주목하십시오. 예수께서 행하신 모든 것들이 영생의 선물을 따라 우리 것이 됩니다.

아버지의 중심으로부터 울려오는 다음 메시지를 들어보십시오. "누가 능히 하나님께서 택하신 자들을 고발하리요 의롭다 하신(혹은 의롭게 하시는) 이는 하나님이시니, 누가 정죄하리요?"

우주에서 정죄할 수 있는 유일한 사람이 있으니, 그는 예수입니다.

그분은 우리의 하늘의 검사이십니다. 그분은 법무장관이십니다. 그리고 오직 그분만이 당신을 기소할 수 있습니다.

사단이 당신을 고소하는 것은 아무 소용없습니다. 왜냐하면 그것들은 거짓말쟁이와 살인자의 고소들이며, 그리고 그는 하늘에서 어떠한 지위도 없기 때문입니다.

"죽으실 뿐 아니라 죽은 자들 가운데서 다시 살아나신 이는 그리스도 예수시니 그는 하나님 우편에 계신 자요 우리를 위하여 중보하시는 자시니라."

다음 구절을 주목하십시오. "누가 우리를 그리스도의 사랑에서 끊으리요?"

우리의 대언자Advocate 예수, 우리의 부활하신 주, 나를 위해 죽은 유일한 분, 그분 안에서 나는 재창조되었고, 그분 안에서 나는 하나님의 의가 되었습니다.

누가 나를 그분의 사랑에서 끊을 수 있겠습니까?

그리고 나서 바울은 사단이 내게 할 수 있었던 모든 것들을 열거했습니다. 그리고 그는 이것으로 절정을 이루었습니다. "그러나 이 모든 일에 우리를 사랑하시는 이로 말미암아 나는 넉넉히 이기느니라"

어떤 살아있는 피조물도(마귀를 포함하여) 당신을 우리 주 그리스도 예수 안에 있는 하나님의 사랑에서 끊을 수 없습니다.

하나님이 일을 착수하실 때 그분은 그것을 완벽하게 하실 수 있는 분이라는 것을 당신이 알기 바랍니다. 그분은 자신과 바른 위치에 사람을 두셨습니다. 그리고 그분은 그 일을 하나님 외에 천사나 다른 어떤 존재에게도 맡기지 않으셨습니다.

그분과 예수와 성령은 살아 있는 말씀을 통해서 사람을 새로운 피조물이자 그리스도 안에서 하나님의 의로 만드셨습니다.

그 다음 단계로, 요한복음 15:5의 "나는 포도나무요 너희는 가지라"라는 말씀을 주목하길 바랍니다.

여기에 새로운 피조물과 그의 머리의 완전한 하나됨이 있습니다. 골로새서 1:18은 우리에게 그분이 몸의 머리요 죽은 자들 가운데서 먼저 나신 분이시라고 말씀합니다.

그분이 새로운 피조물의 머리이십니다. 포도나무로부터 혹은 그분의 몸으로부터 새로운 피조물의 사람들 하나하나가 태어났습니다.

요한복음 17장에 기록되었듯이 그분이 "그와 아버지가 하나인 것 같이 우리도 하나 되게 하소서"라고 기도할 때, 그분이 사용한 언어를 주목하십시오. "내가 그들 안에 있고 당신께서 내 안에 계시어, 그들로 온전함을 이루어 하나가 되게 하려 함은 아버지께서 나를 보내신 것과 또 나를 사랑하심 같이 그들도 사랑하신 것을 세상으로 알게 하려 함이로소이다."

21절을 주목하십시오. "아버지께서 내 안에, 내가 아버지 안에 있는 것 같이 그들도 다 하나가 되어 우리 안에 있게 하사 세상으로 아버지께서 나를 보내신 것을 믿게 하옵소서."

교파들은 하나가 아닙니다. 그러나 새로운 피조물의 사람들은 하나입니다.

사람의 노력으로 그리스도의 몸을 이룰 수는 없습니다. 하나님만이 그 일을 하실 수 있습니다.

사람은 교회를 분리시켜 왔습니다. 그러나 보이지 않는 교회, 즉 그리스도의 몸을 분리시킬 수는 없었습니다.

우리가 알아야 하는 몇 가지 사실들

우리는 우리가 영생, 곧 아버지의 본성을 갖고 있다는 것을 압니다. 그것은 우리의 공로로 된 것이 아니고, 우리에게 주어졌습니다.

우리는 우리에게 주어진 아버지의 본성이 의라는 것을 압니다.

우리는 가지가 포도나무의 일부이며 포도나무의 생명과 본성을 갖고 있다는 것을 압니다. 포도나무가 의롭다면 가지도 의롭습니다. 가지는 포도나무에 있고, 포도나무는 그리스도입니다.

우리의 몸은 하나님의 성전입니다. "너희 몸이 하나님의 전인 줄을 알지 못하느냐?"

우리는 죽은 자들 가운데서 예수를 살리신 성령께 우리 몸 안에 그분의 거처를 마련하시길 요청했고 그분은 그 초대를 수락하셨습니다.

자연인은 성령을 구하지 않습니다. 그는 영생과 재창조될 것을 구합니다.

"너희 하늘 아버지께서 구하는 자에게 성령을 주시지 않겠느냐." 오직 아들들만이 그분께 구할 것이고, 오직 아들들에게만 그분이 성령을 주십니다. 당신은 아들이기 때문에 성령에 대한 법적 권리를 갖고 있습니다.

사도행전 2:38에서 베드로는 서서 그의 말을 듣고 있던 유대인들에게 "너희가 회개하여 각각 예수 그리스도의 이름으로 침례를 받고 죄 사함을 얻으라 그리하면 성령을 선물로 받으리니"라고 말씀했습니다.

성령을 받는 조건은 그들이 거듭나는 것이었습니다.

사도행전 8장에서 같은 일이 발생했습니다. 빌립이 사마리아에 내려가 말씀을 설교하고 있었습니다. 많은 사람들이 말씀을 받아들였고 빌립은 그들에게 침례를 베풀었습니다. 베드로와 요한이 와서 그들에게 안수하고 그들은 성령을 받았습니다.

사도행전 19장에서 우리는 에베소의 첫 번째 개종한 사람의 이야기를 볼 수 있습니다. 바울은 세례 요한에게 세례를 받은 작은 무리를 만났습니다. 그들은 거듭나지 않았었습니다. 그들은 그리스도가 죽은 후 다시 살아나셨다는 것을 듣지도 못했습니다. 그들이 아는 전부는 요한의 침례였습니다.

바울은 그들에게 예수를 설교했고 그들은 거듭났습니다. 그리고 침례를 받았습니다. 그러고 나서 바울은 그들에게 안수했고 그들은 성령을 받았습니다.

그들이 거듭날 때까지 바울이 그들에게 안수하지 않았었다는 것을 주목하십시오.

만일 우리가 말씀에 집중한다면 주님은 이 모든 것을 깨끗하게 할 방법을 갖고 계십니다.

우리는 영생과 성령을 받았을 뿐만 아니라, 그의 아들과의 사귐에 초대 받았습니다.

고린도전서 1:9은 우리가 예수 그리스도와의 사귐에 부름 받았다고 말해줍니다. 그 말씀은 고린도후서 6:1의 "하나님과 함께 일하는"과 짝을 이룹니다.

우리는 하나님과 함께 일하는 자들입니다. 사귐은 내가 주님의 짐을 맡았다는 것을 의미합니다. 나는 그분의 동행하는 조력자fellow-helper입니다. 나는 하나님과 함께 일하고 있습니다.

가지는 열매를 맺는 그리스도의 부분입니다. 내가 맺는 열매는 은혜 안에서 일어나는 나의 영적인 개발과 성장일 뿐만 아니라, 내가 얻은 영혼들과 그리스도 안에 있는 믿는 자들의 기업과 권리와 특권으로 인도된 사람들입니다.

나는 하나님의 상속자가 되었습니다. 나는 열매를 맺으므로 그리스도와 공동 상속자가 되었습니다.

열매를 맺지 못하는 사람은 결국 그분과의 사귐을 잃을 것입니다.

아들이라는 신분sonship, 의, 그리고 내주하시는 성령, 그 무엇도 그의 심령에 기쁨을 가져다주지 못할 것입니다. 왜냐하면 그가 열매 맺는 가지가 되는데 실패했기 때문입니다.

15

기쁨에 찬 고백

영생은 믿는 사람에게 세상이 이전에는 가져보지 못했던 알려지지 않은 요소를 줍니다. 그것은 베드로가 "말할 수 없는 영광스러운 즐거움joy"이라 부르는 것입니다.

행복은 환경에서 비롯되지만, 기쁨joy은 내부에서 비롯되고 새로운 피조물의 산물임을 알고 있습니다.

우리는 순교자들이 육체적 고통 가운데 죽어갈 때조차 말할 수 없는 기쁨을 누렸다는 것을 알았습니다. 그것은 모여 있던 많은 사람들을 동요케 하고, 그들을 깜짝 놀라게 했습니다. 어떻게 그들은 자신들의 죽음이 임박했음을 알면서도 기쁨으로 충만할 수 있었을까?

사람들은 가장 깊은 슬픔의 한 가운데 존재하는 기쁨을 목격했습니다.

그것은 인간이 채울 수 없는 것입니다.

복음전도자들은 기쁨이 진정한 복음 전도의 비밀이란 것을 발견했습니다. 기쁨에 찬 그리스도인들은 좋은 광고입니다.

요한복음 15:11에서 예수께서는 생소한 말씀을 하십니다. "내가 이것을 너희에게 이름은 내 기쁨이 너희 안에 있어 너희 기쁨을 충만하게 하려 함이라."

그분의 이름을 사용하는 것과 관련하여 위대한 약속의 선언문을 주실 때, 예수께서는 "지금까지는 너희가 내 이름으로 아무 것도 구하지 아니하였으나 구하라 그리하면 받으리니 너희 기쁨이 충만하리라"고 말씀하셨습니다(요 16:24).

요한복음 17:13에서 예수께서는 이렇게 말씀하셨습니다. "지금 내가 아버지께로 가오니 내가 세상에서 이 말을 하옵는 것은 그들로 내 기쁨을 그들 안에 충만히 가지게 하려 함이니이다."

이것이야말로 이 하나님의 생명의 클라이맥스입니다.

그것은 생각을 사로잡는 문장입니다. "너희 기쁨을 충만하게 하려 함이라"

우리는 예수 이름 안에 있는 것을 알아보려 합니다. 그것은 우리가 이전에는 결코 알지 못했던 분량의 기쁨을 우리에게 줄 것입니다.

나는 수년 전 베델에서 나의 스승 중 한 분을 보았을 때 내게 엄습했던 전율을 기억하는데, 그는 예수의 이름 안에 있는 능력으로 죽음의 문턱에서 다시 돌아왔습니다.

수년간 기능을 못하고 죽어 있던 팔이 그 전능한 이름 안에서 완벽하게 좋아지고 즉각적으로 정상이 되는 것을 보았습니다.

부러진 뼈들이 즉각적으로 온전해지는 것을 보았을 때 말로 형용할 수 없는 생소한 기쁨이 나를 채웠습니다.

시애틀의 프레드릭 형제가 치유되었을 때, 그의 영구 장애를 입은 손이 즉각적으로 정상이 되었습니다. (병원의 담당자에 따르면) 95% 기능을 잃었던 몸이 새로운 몸이 되었습니다. 결장에 있던 암세포가 사라졌습니다. 심장 신경의 통증이 멈췄습니다. 음식을 소화할 수 없었던 위가 즉각적으로 완벽해졌습니다. 거의 기능을 못하던 다리가 순식간에 튼튼해지고 정상이 되었습니다.

그것은 그 이름 안에 있는 능력과 권세입니다.

나는 관절염 환자들이 그 이름 안에서 완벽하게 낫는 것을 보았습니다.

나는 복음 전도의 집회에서 사람들을 동요시킨 기쁨에 차고 생생한 간증을 보았습니다.

거기 있던 사람들은 눈물을 흘리며 기쁨에 가득 찬 사람에게서 큰 감동을 받았습니다.

다시 말하면 심령을 감동시킨 것은 기쁨에 찬 고백입니다.

주저하고 마지못해 하는 고백은 지금 말하고 있는 사람이 말씀이 이루어졌는지 아니면 장차 이루어질 것인지를 확신하지 못하고 있다는 것을 보여줄 뿐입니다.

믿음의 고백

믿음의 고백은 언제나 기쁨에 찬 고백입니다. 그것은 돈이 우리에게 도착하기 전에 우리가 돈을 가졌다고 고백하는 것입니다. 그것은 통증이 여전히 우리 몸에 남아 있을 때에도 완벽하게 나았음을 고백하는 것입니다. 그것은 패배가 여전히 승리를 가둬두었을 때에도 승리를 고백하는 것입니다.

당신의 고백은 살아있는 말씀에 근거합니다. "나는 내가 믿는 분을 알고 그분이 이루실 수 있을 뿐만 아니라 지금 나에게 이루고 계신다는 것을 압니다."

나는 몹시 아픈 한 사람을 위해 기도했습니다. 내가 기도하기를 끝낸 후, 그 사람은 "나는 내가 좋아질 것을 압니다."라고 말했습니다.

나는 우리가 패배했다는 것을 알았습니다. 그래서 나는 그녀에게 "당신은 언제 좋아질 것인가요?"라고 물었습니다.

그녀는 "언제일지는 몰라요. 그러나 나는 장차 그렇게 될 것을 압니다. 왜냐하면 말씀은 결코 나를 실망시킬 수 없기 때문입니다."라고 대답했습니다.

나는 "네, 그러나 당신은 말씀을 실망시킬 수 있습니다. 말씀은 지금, 믿음은 지금입니다. 말씀이 당신에게 진리입니까?"라고 물었습니다.

그녀는 "네, 정말로 그것은 진리입니다."라고 대답했습니다.

"그러면 그가 채찍에 맞으므로, 어떻다고요?"라고 물었습니다.

그녀는 그것을 알았습니다. "아니, 그가 채찍에 맞으므로 나는 나음을 얻습니다."

나는 물었습니다. "언제요?" 그녀는 "지금이요."이라고 말했습니다.

나는 "그러면 일어나 옷을 입으시는 게 좋겠습니다."라고 말했습니다.

나는 브룬스윅 프레데릭튼에 사는 노인 한 분을 기억합니다. 그곳 침례교회의 집사였는데 양쪽 폐 모두 폐렴에 걸리셨습니다. 몇몇 그 지역 목회자들과 함께 나는 그를 위해 기도하러 갔었습니다. 나는 그에게 기름을 바르고 우리는 기도했습니다. 우리가 기도한 후 그는 강한 목소리로 "여보, 내 옷 좀 줘요. 나 일어나야겠어요."라고 말했습니다.

그것이 말씀대로 행동하는 기쁨이었습니다.

우리가 말씀을 기쁨으로 고백할 때, 그것은 듣는 사람들에게 확신을 줍니다.

로마서 10:10에서 "사람이 마음heart으로 믿어"라고 말씀하십니다. 나는 이것을 이렇게 번역하고 싶습니다. "사람이 심령으로 말씀대로 행동하여."

심령은 행동하고 입술로 하여금 고백하도록 합니다.

의심하는 심령은 감각이 지배하는 심령입니다.

두려움 없는 고백은 말씀이 지배하는 심령에서 비롯됩니다. 말씀이 그들의 심령을 다스리고 그들은 바울이 했던 것처럼 "내가 믿는 자를 내가 알고"라고 말합니다.

바울은 끔찍한 폭풍우가 한창인 중에 배의 갑판에 서서 "나는 하나님을 믿노라."라고 말했습니다. 그때 바울은 놀라는 사람들에게 "여러분들 모두 무사히 해변에 닿으리라 그러나 배는 잃으리라."라고 말했습니다.

그는 "오라, 아침 식사를 하자."라고 말하며 그들 가운데서 떡을 떼고 감사드렸습니다. 그는 떡 이상의 것을 그들에게 주었습니다. 그는 그들에게 용기를 주었습니다.

바울은 믿음으로 가득한 기쁨의 고백을 했습니다.

오직 말씀으로 자란 심령만이 이런 험난한 곳에서 설 수 있습니다.

말씀이 곧 지금 우리에게 말하고 계시는 하나님이라는 것을 깨달으면 말씀대로 행동하는 것은 어렵지 않습니다.

시편 119:89은 "말씀은 영원히 하늘에 굳게 섰사오며"라고 말씀합니다. 그 구절을 읽었을 때 나는 그 말씀이 내 심령에 반드시 세워져야 한다는 것을 알았습니다. 나는 더 이상 말씀이 세워지게 하려고 "노력하지" 않을 것입니다. 나는 하나님의 어떤 말씀도 이루지 못할 것이 없음을 압니다. 나는 더 이상 말씀대로 행동하는 것을 두려워하지 않습니다.

말씀은 나에게 사람이 지금까지 했던 어떤 말보다도 더 실제적이었습니다. 나의 입술은 웃음으로 채워졌고, 나의 심령은 기쁨으로 채워졌으며, 나는 승리의 고백을 했습니다.

주저하는 고백은 실패의 전조이고, 기쁨에 찬 고백은 승리의 전조임을 나는 얼마나 많이 보았는지 모릅니다.

우리가 두려움 없이 말씀대로 행동할 때, 그리고 우리의 모든 관심을 기쁘게 그분에게 둘 때, 승리는 해가 뜨는 것만큼이나 확실합니다.

16
지혜와 성공에 대한 고백의 관계

사람은 자신이 고백하는 것 이상의 영적인 진리의 실재를 누리지 못합니다. 사람의 믿음은 그의 고백으로 측정됩니다. 그의 기쁨은 그의 고백으로 측정됩니다.

우리는 그리스도가 우리의 지혜임을 고백함으로만 지혜를 받습니다.

우리는 이 고백을 끊임없이 해야만 합니다.

"아버지, 나는 당신께 당신께서 예수를 내게 지혜가 되게 하셨음을 감사드립니다. 그래서 오늘날 내가 말씀과의 사귐 가운데 걸을 때, 모든 위기의 순간마다 그분의 지혜가 곧 나의 것이 될 것임을 나는 압니다."

이렇게 그리스도를 당신의 지혜로 끊임없이 고백하는 것이 당신의 모든 행위를 탈바꿈시킬 것입니다. 당신은 당신의 대화가 아주 고상해지고, 당신의 생각은 열등감에서 벗어나 긍정적인 행동의 새로운 영역으로 들어감을 발견할 것입니다. 그분과 함께 협력한다는 의식이 생길 것입니다.

이것은 철학도 형이상학도 아닙니다. 이것은 절대적 사실입니다.

하나님은 바로 우리 의식의 일부가 되십니다.

이 끊임없는 고백은 궁극적으로 우리의 영이 우리의 추론할 수 있는 능력들을 통제하게 해줍니다.

우리는 끊임없이 이 진리를 반복해서 고백해야 합니다. 왜냐하면 지혜는 지적 능력에서 나오는 것이 아닙니다. 그것은 사람에 의해서 우리에게 주어질 수 없습니다. 이런 종류의 지혜는 위로부터 내려오고, 우리가 말씀대로 행동하는 것에 부응하여 주어집니다.

활동을 잠시 멈추고 그분이 우리의 영 의식 안에서 우리를 다스리시게 하는 것이 좋을 것입니다.

하나님은 우리가 그분의 말씀대로 행동할 때만 우리에게 반응하십니다.

당신의 방 안에는 전기가 흐릅니다. 그것은 전선으로 연결되어 있고, 모든 것이 완벽한 상태입니다. 당신이 해야 할 필요가 있는 것의 전부는 버튼을 누르는 것뿐입니다.

이 신성한 생명에서도 마찬가지입니다. 하나님의 능력을 당신의 마음대로 사용할 수 있습니다. 하나님의 능력이 당신과 함께 있습니다. 사실 당신 안에는 엄청난 양의 하나님의 능력이 있지만 당신이 말씀대로 행동할 때까지 그것은 활동하지 않습니다.

다시 말해서, 당신이 완전히 그분을 의존하고 그분이 당신과 함께 협력하시길 기대할 때까지 하나님의 능력은 당신 안에서 활동하지 않습니다.

그분을 의존하는 법을 배우며 당신이 그분을 필요로 하는 순간마다 그분이 당신께 반응하시길 기대함으로 당신 안에 하나님의 임재하심에 대한 감각이 성장해야만 합니다. 이것은 그분의 영에 대한 당신의 영적 민감함을 발달시킬 것입니다. 그분의 능력이 당신의 기능을 지배하고 있음을 발견하게 되면 머지않아 당신은 초자연적인 영역에서 살게 될 것입니다.

우리를 성공시키기 위해 우리가 필요로 하는 것

이 책을 읽고 있는 당신은 재정적 영역이든, 정치적 영역이든, 사회적 영역이든 혹은 영적 영역이든, 성공에 굶주려 있다고 생각합니다. 당신은 현재의 당신 자신에게 만족하지 않습니다.

드라마에서 나의 역할은 당신이 이미 소유했지만 숨어있는 힘들을 당신 안에서 깨우고 그 힘들을 끌어내기 시작하는 것입니다.

"교육하다"라는 말은 "끌어내다"를 의미한다는 것을 기억할 것입니다. 우리는 교육이라는 것이 우리 머릿속에 억지로 밀어 넣어 채우는 것을 뜻한다고 생각했었습니다. 그러나 그것은 교육이 아닙니다. 그것은 아무런 가치도 없을 지식의 축적입니다.

나는 신학 과정의 80% 정도가 실제 목회에서 사용할 수 없는 지식이었음을 기억합니다. 그것은 가르치는 사람들이 만든 지혜의 결핍을 드러냈습니다. 적어도 80%의 사용할 수 있는 지식과 20%의 사용할 수 없는 지식이었어야만 했습니다.

전문학교들이나 대학들에서 그리고 읽은 것들과 관찰한 것들에서 축적된 지식의 80%가 보통 사람의 경우 사용하지 않는다는 것은 알려진 사실입니다. 우리는 우리의 능력과 지식의 10%도 사용하고 있지 않습니다.

여기 흡연하는 것이 좋지 않다는 것을 아는 사람이 있습니다. 그러나 그는 그럼에도 불구하고 흡연을 합니다. 그는 술 마시고 춤추며 밤을 반쯤 지새우는 것이 자신의 몸에 좋지 않다는 것을 압니다. 그는 자신이 자신의 지식대로 살지 않고 있다는 것을 압니다. 그는 자신을 식충이로 만들어서는 안 된다는 것을 압니다. 어떤 것들은 먹어서 안 되고, 어떤 것들은 마셔서 안 된다는 것을 압니다. 그는 그의 지식을 사용하지 않고 있습니다. 이는 지혜가 부족한 것입니다.

만일 그 사람이 지혜롭다면 그는 즉시 음주와 흡연을 끊을 것입니다.

만일 그 여자가 지혜롭다면 그녀는 담배를 한 개비 더 피우지 않을 것입니다.

당신은 공부에 더 많은 시간을 써야 한다는 것을 압니다. 당신은 어리석은 대화와 잡담에 시간을 낭비하는 것을 멈추고, 공부와 정신적 향상을 위해 당신 안에 있는 힘들과 당신이 만들 수 있는 기회들을 이용하기 시작해야 한다는 것을 압니다.

당신이 전념한다면 당신이 일하는 곳에서 급여를 늘릴 수 있다는 것을 알지만, 당신은 당신의 감각들을 충족시키며 살고 있습니다. 당신에게 필요한 것은 지혜입니다.

지혜는 문에서 울고 있습니다. 지혜의 목소리는 모든 사업장의 정문에서 들리고 사람들은 그 경고에 주의를 기울이지 않습니다. 그들은 하나님이 그들에게 주신 선물들을 사용하고 있지 않습니다. 그들은 그들을 성공시키고 행복하게 만들어줄 지식대로 행동하고 있지 않습니다.

지혜의 부르짖음이 무시되고 있습니다.

당신은 목표를 넘어서고 싶습니까? 당신은 급여에 만족하지 못합니까? 좋습니다. 그러면 목록을 만들어봅시다. 당신은 안에 어떤 가치 있는 것을 가지고 있습니까?

두 가지가 필요합니다. 첫 번째는 선물을 찾으십시오. 두 번째는 그 선물이 상업적 가치를 지닐 때까지, 그 선물을 개발하기 위해 당신 자신을 몰아붙이십시오.

어쩌면 당신은 좋은 목소리를 가졌을 것입니다. 그러나 그것은 당신에게 아무 가치가 없습니다. 만일 그것이 개발되고 훈련된다면 그것은 놀라운 수입을 가져다 줄 것입니다. 그러나 당신은 그저 "나는 좋은 목소리를 가졌어, 나는 타고난 능력을 가졌어."라고 말만 하고 있습니다.

당신이 열여덟이나 스무 살쯤이라면 그것은 스릴이 있겠지만, 서른이 되도록 그 재능이 개발되지 않는다면 당신은 부끄러워질 것이고 열등감이 당신을 짓누를 것입니다. 당신은 지배하는 사람의 영이 아닌 오히려 정복당하고 채찍질 당하는 사람의 영을 갖게 되었습니다.

아마 당신은 무엇인가 다른 능력을 가졌을 것입니다. 그 능력은 마치 개울에 있는 사금과 같이 거기에서 활동을 멈춘 채 가만히 있습니다. 아마 수백 척의 보트들이 그 위를 지나고, 수천 명의 남자들과 여자들이 그 물에서 목욕을 했을 것입니다. 그들의 발밑에는 행운이 있었습니다. 그러나 그들은 그것을 알지 못했습니다.

당신은 이 모든 능력이 자신 안에 있는 것을 알았었습니다. 하지만 당신은 그 사금 위를 배로 지나치거나 헤엄쳐 지나간 많은 사람들처럼 그 능력을 소홀히 대하였습니다.

지혜가 오늘 부르짖고 있습니다. 지혜는 잔치를 열고 당신이 와서 함께 할 수 있도록 당신을 초대하고 있지만, 당신은 계속하여 지혜의 간청을 거절하고 지혜의 경고를 무시하고 있습니다.

나는 당신이 잠언의 첫 장을 읽어보았는지 궁금합니다.

"지혜가 길거리에서 부르며 광장에서 소리를 높이며 시끄러운 길목에서 소리를 지르며 성문 어귀와 성중에서 그 소리를 발하여 이르되 너희 어리석은 자들은 어리석음을 좋아하며 거만한 자들은 거만을 기뻐하며 미련한 자들은 지식을 미워하니 어느 때까지 하겠느냐 나의 책망을 듣고 돌이키라 보라 내가 나의 영을 너희에게 부어 주며 내 말을 너희에게 보이리라 내가 불렀으나 너희가 듣기 싫어하였고 내가 손을 폈으나 돌아보는 자가 없었고 도리어 나의 모든 교훈을 멸시하며 나의 책망을 받지 아니하였은즉 너희가 재앙을 만날 때에 내가 웃을 것이며 너희에게 두려움이 임할 때에 내가 비웃으리라 너희의 두려움이 광풍 같이 임하겠고 너희의 재앙이 폭풍 같이 이르겠고 너희에게 근심과 슬픔이 임하리니 그 때에 너희가 나를 찾으리라 그래도 나를 만나지 못하겠고 너희가 나를 찾고 크게 소리쳐도 나는 거기에 없으리라"

왜 그렇습니까? 당신이 지혜를 미워했기 때문입니다. 하나님은 당신에게 이미 속한 것을 당신에게 주시고자 하는데 당신이 허용하지 않기 때문입니다.

온 땅의 사람들은 지혜를 거절한 벌로 고통을 겪고 있습니다. 모든 도시에는 상처받은 인생들과 만신창이가 된 사람들이 만나는 곳이 있습니다. 모든 대도시에는 "번화가skid road"가 있습니다. 따듯한 밤에 그곳으로 내려가 말 그대로 남자와 여자들로 온통 뒤섞인 거리들을 보십시오. 그들은 모두 실패자들입니다. 사람들 대부분은 그들이 재능과 능력을 가지고 있다는 것을 그들의 얼굴로 보여줍니다. 그들 중 많은 이들이 대학생들입니다. 무엇이 문제입니까? 지혜의 부족입니다.

그렇지만, 지혜는 모든 사람에게 쓸모 있습니다. 아무도 실패자가 될 필요가 없습니다.

여기 당신이 지혜에 대한 법적 근거로 삼을 수 있는 사실들이 있습니다.

나는 하나님의 능력을 당신 마음대로 쓸 수 있다는 것을 입증하려고 합니다. 즉 하나님의 마음이 당신의 마음에 흡수될 수 있고, 하나님의 뜻이 당신의 뜻의 일부로 포함될 수 있으며 그리고 하나님의 건강과 활력이 당신 몸의 일부분이 될 수 있습니다. 그래서 당신은 하나님의 힘과 하나님의 능력과 하나님의 지혜를 갖게 될 수 있습니다.

이것이 도전이 아니라면, 야망에 찬 사람이 도전할 수 있는 것은 무엇이겠습니까?

당신은 매일의 삶에서 그분의 지혜를 가질 수 있습니다. 그것은 약속일 뿐만 아니라 절대적으로 확실한 것입니다. 당신은 모든 지혜의 원천과 협력할 수 있습니다.

당신이 의심스러운 문제들에 대해 의견을 구할 수 있는 변호사를 가졌다는 것은 멋진 일입니다. 그런데 돈으로 고용할 수 있는 변호사를 능가하는 것이 있습니다. 여기 당신의 마음대로 쓸 수 있는 하나님의 능력이 있습니다.

골로새서 1:12의 이 번역을 주목하십시오. "우리로 하여금 빛 가운데서 성도의 기업의 부분을 누릴 수 있는 능력을 주신 아버지께 감사하게 하시기를 원하노라"

그분이 당신에게 능력을 주셨습니다. 그 능력은 당신 안에 있습니다. 당신이 거듭났을 때, 당신은 그분의 본성과 그분의 본질, 그분의 생명을 받았고, 그리고 그 새로운 탄생을 따라 언제나 당신 몸 안에 계실 성령이 당신에게 주어졌습니다.

예수께서 성령이 오셔서 우리를 모든 진리 가운데로 인도하실 것을 약속하셨을 때, 그분은 자신이 말씀하신 바를 정확하게 표현하셨습니다.

하나님의 능력은 우리 모두에게 대가 없이 주어졌습니다.

이 사실들에 주목하십시오. "그가 우리를 흑암의 권세에서 건져내사 그의 사랑의 아들의 나라로 옮기셨으니 그 아들 안에서 우리가 속량 곧 죄 사함을 얻었도다."

그분이 우리를 흑암의 권세에서 건져내셨습니다.

고린도후서 4:4로 돌아가 보통 사람의 마음 상태를 봅시다. "만일 우리의 복음이 가리었으면 망하는 자들에게 가리어진 것이라 그 중에 이 세상의 신이 믿지 아니하는 자들의 마음을 혼미하게blinded 하여."

이것은 심각한 것입니다. 믿지 않는 자들의 마음은 혼미해져 있습니다.

"또한 그들이 마음에 하나님 두기를 싫어하매 하나님께서 그들을 그 타락한 마음대로 내버려 두사 합당하지 못한 일을 하게 하셨으니"(롬 1:28)

그들은 하나님의 지식, 하나님의 지혜와 능력 갖기를 거절하였고, 그래서 하나님은 철수하시고 그들을 내버려 두셨습니다.

사단이 와서 그들의 마음을 어두움으로 채웠습니다. 이교도들의 나라를 보십시오. 하나님이 없는 나라들을 보십시오. 전쟁으로 황폐해진 나라들을 보십시오. 사람들의 마음에 있는 어두움이 보입니까?

"그러므로 내가 이것을 말하며 주 안에서 증언하노니 이제부터 너희는 이방인이 그 마음의 허망한 것으로 행함같이 행하지 말라 그들의 총명이 어두워지고 그들 가운데 있는 무지함과 그들의 마음이 굳어짐으로 말미암아 하나님의 생명에서 떠나 있도다"(엡 4:17)

이것은 하나님이 어두움으로부터 모든 사람을 속량했지만, 이 속량을 이용하지 못하는 자연인의 마음입니다.

"그런즉 누구든지 그리스도 안에 있으면 새로운 피조물이라 이전 것은 지나갔으니 보라 새 것이 되었도다. 모든 것이 하나님께로서 났으며 그가 그리스도로 말미암아 우리를 자기와 화목하게 하시고 또 우리에게 화목하게 하는 직분을 주셨으니"(고후 5:17)

이 어두워진 마음, 즉 무지에 종속되어 있던 마음이 이제 하나님과 접촉하게 됩니다. 영이 재창조되고, 하나님의 본성과 생명을 받습니다. 그리고 그 마음은 이제 그를 창조하신 하나님의 형상을 쫓는 지식에 있어서 다시 새로워집니다.

영이 재창조되는 순간, 마음은 다시 새로워져서 말씀을 공부함으로 재창조된 영과 완벽한 조화를 이룹니다. 그것은 조금 시간이 걸리지만 수고할 가치가 있습니다.

이 마음이 다시 새로워지고 재창조된 영과 사귀게 되면, 우리는 하나님으로부터 지혜를 받을 수 있습니다. 지혜는 하나님의 말씀 안에 있습니다. 성령이 말씀을 조명하셔서 당신은 아버지의 마음을 이해하게 됩니다.

나는 이 능력의 진리들을 추구하면서 그것들이 사람의 의식에 어떻게 실재가 되는지를 알고서 놀랐습니다.

지혜의 근본 법칙은 사랑 안에서 발견됩니다. 지혜는 결코 사랑을 벗어나서 행동하지 않습니다. 지혜는 언제나 사랑을 뒤따라갑니다. 하나님은 완전히 지혜로우십니다. 그러나 하나님은 사랑이십니다. 하나님의 모든 활동은 사랑의 영역에서 일어납니다. 하나님은 결코 사랑을 벗어나 행동하지 않으십니다. 만일 공의가 요구된다면 그것은 사랑에 의해 요구되는 것입니다.

이 엄청난 진리가 실제로 지배적 위치를 차지할 때, 이 새로운 종류의 사랑은 당신의 생각과 행위를 지배하게 됩니다. 그것은 자녀들의 삶에 나타나는 아버지의 본성입니다.

이 새로운 종류의 사랑 안에서 걷는 사람은 실수를 저지르지 않으며, 결코 그릇된 일을 하지 않습니다.

사랑 안에는 죄가 존재하지 않습니다. 옛 사랑, 즉 사람의 심령 안에 있는 자연적인 사랑에는 죄가 존재하지만, 재창조된 영의 사랑 안에는 죄가 존재하지 않습니다.

사랑의 영역에는 사랑 자체를 제외하고는 어떠한 법도 존재하지 않습니다. 사랑은 그 자체의 법을 만듭니다. 사랑의 법은 감각들의 법 위에 존재합니다.

사랑 안에서 걷는 것은 하나님 안에서 걷는 것이고, 하나님 안에서 걷는 것은 지혜 안에서 걷는 것이고, 그리고 지혜 안에서 걷는 것은 성공입니다. 그러면 당신은 가장 높은 영적 단계에 도달할 것입니다. 당신은 성공의 영역에서 걸을 것입니다. 당신은 예수께서 당신의 자리에 계시다면 가셨을 곳을 걷게 될 것입니다.

당신은 예수께서 실패하시는 것이나 그분의 지시를 받는 사람들이 실패자가 되는 것을 상상할 수 없습니다.

성공은 지혜로부터 자라고, 지혜는 사랑으로부터 자랍니다.

지혜와 성공에 대한 영생의 관계

주님이 말씀하신 매우 의미 있는 문장들 중 하나는 요한복음 10:10에 있습니다. "내가 온 것은 양으로 생명을 얻게 하고 더 풍성히 얻게 하려는 것이라."

우리의 신학적인 친구들은 이것을 무시해 왔습니다. 그러나 이것은 그리스도께서 오신 목적입니다. 이것은 성육신의 이유이고 갈보리의 이유이며 갈릴리 남자가 고통을 당한 이유입니다.

"내가 온 것은 양으로 생명을 얻게 하고"

"나를 믿는 자는 사망에서 생명으로 옮겼느니라."

"나를 믿는 자는 영생을 얻었고 심판에 이르지 아니하나니 사단의 나라에서 하나님의 나라로 옮겼느니라."(저자 직역)

이것은 놀라운 일입니다.

이 영생은 무엇입니까? 그리고 우리가 영생을 받을 때, 그것은 우리에게 어떤 영향을 줍니까?

여기 몇몇 사실들이 있습니다. 어떠한 나라도 이 영생을 받기 전에는 저작권이나 특허법이 필요하지 않았습니다. 사람들, 특히 젊은이들이 이 영생을 받으면, 그 영생은 그들의 능력과 효율성을 10퍼센트에서 100퍼센트로 증가시킵니다.

당신은 당신의 영이 이 생명으로 지배될 뿐만 아니라, 이 생명으로 살아있고 이 생명으로 채워진다는 것이 무엇을 의미하는지 상상할 수 있습니까?

그것은 마치 나무가 땅으로부터 뿌리를 통하여 오는 수액으로 살아있는 것과 같이, 당신의 영은 하나님의 영heart으로부터 부어지는 새로운 생명으로 살아있게 될 것입니다.

당신은 그것이 어떻게 삶을 일대 혁신하는지 알 수 있습니까?

나는 빈털터리, 즉 지속적으로 실업 상태에 있는 사람들의 1 퍼센트도 영생을 받지 못했다고 확신합니다.

나는 당신이 소년원에 있는 소년 소녀들 중 영생을 받은 아이들을 1 퍼센트를 찾을 수 있을지 의문입니다. 만일 그들이 영생을 받았었다면, 그들은 거기에 있지 않을 것입니다.

영생은 하나님의 본성입니다. 그리고 그것은 사람이 범죄 행위로 찾을 수 있는 즐거움을 전적으로 파괴합니다. 남자든 여자든 그들이 영생을 받은 후에는 죄 가운데 살면서 즐거울 수 없습니다.

모든 실제적인 영적 각성에 뒤따라 많은 사람들이 거듭나는 곳에는 전문학교와 대학으로의 대이동이 있다는 사실을 당신은 주목하거나 숙고해본 적이 있습니까?

한 남자가 영생을 받는 즉시, 그는 교육을 원합니다.

내가 거듭났을 때 나는 공장에서 일하고 있었습니다. 나는 전혀 교육을 받지 못했었습니다. 사흘째 되던 밤 예배에서 집으로 돌아왔을 때 어머니께서 내가 어디 있었는지 물으셨고 나는 어머니께 말씀드렸습니다.

장난기 많은 나의 형은 "어머니, 그 바보가 다음에 설교할 거예요."라고 말했습니다.

나는 형의 장난을 두려워했기에 그로부터 도망치려고 위층으로 달려갔습니다. 그러나 나는 가면서 "에디형, 형이 옳아. 난 교육을 받을 것이고 그리고 설교할 거야."라고 말했습니다.

영생이 나의 영 안에 왔고, 나의 이전의 삶은 내게서 떨어져 사라져버렸습니다. 즉시 나는 학생이 되었습니다.

영생은 지혜를 약속합니다.

요한은 그의 글에서 "내가 이름을 믿는 너희에게 이것을 쓰는 것은 너희로 하여금 너희에게 영생이 있음을 알게 하려 함이라"라고 말했습니다.

당신이 은행에 저축한 돈을 믿을 수 있는 것처럼 그리스도인은 영생을 믿습니다.

이제 나는 나 자신에게 말합니다. "나는 내 안에 하나님의 본성을 갖고 있습니다. 나는 정복당할 수 없습니다. 나는 채찍질 당할 수 없습니다. 용모가 어떻든 상관없이 나는 승리자이고 나는 이긴 자입니다. 세상의 힘들은 잠시 동안 지배할 수 있겠지만, 나는 반드시 이깁니다. 왜냐고요? "내 안에 계신 이가 세상에 있는 자보다 크시기" 때문입니다.

내 안에 계신 "이"가 누구인가요? 하나님이십니다. 예수께서 승천하시기 전에 약속하셨던 성령이십니다. 예수께서 말씀하셨습니다. "성령이 너희에게 임하시면 너희가 권능을 받고; 나는 너희가 성령이 오실 때까지 예루살렘에 머무르길 원하노라."

"권능power"이란 단어는 능력ability을 의미하는 그리스어 "두나미스 dunamis"에서 파생되었습니다. 능력은 지혜를 의미합니다.

예수께서 "나는 너희가 하나님의 능력, 하나님의 지혜가 올 때까지 예루살렘에 머무르길 원하노라"고 말씀하셨습니다.

초대교회의 설교자들을 특징짓는 것은 그들의 심오한 지혜였습니다. 그들은 날마다 그들에게 닥치는 듯 보이는 위험스러운 위기들과 무서운 반대를 대면하고 이길 수 있었습니다.

그들은 모든 적들을 다스리고도 남았습니다. 그들은 예루살렘을 지배했고 곧 전 로마제국을 지배했습니다. 하나님의 능력이 그들에게 임했습니다.

그분은 "너희 하늘 아버지께서 구하는 자에게 성령을 주시지 않겠느냐"라고 말씀하셨습니다.

그분은 그분의 아들들과 딸들에게 말하고 계십니다. 당신은 하나님의 능력, 하나님의 지혜에 들어갑니다. 당신은 어느 길로 가야 하는지 알지 못해 오도 가도 못하게 남겨지지 않았습니다.

당신은 당신 안에 있는 살아있는 안내자와 함께 오늘 시작하고 있습니다. 만일 당신이 혼자 걷는다면 당신은 길을 잃을 것입니다. 그리고 당신이 실패할 것을 나는 압니다.

사람들이 높은 산을 오르려고 시도할 때, 그들은 안내자를 둡니다. 당신은 알프스 산 혹은 에베레스트 산보다 더 위험한 것을 오르고 있고 당신은 안내자가 필요합니다.

"진리의 성령이 오시면 그가 너희를 모든 진리 가운데로 인도하시리니"

이 성령이라는 안내자는 우리 모두에게 그분의 서비스를 제공하고 계십니다. 그것들은 무료입니다. 그것들은 이미 주신 사랑입니다.

당신의 삶 안으로 들어오신 이 놀라운 인격 안에 지혜의 근원이 존재한다는 것을 모르겠습니까?

만일 당신이 하나님과 콤비를 이룬다면, 당신은 즉시 수퍼맨이 된다는 것을 모르겠습니까?

그리스도인 리더들은 우리가 반드시 겸손하고 자기를 내세우지 않으며 항상 우리의 연약함을 말해야 한다고 우리에게 말해왔습니다. 그러나 말씀은 우리에게 뭐라고 말씀하십니까? 하나님은 "너희는 하나님께 속하였고, 또 그들을 이기었나니"라고 말씀하십니다. 그 안에는 열등감이 없습니다!

"그러나 이 모든 일에 우리가 넉넉히 이기느니라."

"항상 우리를 이기게 하시는 아버지께 감사하노라"

이 말씀이 겸손을 가장한 그릇된 가르침과 조화를 이룹니까? 조금도 그렇지 않습니다. 이 말씀은 승리자의 음성, 승리의 음성입니다.

당신은 하나님의 본성과 능력을 갖고 있습니다. 당신은 하나님의 자녀입니다.

하나님은 당신의 삶의 힘입니다. 그분은 우리의 지혜, 희생 제물, 속량 그리고 의가 되십니다. 만일 그분이 우리에게 그것들이 되셨다면, 이것이 우리의 정체성입니다.

죄를 알지도 못했던 그분이 죄가 되셨고, 의를 알지도 못했던 당신이 그분 안에서 하나님의 의가 되었습니다.

우리는 그분의 만드신 바입니다. 그리스도 예수 안에서 창조되었습니다.

우리는 의기양양한 승리를 거둔 사람들입니다. 이것은 우리의 것입니다. 이 놀라운 것이 우리의 것이라니요!

당신은 종이 아닙니다. 당신은 자유인입니다.

이 신약성경은 우리가 해방되었다는 것과 이 땅에서의 우리의 삶에 하나님이 함께 하신다는 것에 관한 "기쁜 소식Good News"입니다.

우리는 열등감을 잃었습니다

몸이 마비된 사람에게 권투와 달리기의 가르침을 주는 것은 쓸모 없습니다. 해야 할 일은 마비를 고치는 것입니다.

우리가 열등감에 지배받는 한, 승리와 성공에 이르는 모든 감각 지식의 가르침은 어리석은 것입니다. 인생의 싸움에서 이기는 법을 우리에게 말하려고 애써온 우리 선생들의 대부분은 감각 지식 이상의 줄 만한 것을 가진 적이 없습니다.

우리는 감각의 영역에서 나와 계시 지식의 영역으로, 영의 영역으로 들어갔습니다.

정복하는 것은 사람의 영이라는 것을 우리는 압니다.

우리가 그 영을 하나님의 영과 연결하고, 그래서 당신이 하나님에 의해 지배되는 영을 갖게 된다면, 당신은 당신에게 대항하는 모든 힘들을 정복할 수 있습니다.

우리의 대화

우리의 대화가 우리의 영에 미치는 영향을 깨달은 사람이 거의 없습니다. 당신이 당신의 진면목이 아닌 것what you are not을 가장하려 하고 그것을 유창하게 지껄인다면, 그것은 당신의 영 안에 연약한 것을 세우는 것입니다. 그것은 마치 건물 기둥에 있는 썩은 조각과 같다.

또는, 당신이 당신의 영 의식에 실패와 열등함에 대한 느낌을 세우는 한, 당신의 대화는 좌절로 가득 찰 수 있고 당신은 당신의 실패와 실망과 불운을 말할 것입니다. 궁극적으로 그것은 당신에게서 주도권을 강탈할 것입니다. 당신은 그런 정신적 태도를 극복하는 것이 힘들다는 것을 알게 될 것입니다.

반면에, 당신은 그리스도 안에서 당신이 누구인가에 대한 진리를 말합니다. 당신은 친구들이나 당신의 적들에게 하나님이 당신에게 어떤 존재인지, 즉 당신은 그분과 연합되어 있으며 실제로 그분의 파트너라는 것, 그리고 그분이 당신을 뒷받침해주고 일을 성공시키기 위해 자본을 제공하는 유일한 분이라는 것을 고백합니다. 당신은 그분의 능력과 지혜를 신뢰하고, 대담하게 그분의 은혜로 당신이 성공할 것을 고백합니다.

이것을 항상 기억하십시오. 당신은 당신이 고백하는 수준까지 오르거나 추락합니다!

그분의 아들과의 사귐으로 부름 받았다

갑자기 주님이 우리를 불러 자신과 그리고 아버지와 함께 상의하자고 하신다면 이 얼마나 놀라운 일인지요! 주님은 정말로 그렇게 하셨습니다. 주님은 세상을 속량하는 일을 우리 손에 맡기시고, 이제 그분은 우리에게 이 일을 하면서 자신과의 협력을 요청하고 계십니다.

이러한 사실들이 실재가 되는 순간, 실패란 불가능합니다. 실패가 당신의 삶을 지배하던 영역에서 옮겨졌다는 의식을 갖는 순간, 당신은 성공할 수 밖에 없는 다른 영역으로 들어갑니다.

당신은 즉각적으로 당신의 마음에서 정복자, 승리자, 이긴 자가 됩니다.

"너희를 불러 그의 아들 예수 그리스도 우리 주와 더불어 교제하게 하시는 하나님은 미쁘시도다"(고전 1:9)

우리 모두는 주님과 함께 이 생명의 영역에 참여할 것을 부름 받았습니다.

비즈니스의 세계에서의 성공은 상대적인 단어이지만, 영적인 영역에서는 오직 한 가지 의미만이 존재합니다.

우리 중 일부는 지식만으로 사람을 성공시킬 수 없다는 것을 아는데 긴 시간이 걸렸습니다. 단순히 지식만으로는 충분하지 않습니다. 당신의 지식이 실제로 이윤을 남기는 수단이 되려면 당신은 그 지식을 사용하는 법을 알아야만 합니다.

당신은 반드시 지식을 가져야 하지만, 더 중요한 것은 당신이 그 지식을 사용할 지혜를 가져야 한다는 것입니다.

많은 사람들이 지식을 가졌지만 그들은 아직도 실패자들입니다.

지식을 추구하려고 모든 노력을 기울이기 보다는 이 사실을 기억하십시오. 당신이 아는 것을 사용하는 법을 배우지 않는 한 그 지식은 단지 당신의 마음을 채우고 있을 뿐입니다. 그것은 그 지식을 상업적 가치를 지닌 무엇인가로 변형시킬 수 있는 능력입니다.

어느 날 나는 각기 다른 전문학교와 대학에서 몇 개의 학위를 받은 어떤 사람과 이야기를 나누고 있었습니다. 그러나 그는 그의 지식을 사용할 능력이 없었습니다.

경험은 매우 가치 있는 것이지만, 어떤 사람이 자신의 경험에 축적된 지식을 사용할 수 있는 지혜를 갖지 못한다면 그것은 아무런 가치가 없습니다.

우리는 우리가 이미 갖고 있고 또 앞으로 얻을 수 있는 모든 지식에 대해 매우 감사해야만 합니다. 그러나 지식과 더불어 반드시 그 지식을 이용할 수 있는 능력이 수반되어야 합니다.

지혜의 비밀

나는 지금 믿는 사람들에게 말하고 있습니다.

하나님은 예수를 우리의 의, 희생 제물, 속량이 되게 하셨듯이, 또한 우리의 지혜가 되게 하셨습니다. 예수가 우리의 지혜라면 우리는 그 지혜를 어떻게 사용할 것입니까?

총체적인 속량의 프로그램은 믿음을 기반으로 하고, 믿음은 말씀에서 비롯됩니다.

하나님이 우리에게 주신 이 계시는 성경이라 불리는데, 이는 곧 믿음의 말씀입니다.

믿음은 우리가 총명하게 그 말씀대로 행동할 때 생깁니다.

예수는 우리에게 지혜가 되셨습니다. 그래서 우리는 믿음으로 그것을 요청하고 그것을 누립니다.

17

지혜는 어떻게 생기는가?

우리는 지혜가 사람이 갖고 있는 어떠한 원천에서도 비롯될 수 없다는 것을 압니다. 대학은 그것을 가르칠 수 없습니다. 기술학교도 신학교도 로스쿨도 그것을 줄 수 없습니다.

축복받은 이 땅의 대다수의 사람들은 실패자들입니다. 자신의 힘으로 비즈니스 세계에 발을 들인 사람들의 3% 정도만이 성공합니다. 결혼의 75%는 실패합니다. 대학 교육의 특권을 가졌던 소수만이 인생에서 진정한 성공을 이룹니다.

이 사실이 나를 신경 쓰이게 했습니다. 나는 왜 그런지 궁금해 했습니다. 그때 새롭게 말씀에 대한 계시가 왔고, 이렇게 된 데에는 그럴 수 밖에 없는 어려움이 있었다는 것을 알았습니다. 즉 그들은 교육을 받고 훈련 받으며 기회를 가졌지만, 자신들이 갖고 있던 지식을 사용하는 법이나 기회가 왔을 때 그것을 이용하는 법, 혹은 승리하도록 자신들을 삶에 맞추는 법을 알지 못했습니다.

심리분석 교사들은 생각을 깨우는데 많은 기여를 했습니다. 그러나 그들은 진정한 해결책에 도달하지 못했습니다. 우리의 심리학자들은 할 수 있는 일을 해왔습니다. 그러나 그것은 많은 부분 이론적이었고 사람을 성공시킬 수 있는 한 가지가 부족합니다.

많은 지식을 갖는 것으로는 충분하지 않습니다. 우리는 반드시 그것을 이용하는 법을 알아야 합니다.

제조업자는 수백만 달러 가치의 상품을 자신의 창고에 보관할 수 있습니다. 그러나 누군가가 그 상품을 처분하는 법을 알지 못한다면 제조업자는 파산할 것입니다.

우리 중에 자신의 상품을 저장하는 것처럼 방대한 양의 지식을 저장하고 있는 사람들이 있습니다. 만일 당신이 저장된 지식을 사용하는 법을 배우지 못한다면, 그것이 어떤 가치를 지녔든, 만일 그것을 이용하는 법을 당신에게 가르쳐 줄 수 있는 누군가가 없다면, 당신은 실패자로 생을 마칠 것입니다.

많은 사람들은 자신을 도울 수 없습니다. 무엇이 문제입니까? 문제는 지식의 부족이 아니라 지혜의 부족입니다.

우리는 지혜를 잠재되어 있는 축적된 지식을 가치 있게 만드는 능력이라고 부르려 합니다.

나는 능력, 재능, 그리고 획득한 지식을 사용하는 법을 아는 문제를 고민하며 나 자신에게 계속 자문해왔습니다. 능력들을 획득하고 이용하는 능력의 근원은 어디일까요?

카네기Mr. Carnegie는 이민자로 살았습니다. 그러나 그는 세상에 수억 대의 달러를 기부할 수 있었습니다. 존 디 락펠러John D. Rockefeller는 가난하게 시작했지만 지금은 온 세상이 그의 업적을 압니다. 어떻게 그는 성공하고 승리할 수 있었을까요? 그는 지혜를 가졌었습니다. 그는 자신의 문제들에 대해서 충분히 생각할 수 있었습니다. 다른 사람들은 감정적으로 행동한 반면에 그는 현명하게 행동했습니다.

지혜 혹은 사람들, 환경 그리고 지식을 사용하는 능력이 어디에서 왔을까요?

그것은 사람의 영에 존재합니다. 사람은 영적 존재입니다. 사람은 하나님 그리고 사단과 같은 부류입니다. 하나님과 사람이 영인 것처럼 사단도 영입니다.

사람의 영만이 하나님과 접촉할 수 있습니다. 사람은 그의 감각들이나 그의 지성을 통해서는 하나님과 접촉할 수 없습니다.

지혜는 사람의 영의 산물입니다.

우리는 이 책의 이전 장들에서 두 종류의 지혜가 있음을 제시했습니다. 하나는 주로 그리고 근본적으로 하나님으로부터 나오고, 다른 하나는 이 세상 신인 사단에게서 옵니다. 사단도 사람의 영과 접촉할 수 있다는 것을 잊지 마십시오.

지혜, 또는 지식을 사용하는 능력은, 반드시 하나님으로부터, 아니면 사단으로부터 비롯됩니다.

영은 사랑, 미움, 기쁨, 소망, 믿음, 두려움과 용기의 모체입니다.

지혜는 이성적 논리에서 비롯되지 않습니다. 사랑은 이성적 논리로 생기지 않습니다. 기쁨도 그렇습니다. 소망도 그렇습니다. 믿음이나 용기도 마찬가지입니다. 그것들은 이성적 논리와는 완전히 별개입니다. 그것들은 종종 이론보다 우월합니다.

우리가 사람의 영에 대한 연구를 더 많이 할수록, 우리는 모든 시詩들이 사람의 영이 낳은 것이라는 것을 알게 됩니다. 사람은 이성(논리)을 초월하여, 즉 그가 지금까지 배운 것들이나 그가 연관된 것들을 초월하여 시를 씁니다. 영이 지배력을 장악할 때, 시는 그의 마음을 깨고 갑자기 터져 나옵니다.

미술도 그렇습니다. 위대한 회화 작품은 논리적 사유의 작품이 아니라 사람의 영의 작품입니다.

건축가는 자신의 비전과 꿈을 봅니다. 위대한 소설가는 자신의 영에 사로잡혀 있습니다. 사람이 발명하거나 창조한 것들은 영에서 나온 것입니다.

그렇다면 우리는 좀 더 근본적인 질문을 합니다. 어떻게 우리 존재의 중심인, 이 보이지 않고 만질 수도 없는 힘을 사용할 수 있을까요?

당신의 영의 삶을 개발하라

개발의 비밀은 분별력 있는 각 사람에 의해 학습되어야만 합니다. 그는 자신의 영의 본성을 최대한으로 활용할 수 있을 때까지 그것을 개발하는 것을 자신의 일로 삼아야 합니다.

이 연구의 배후에는 하나님의 자녀인 우리가 우리의 영 안에 하나님의 생명과 본성을 받았다는 사실이 존재합니다. 이 사실이 우리 존재를 변화시킵니다. 그것이 우리를 하나님과 연결시키고 또한 지혜와 생명과 사랑과 연결시킵니다. 그것이 우리를 우주의 가장 강력한 힘들과 연결시킵니다.

예수께서 "나는 포도나무요 너희는 가지라"라고 말씀하셨습니다.

예수는 지혜입니다. 우리는 지혜의 가지입니다. 예수는 생명입니다.

우리는 생명의 가지입니다. 예수는 사랑의 드러남입니다. 우리는 사랑의 가지입니다.

사랑은, 그것이 자연인의 사랑이든 아니면 예수께서 세상에 가져오신 새로운 종류의 사랑이든, 사람의 심령에 있는 가장 강력한 힘입니다.

하나님은 사랑이시니, 우리가 사랑 가운데 걷고, 사랑 가운데 생각하고, 사랑 가운데 살 때, 우리는 그분의 사랑의 생명 안에서 그분과 하나가 됩니다.

우리는 하나님의 전능함, 그분의 능력, 그분의 힘, 그분의 건강, 즉 바로 그분의 생명 자체를 끌어당길 수 있는 곳에 있습니다.

하나님의 자녀가 자신이 어떤 존재인지 아는 것이 가장 중요합니다. 우리는 그리스도 안에 있는 자신의 존재를 알기 전에는 우리에게 속한 부와 이미 우리 것이 된 능력들을 알 수 없습니다.

당신은 위대하신 아버지 하나님과 함께 하는 매일의 삶이 실제로 한계가 없다는 것을 상상할 수 있습니까?

당신은 날마다 하나님과 막히지 않고 신선하고 달콤한 사귐을 갖는다는 것이, 그래서 연인들이 서로를 만나듯이 완전히 동등한 입장에서 하나님을 만날 수 있다는 것이 무엇을 의미하는지 상상할 수 있습니까?

그렇게 사랑하는 사람들은 상대방에게 숨기는 것이 단 하나도 없습니다. 그들은 그들 자신을 사랑에 내주었습니다.

당신은 그리스도께서 자신을 당신에게 맡기신 것처럼 당신 자신을 그리스도께 맡길 수 있다면 그것이 당신에게 무엇을 의미하는지 상상할 수 있습니까? 그렇다면 당신은 부활 생명 안에서 그분과 연합된다는 것이 의미하는 바를 이해할 수 있을 것입니다.

당신이 그분과 전적으로 하나가 되어 대적에 대한 그분의 승리는 곧 당신의 승리라는 것을 이해할 수 있습니다. 따라서 당신은 적과 더 이상 어떤 싸움도 하지 않을 것입니다. 왜냐하면 적은 당신과 그리스도에 관한 한 이미 패했기 때문입니다.

당신은 고린도전서 1:30을 이해할 수 있습니다. "너희는 하나님으로부터 나서 그리스도 예수 안에 있고 예수는 하나님으로부터 나와서 우리에게 지혜와 의로움과 거룩함과 구원함이 되셨으니"

이는 우리를 위하여 완성된 그리스도의 사역을 의미합니다.

하나님은 그리스도 안에서 우리의 지혜가 되십니다. 그것은 하나님의 지혜와 능력이 그리스도 안에서 우리에게 주어졌다는 것을 의미합니다. 우리는 그것에 접속되어 있습니다.

포도나무와 가지들의 예는 이것을 완벽하게 보여주고 있습니다. 가지는 포도나무의 일부분입니다. (하나님은 포도나무입니다.) 포도나무는 뿌리를 통해 땅에서 올라오는 생명의 모든 것을 제공합니다. 그러나 가지들은 열매를 맺고 잎들과 꽃들을 갖습니다. 포도나무와 가지는 연합되어 있습니다. 그들은 하나입니다.

당신은 그들이 얼마나 완벽하게 하나인지 아십니까? 믿는 사람은 같은 방식으로 그리스도와 연합되어 있습니다. 그것은 생명과 생명, 사랑과 사랑, 본성과 본성의 결합입니다. 당신은 완벽하게 그분과 하나입니다. 그분의 모든 것이 당신의 것입니다. 당신의 모든 것이 그분의 것입니다.

예수는 우리의 이 땅에서의 행보에 있어서 성령의 도우심을 약속했습니다.

"내가 아버지께 구하겠으니 그가 또 다른 보혜사를 너희에게 주사 영원토록 너희와 함께 있게 하리니 그는 진리의 영이라 세상은 능히 그를 받지 못하나니 이는 그를 보지도 못하고 알지도 못함이라 그러나 너희는 그를 아나니 그는 너희와 함께 거하심이요 또 너희 속에 계시겠음이라"(요 14:16-17)

그분은 보혜사, 중재자, 선생 그리고 안내자라고 불립니다. 그는 "진리의 영"이라고 불립니다. 여기서 진리는 실재reality입니다.

물리적인 사물들은 우리의 감각들에게는 실재적입니다. 나는 의자와 탁자를 만질 수 있습니다. 나는 나의 무릎에 있는 책을 볼 수 있습니다. 나는 나의 비서의 음성을 들을 수 있습니다. 나는 느낄 수 있고, 나는 볼 수 있고, 나는 들을 수 있고, 나는 맛볼 수 있고, 나는 냄새 맡을 수 있습니다. 이것들은 지식이 나의 뇌로 올 때 거치는 모든 길들입니다. 그것들은 모두 나에게 실재합니다.

예수께서 "나는 너희에게 실재의 영spirit of reality을 보내겠다. 그는 너희에게 영적인 실재를 드러낼 것이다. 그리하여 그것들이 너희에게 물질적인 사물처럼 현실적이고 실제적인 것이 될 것이다. 그가 지금은 너희와 함께 있으나 잠시 후에는 너희 안에 거할 것이다."라고 말씀하셨습니다.

그것은 오순절에 성취되었습니다. 그분이 안에 거하게 되었습니다. 그날 이후 이 성령은 선생이 되고 우리를 실재로 인도하는 안내자가 되었습니다.

"보혜사 곧 아버지께서 내 이름으로 보내실 성령 그가 너희에게 모든 것을 가르치고 내가 너희에게 말한 모든 것을 생각나게 하리라"(요 14:26)

이 새로운 선생이 우리에게 영에 속한 것들을 가르칠 것입니다.

우리는 감각에 속한 것들을 압니다. 그것들은 우리 앞에 펼쳐진 책과 같습니다. 우리는 그것들에 관하여 우리가 알아야 할 모든 것들을 배울 수 있습니다. 그러나 영에 속한 것들은 우리에게 그렇게 실감이 나지 않기 때문에 성령이 우리에게 자신을 드러내시려고 합니다.

"내가 아버지께로부터 너희에게 보낼 보혜사 곧 아버지께로부터 나오시는 진리의 성령이 오실 때에 그가 나를 증언하실 것이요"(요 15:26)

예수는 아버지의 드러남이며 영적인 실재들을 드러내는 분이십니다. 그분은 이 눈에 보이지 않는 인격 곧 성령이 예수가 이 땅에서 하신 일들을 우리에게 증거하러 오실 것임을 말씀하십니다.

"그러나 진리의 성령이 오시면 그가 너희를 모든 진리(혹은 실재) 가운데로 인도하시리니"(요 16:13-15)

이것은 정말로 전율할 만큼 놀라운 일입니다. 사람의 몸 안에서 살게 될 누군가가 오고 있는데, 그는 사람들을 영적인 것들의 실재로 안내할 수 있습니다.

그는 물질적인 것들이 우리의 감각에 실제적인 것만큼이나 영적인 것들도 우리의 영에 실제적으로 만들려고 하십니다.

"그가 내 영광을 나타내리니 내 것을 가지고 너희에게 알리시겠음이라"

영적인 영역에서 예수께 속했던 모든 것이 이제 그리스도인 안에 거하시는 이 보이지 않는 인격체에 의해서 우리의 영과 소통되게 됩니다.

이 얼마나 엄청난 일인지요! "무릇 아버지께 있는 것은 다 내 것이라 그러므로 내가 말하기를 그가 내 것을 가지고 너희에게 알리시리라 하였노라"고 예수는 말합니다.

우리는 영이 아직 충분히 성장하지 못해 많은 영적인 것들의 실재를 맛보지 못합니다.

당신은 이제 믿음이 의미하는 것을 이해할 수 있습니다. 믿음은 보이지 않는 이 실재들에 관한 것입니다. 나는 이 기록된 말씀대로 행동합니다. 그러면 이 보이지 않는 것들은 나의 영에서 실재가 됩니다.

요한복음 14:21에서 예수께서 "나의 계명을 지키는 자라야(만일 우리가 그분이 우리를 사랑한 것 같이 서로 사랑하면, 요 13:34-35) 나를 사랑하는 자니 나를 사랑하는 자는 내 아버지께 사랑을 받을 것이요 나도 그를 사랑하여 그에게 나를 나타내리라"고 말씀하셨습니다.

그것은 눈으로 즐길 수 있거나 손으로 만질 수 있는 그런 나타남이 아닐 것입니다. 그것은 영적인 드러남으로, 예수의 영의 삶을 우리에게 나타내는 것일 것입니다.

예수는 말씀 안에서 우리에게 드러날 것입니다. 당신이 말씀을 읽을 때, 당신의 심령은 불타오르고 당신 안에서 전율할 것입니다. 그때 당신은 예수의 이름을 사용할 수 있게 될 것입니다.

예수께서 "내 이름으로 아버지께 무엇을 구하든지 다 받게 하려 함이라"고 말씀하셨습니다.

나는 아버지의 임재가 나타나는 것을 여러 번 보았습니다. 나는 아픈 사람에게 예수의 이름으로 안수했습니다. 그러면 그들의 통증은 사라지고 질병은 그냥 더 이상 존재하지 않습니다. 그것은 성령이 예수의 말씀이 실재가 되도록 나타내는 것이었습니다.

하나님의 말씀이 그분의 일부분인 것처럼 나의 말도 나의 일부분입니다. 말씀은 내가 그것을 사용함으로써 실재가 되었습니다.

"예수께서 대답하여 이르시되 사람이 나를 사랑하면 내 말을 지키리니 내 아버지께서 그를 사랑하실 것이요 우리가 그에게 가서 거처를 그와 함께 하리라"(요 14:23)

만일 우리가 말씀 안에서 살고 그분의 말씀을 지킨다면, 우리는 말씀대로 행동할 것입니다. 만일 예수와 아버지가 그들의 거처를 우리와 함께 하신다면 그것은 바로 사랑의 드러남의 절정입니다. 그것은 가난과 결핍의 끝이 될 것입니다. "나의 하나님이 너희 모든 쓸 것을 채우시리라." 그분은 이제 여기서 나와 함께, 마치 성령께서 나의 몸 안에서 살고 계신 것처럼, 나의 집에서 살고 계십니다.

예수께서 군중들에게 말씀하시기 위해 베드로의 배를 사용하셨을 때, 그분은 베드로에게 대가를 지불하셨습니다. 그분은 "베드로야, 지난 밤 뭘 좀 잡았느냐?"라고 말씀하셨습니다. 베드로는 "선생이여, 우리들이 밤이 새도록 수고하였으되 잡은 것이 없습니다."라고 대답했습니다. 그 때, 선생이 "깊은 데로 가서 그물을 내려라."고 말씀하셨습니다. 베드로는 "선생이여, 여기는 고기가 없습니다. 그러나 말씀에 의지하여 내가 그물을 내리리이다."하고 응답했습니다. 그가 그물을 내렸을 때, 그물은 고기로 가득 찼고 그물은 찢어지기 시작했습니다.

만일 예수께서 그의 배를 사용하셨기 때문에 베드로를 위하여 그렇게 하셨다면, 그분은 당신의 필요도 채워주실 것입니다. 만일 그분이 당신과 함께 사신다면, 그것은 질병의 끝이며, 혼란, 말다툼 그리고 고통의 끝이 될 것입니다. 그런 가정에는 이혼도 없을 것입니다. 아이들은 실패자가 되지 않을 것입니다. 왜냐하면 그들은 시대를 초월한 분과 항상 만나며 살고 있기 때문입니다.

예수께서 하신 말씀을 주목하십시오. "그는 너희와 함께 거하심이요 또 너희 속에 계시겠음이라." 만일 성령께서 그분의 집을 당신 안에 만드신 다면, 그리고 당신이 그분에게 통행권을 드리고 당신이 귀빈을 대접하듯 이 그분을 대접한다면, 그 집은 결코 연약함과 질병으로 채워지는 일이 없을 것입니다.

이것은 아름답지 않습니까? 당신은 실제로 당신의 집에, 당신의 몸 안에 살고 계신 하나님을 가질 수 있습니다.

"너희 몸은 성령의 전인 줄을 알지 못하느냐?"(고전 6:19)

그것은 우리의 영과의 신성한 협력입니다. 자신 안에 하나님을 모신 사람은 지혜를 갖게 됩니다. 그의 일상사의 모든 위기의 순간에도, 그는 모든 것을 아시는 한 분을 그의 안에 모시고 있습니다. 그는 그의 안에 모신 한 분에게 의지하는 것의 비밀을 배웁니다.

지혜는 반드시 개발되어야만 하기 때문에, 지혜를 개발하기 위해 우리는 말씀을 묵상하는 조용한 시간을 가질 필요가 있습니다.

여호수아 1:8은 모세가 죽은 후 하나님이 여호수아와 나눈 대화를 기록하고 있습니다. "이 율법 책을 네 입에서 떠나지 말게 하며 주야로 그것을 묵상하여 그 안에 기록된 대로 다 지켜 행하라 그리하면 네 길이 평탄하게 될 것이며 네가 형통하리라"

이것이 우리가 원하는 것입니다. 이것은 지식을 값진 것으로 만드는 것입니다.

이것은 사람들을 경영자로 만드는 것입니다.

이것은 집을 천국으로 만듭니다. 남편과 아내는 아이들을 기를 때 서로를 용납할 수 있는 지혜를 갖게 됩니다.

자신들이 발전하는데 있어 그들을 방해하게 될 습관들과 계약을 맺음으로 자신들의 삶을 던져버리는 어리석은 어머니들과 아버지들, 어리석은 젊은 남녀들은 지금 자신들에게서 미래에 있을 기쁨을 강도질하고 있습니다. 그들이 가장 필요로 하는 것은 지혜입니다.

당신은 만일 그 어머니가 지혜를 갖고 있다면 입에 담배를 문 채 아이에게 젖을 먹일 것이라고 생각하십니까? 당신은 만일 그 아버지가 지혜를 갖고 있다면 아내와 아이가 있는 집으로 술에 취한 채 귀가하리라 생각하십니까? 아닙니다! 사람들이 지금 하고 있는 것을 하도록 하는 것은 지혜가 부족하기 때문입니다.

우리가 어리석게 행동할 수 있는 수백 가지의 일들이 있을 것입니다. 만일 어떤 사람이 지혜를 갖고 있다면 그가 사는 내내 그에게 짐이 될 재산을 구매할 것이라고 생각하십니까? 아닙니다! 현명한 사람은 자신의 돈을 절약하며 조심스럽게 구매합니다. 왜 그렇게 합니까? 그의 안에 그를 안내하는 뭔가가 있기 때문입니다.

당신은 이것의 가치를 알 수 있습니까? 그것은 우리의 심령에 하나의 도전으로 다가옵니다.

당신은 이 지혜를 계발하기 원하십니까? 그것은 말씀을 묵상함으로 옵니다. 그러면 당신의 길이 형통하게 될 것이며 당신은 현명하게 행동할 것입니다.

"그리스도의 말씀이 너희 속에 풍성히 거하여, 너희를 가르치고, 너희를 안내하게 하라."

잠언의 처음 8-10장을 묵상하십시오. 그러면 당신은 지혜의 보고를 볼 것입니다. 그리고 나서 당신은 흥분된 영혼으로 하나님이 지금 솔로몬을 통하여 말씀하고 계시는 이 지혜의 비밀을 알 수 있는 바울의 계시를 발견하게 될 것입니다.

"너희가 내 안에 거하고 내 말이 너희 안에 거하면 무엇이든지 원하는 대로 구하라 그리하면 이루리라"(요 15:7)

그리스도의 말씀은 지혜입니다. 당신은 그 말씀을 기억할 수 있습니다. 그러나 그것은 말씀 안에 거하는 것이 아닙니다. 말씀 안에 거한다는 것은 말씀이 당신에 대한 지휘권을 획득해서, 당신이 말씀의 지혜 안에서 살고 있고 걷고 있다는 것을 의미합니다. 당신은 말씀에 복종하는 것뿐만 아니라 말씀과 사귀는 것도 배우고 있습니다. 당신은 말씀에 참여하는 자가 됩니다.

어떤 사람이 시골로 들어가면 시골의 일부분이 됩니다. 당신이 말씀으로 들어가면 말씀은 당신의 일부분이 되고 당신은 말씀의 일부분이 됩니다.

당신은 심령에서 갈릴리 사람Man of Galilee과 어울리는 것을 배웁니다. 당신의 삶을 그분의 말씀과 연관 지어 생각해서 당신과 그분의 말씀이 하나가 되는 것을 배웁니다.

"너희가 내 안에 거하고 내 말이 너희 안에서 우위를 차지하면 너희는 너희가 바라는 것을 무엇이든지 구할 수 있고 그러면 그것은 너희에게 속할 것이다." 왜 그렇습니까? 왜냐하면 당신이 지금 그분의 기도를 기도하고 있고, 그분의 삶을 살고 있기 때문입니다.

"이제는 내가 사는 것이 아니요 오직 내 안에 그리스도께서 사시는 것이라." 내가 하고 있는 일들은 그분의 일들입니다. 내가 설교하고 있는 말들은 그분의 말씀들입니다. 내가 하고 있는 행위들은 그분의 행위들입니다.

그분은 "그보다 큰 일도 하리니 이는 내가 아버지께로 감이라"고 말씀하셨습니다. 그분은 의미하신 바는 무엇입니까? 그분은 우리와 완전하게 하나가 되고 우리도 그분과 완전하게 하나가 되어 우리가 그분의 능력, 그분의 지혜, 그분의 이름에 부여된 권한을 갖게 되고 그리고 우리가 죽은 자들 가운데서 그분을 살리셨고 지금 우리 안에 거하시며 우리를 통해 활력을 돋우시는 위대하고 엄청난 성령을 갖게 된다는 것을 의미하십니다.

우리가 그분의 일을 할 것이라는 것은 놀랍지 않습니다. 우리는 그분의 일을 도울 수 있는 것이 아니라 할 수 있는 것입니다. 그분과 나는 하나가 되었습니다. 그것은 더 이상 내가 사는 것이 아니라 내 안에 그리스도께서 사시는 것입니다.

그때, 당신의 심령과 그분의 심령 사이에 친밀감이, 완전한 사귐이, 마치 연인들 사이에서처럼 자랍니다.

여자는 남자에게 그녀의 마음을 열고 남자는 여자에게 그의 삶을 엽니다. 두 개의 삶이 흘러 들어가 하나의 삶이 되고 거기에 새로운 삶이 존재합니다. 지금은 오직 하나의 삶만이 존재합니다.

그리스도는 그분의 삶을 여셨고 당신은 당신의 삶을 열었습니다. 두 삶이 흘러 하나가 되었습니다. 그것은 산에서 흘러내리는 두 개울과 같다. 계곡에서 그들은 하나로 합쳐집니다.

당신은 매일의 삶에서 그분의 말씀대로 행동하는 것을 배웁니다.

"너는 마음을 다하여 여호와를 신뢰하고 네 명철을 의지하지 말라 너는 범사에 그를 인정하라 그리하면 네 길을 지도하시리라"(잠 3:5-6)

이 진리를 분석해 보십시오. 당신의 전 존재를 다하여 여호와를 신뢰하십시오. 당신의 명철을 의지하는 것을 멈추십시오. 당신은 지혜로운 분을 찾았습니다. 당신은 그분 안에서 안식하고 있습니다. 그분의 능력이 당신의 능력이 되었습니다. 그분의 사랑이 당신의 사랑이 되었습니다. 그분의 힘이 당신의 힘이 되었고 그가 채찍에 맞으므로 당신은 영, 혼, 몸이 완벽히 나았음을 알았습니다.

당신은 이 경이로운 천국의 결합의 충만함 가운데 걷고 있습니다. 그분의 말씀이 당신의 일부분이 되었습니다. 당신은 그 안에서 삽니다.

당신은 돈이 필요할 때 단지 그분의 말씀을 기억합니다. "나의 하나님이 너희 모든 쓸 것을 채우시리라"(빌 4:19) 당신은 감사함으로 "아버지, 나는 당신께 나의 재정적 필요를 채워주셔서 감사드립니다."라고 말합니다.

당신은 어떤 힘든 일을 위한 물리적 힘을 필요로 합니다. 당신은 그분이 당신 삶의 힘이라고 말씀하신 것을 기억합니다.

당신은 지혜를 필요로 하고 당신은 "여호와는 나의 빛이요 나의 구원이시니 내가 누구를 두려워하리요"라는 말씀을 기억합니다. 빛은 지혜를 의미합니다. 구원은 구출을 의미합니다. 그분은 나의 지혜와 구출이십니다. 나는 이제 아무것도 두려워하지 않습니다.

이 삶의 경이로움과 아름다움! 이것은 당신과 그분이 서로에게 묶여 있어, 완벽하게 서로 하나가 되어서, 그분의 지혜가 당신의 것이 되는 곳에 존재합니다.

"너희는 하나님으로부터 나서 그리스도 예수 안에 있고"(고전 1:30) 우리는 그분 안에 있습니다. 그분의 뜻에 따라 그분은 우리를 낳았습니다. 우리는 그리스도 예수 안에서 그분이 만드신 바입니다.

그리스도는 하나님으로부터 나와서 우리에게 지혜가 되셨습니다. 그분은 우리에게 하나님의 지혜가 되셨습니다. 그분은 우리에게 의로움과 거룩함과 구원함redemption이 되셨습니다.

우리는 보통 사람들이 아닙니다. 이것이 우리를 보통의 위치에서 초자연적 영역super-realm으로 들어올립니다. 당신은 진정한 수퍼맨입니다. 당신은 감각의 영역 밖으로, 감각 지식의 영역 밖으로 나와 하나님의 영역, 영의 영역으로 들어갔습니다.

"우리 가운데서 역사하시는 능력대로 우리가 구하거나 생각하는 모든 것에 더 넘치도록 능히 하실 이에게"(엡 3:20)

하나님의 능력은 당신 안에서 역사하고 있습니다. 당신은 그리스도의 선물의 분량대로 당신에게 주어진 은혜를 갖고 있어, 바로 그 하나님의 은혜와 능력이 당신의 것입니다. 당신은 지식을 능가하는 그리스도의 사랑을 알게 될 것입니다. 그것은 모든 감각의 증거들을 능가합니다. 당신은 하나님의 모든 충만으로 채워질 것입니다.

"우리가 다 그의 충만한 데서 받으니 은혜 위에 은혜러라"(요 1:16) 당신은 그분의 충만 안으로, 그분의 삶 속으로 들어갔습니다. 당신은 그리스도의 헤아릴 수 없는 부를 알았습니다. 당신은 그분과 함께 그분의 우편에 앉았습니다.

당신은 그분과 함께 죽었습니다. 당신은 그분과 함께 장사되었습니다. 당신은 그분과 함께 일으킴을 받았고, 지금 그분과 함께 앉아 있습니다. 당신은 그분과 하나입니다.

당신과 그분은 자신이 서로의 삶에 섞여 있는 것을 알았습니다. 당신은 당신의 심령을 그분께 맡겼습니다.

큰 도전들이 없다면 풍성한 보상도 없을 것입니다.

당신은 감히 그분에게 당신의 심령을 맡깁니다. 나는 그분에게 자신의 재정을, 자녀를, 사랑하는 것들을, 몸을 맡길 수 있는 사람들을 압니다. 그러나 그분에게 심령을 맡기는 순간이 오면, 그들은 멈칫합니다.

당신이 그분의 지혜, 그분의 충만한 은혜를 원한다면, "여호와는 나의 목자시니 내게 부족함이 없으리로다. 그가 나를 푸른 풀밭에 누이시며 쉴 만한 물 가로 인도하시는 도다"라고 말하고 싶다면, 그분에게 당신의 심령을 맡기십시오.

그러면 당신은 "그분이 나의 영혼을 그분과의 완벽한 사귐을 갖도록 소생시키셨습니다. 그분이 나의 마음을 새롭게 하셨습니다. 그분은 두려움과 의심의 속박으로부터, 감각의 권고와 감각의 영역으로부터 나를 이끌어 나오셨습니다. 나는 나의 심령이 다른 사람과 있을 때보다 그분과 함께 있을 때 더 안전한 것을 알게 되었습니다. 나는 이제 사랑합니다. 왜냐하면 그분이 내 안에서 사랑하시고 나를 통해 사랑하시기 때문입니다. 나는 나의 심령을 주님께 드렸습니다."라고 말할 수 있습니다.

이 전체 프로그램의 이면에 깔려있는 것은 사랑의 통치권, 말씀의 통치권입니다. 당신은 그분의 통치권을 인식합니다. 당신 자신을 그분의 통치권에 내드렸습니다. 그것은 사랑의 통치권, 지혜의 통치권입니다. 그것은 당신을 통치하시는 연인입니다. 오! 놀라운 천국!

당신은 그분을 사랑하는 것을 두려워하지 않습니다. 당신은 그분을 신뢰하는 것을 두려워하지 않습니다. 당신은 그분의 사랑과 그분의 생명의 지배하에 당신 자신을 완전하게 내드리는 것을 두려워하지 않습니다.

당신의 마음은 그분의 형상을 따라 지식에까지 새로워졌습니다. 당신은 지금 값을 매길 수 없을 만큼 귀중한 그분의 뜻을 알아가고 있습니다.

이 통치권이 드러나고 당신이 그것의 달콤함에 빠져들 때, 내가 당신에게 말하고 싶은 마지막 것인 새로워진 마음이 생깁니다.

당신은 삶을 다른 각도에서 봅니다. 당신은 사랑으로 채워진 심령, 곧 그분의 말씀이 지혜이기 때문에 그 말씀에 완전하게 내어드린 심령을 갖습니다.

당신은 그분의 내주하심을 인식합니다. 당신은 내 안에 계시는 하나님에게 복종하게 되었습니다. 당신은 지혜에 복종하게 되었습니다.

사랑과 지혜는 사람에게 가장 필요한 것입니다. 당신은 그것들을 갖고 있습니다. 당신은 그것들을 줄곧 소유해 왔습니다. 그 결과가 무엇입니까?

"너희 염려를 다 주께 맡기라 이는 그가 너희를 돌보심이라"(벧전 5:7) 당신은 지금 그분의 사랑 안에서, 그분의 보호와 보살핌 안에서 안식하고 있습니다. 두려움은 더 이상 당신을 지배하지 못합니다. 당신은 그분의 경이로운 삶, 승리자의 삶의 충만 안에 서 있습니다. 당신은 안식하고 있는데 다른 사람들은 실패의 고통 안에서 일하고 부르짖고 기도하고 있습니다.

당신은 성공의 영역으로 들어갔습니다.

당신은 그분의 안식 안에서 안식하고 있고, 그분의 고요 속에서 살고 있습니다.

그분은 앉으셨고, 당신은 그분과 함께 앉아있습니다.

당신과 그분은 이제 달콤한 동료애와 사귐 가운데 있습니다.

이것이 성공입니다.

우리에게 지혜가 되신 그리스도

속량은 영의 영역에 존재합니다. 그것은 초자연적입니다. 그것은 계시 지식이 아니면 사람의 이성으로는 이해할 수 없습니다.

말씀이 우리에게 그리스도가 우리에게 지혜가 되셨다고 말할 때, 우리는 그분이 우리에게 지혜가 되셨다는 것을 이해합니다. 그분이 우리에게 의가 되셔서 우리가 아버지 앞에서 의로운 것처럼 말입니다.

그분의 속량이 우리에게 이루어져, 우리는 사단과 그의 일들로부터 완전하게 자유로운 상태로 아버지 앞에 서 있습니다. 그리스도는 우리에게 거룩함이 되셨고 우리는 하나님의 구별된 사람들입니다.

우리가 그리스도를 우리의 구원자로 받아들이고, 그분을 우리 삶의 주님으로 모심으로써 우리는 세상의 지배와 세상의 일들로부터 분리됩니다.

우리가 그리스도를 구원자로 받아들이고 그분을 우리의 주님으로 고백할 때, 그것은 자동적으로 예수가 우리의 지혜가 되게 합니다. 우리는 우리의 마음이 말씀을 통해서 새로워질 때 이것을 알게 됩니다. 우리가 이 새로운 종류의 지혜를 신뢰하는 것은 당연한 것이 됩니다.

이 하나님의 지혜는 특별한 경우들을 제외하고는 결코 자연인에게 향유되지 않았습니다.

하나님은 솔로몬에게 지혜를 주셨습니다. 하나님은 여호수아에게 지혜를 주셨습니다. 그것은 은혜의 특별한 역사였습니다. 그러나 오늘날에는 그리스도의 몸 된 지체들 모두에게 그분은 지혜가 되십니다.

모든 재창조된 사람들은 합법적으로 이 지혜에 참여하는 사람들입니다.

그들은 마치 의를 받았음에도 그것으로부터 아무런 혜택을 누리지 못한 많은 사람들처럼, 그것을 알지 못하고 그것을 쓰지 못할 수도 있습니다. 그러나 그것이 우리가 지혜를 가졌다는 사실을 무효화하지는 못합니다.

이것이 그것의 핵심입니다. 즉 모든 새로운 피조물들은 이 지혜에 대하여 법적 권리를 갖습니다. 그것은 새로운 피조물에게 속합니다. 그는 필요할 때마다 지혜를 사용할 수 있습니다.

어떻게 그 지혜를 이용할 수 있게 됩니까? 말씀을 통해서 입니다. 당신은 말씀을 묵상합니다. 당신은 실제로 말씀 안에서 삽니다. 그러면 말씀이 당신에게 그리고 당신 안에서 살아 움직일 것입니다. 이것은 말씀이 당신의 매일의 삶에서 실행된다는 것을 의미합니다. 당신은 말씀이 당신에게 하라고 말하는 것들을 합니다. 당신은 말씀 안에 살고 말씀을 묵상합니다.

당신은 말씀 안에서 생각하게 됩니다. 당신의 삶은 이제 로고스 곧 살아 있는 말씀과 섞여 조화를 이룹니다.

이 말씀은 하나님의 지혜를 내포하고 있습니다. 그것은 하나님의 지혜입니다. 그것은 모든 위기의 순간에 당신에게 해야 할 것을 말해줍니다.

성령은 당신이 해야 하는 것을 당신에게 실현시켜 주실 것입니다. 이것은 하나님이 지배하는 생각의 삶, 하나님이 지배하는 육신의 삶을 의미합니다.

당신은 갈 것이고, 당신은 올 것이며, 성령이 당신에게 발설하게 하시는 대로 말할 것입니다. 당신의 능력에는 한계가 없습니다.

하나님은 사랑이시고 하나님은 빛이시기에, 자기 자신을 그분의 통치권에 넘긴 사람들에게 그분은 지혜를 주십니다.

빛은 지혜입니다. 사랑 안에서 걷는 것은 지혜 안에서 걷는 것을 의미합니다. 만일 우리가 사랑 안에서 걷는다면, 더 이상의 쨍그랑거림도 고통도 몰인정함도 없을 것입니다. 왜냐하면 야고보가 말하기를, 이런 종류의 지혜는 "먼저는 성결하고, 화평하며 관용하고 양순하며 긍휼과 선한 열매가 가득하고 의심스러움 혹은 편애가 없나니"(의역)라고 하였기 때문입니다.

그것은 위선이 없습니다. 그것은 의의 열매를 맺습니다. 그것은 화평의 길로 인도합니다.

당신은 지혜의 열매가 우리의 삶을 아름답고 예수와 같은 삶으로 만들 것을 모르겠습니까? 지혜의 열매는 사랑의 열매입니다. 왜냐하면 그리스도가 우리에게 지혜와 사랑이 되셨기 때문입니다.

당신은 더 이상 고통, 질시, 미움, 중상, 이기적인 목적으로 남을 이용하는 것이 없을 것이고, 이 지혜로 채워진 사람이 사랑의 삶의 가장 높은 영역에서 걷게 될 것을 알 수 있습니다.

당신은 성령이 사람에게 하나님의 능력을 주러 오셨음을 이해합니다. 그분은 첫 번째 언약 아래서는 사람에게 하나님의 능력을 주실 수 없었습니다. 왜냐하면 그들은 육에 속한 사람들이었기 때문입니다. 그러나 지금은 재창조된 사람은 하나님의 능력을 가질 수 있습니다.

하나님의 생명이 그 사람 안에 존재합니다. 예수를 죽은 자들 가운데서 살리신 그 성령이 그 사람 안에 존재합니다.

하나님의 본성은 사랑이고, 하나님의 사랑은 언제나 지혜 안에서 걷습니다. 사랑을 벗어난 걸음걸음은 어두움과 이기심 안에서의 걸음입니다.

지혜는 결국 우리를 지배하는 새로운 종류의 사랑입니다. 사랑은 어떠한 법도 어기지 않으므로 어떠한 죄도 범하지 않습니다. 그러므로 사랑은 인간을 향한 아버지의 심령에 있는 꿈이 실현된 것입니다.

야고보는 지혜를 얻는 법을 우리에게 말하고 있습니다. 야고보서는 감각 지식을 믿는 사람들에게 쓴 것입니다. (특별히 그들을 위한 메시지가 있어야만 했습니다.)

야고보서 5:13-18은 감각의 지배를 받는 믿는 사람에게 그가 어떻게 치유 받는지를 말하고 있습니다.

베드로는 우리에게 믿는 사람은 이미 치유되었다고 말합니다. "그가 채찍에 맞음으로 너희는 나음을 얻었나니"(벧전 2:24)

야고보는 보는 것, 느끼는 것, 듣는 것에 의해 살고 있는 사람들에게 말하고 있습니다. 그들은 감각의 영역에서 걷고 있습니다. 그들은 자신들을 위해 와서 기도해줄 장로들을 가져야만 합니다. 그들은 반드시 장로들의 기도를 들어야만 합니다. 그들의 이마에 안수한 장로들의 손을 느껴야만 합니다. 그러면 그들은 믿습니다.

"너희 중에 누구든지 지혜가 부족하거든 모든 사람에게 후히 주시고 꾸짖지 아니하시는 하나님께 구하라 그리하면 주시리라 오직 믿음으로 구하고 조금도 의심하지 말라 의심하는 자는 마치 바람에 밀려 요동하는 바다 물결 같으니 이런 사람은 무엇이든지 주께 얻기를 생각하지 말라 두 마음을 품어 모든 일에 정함이 없는 자로다"(약 1:5-7)

당신은 야고보가 자신의 기업으로 들어간 믿는 사람에게 말하고 있지 않다는 것을 알 수 있습니다. 이것은 에베소서 1:3의 "찬송하리로다 하나님 곧 우리 주 예수 그리스도의 아버지께서 그리스도 안에서 하늘에 속한 모든 신령한 복을 우리에게 주시니"와 맞지 않습니다.

여기에서 우리는 자신의 특권으로 들어간 믿는 사람, 즉 그리스도의 지혜의 모든 충만함 안에서 걷고 있는 믿는 사람을 봅니다.

야고보가 언급하는 이 사람은 감각 지식 안에서 살고 있습니다. 그의 믿음은 왔다 갔다 되풀이합니다. 그리스도 안에 있는 갓난아기도 그렇습니다. 그는 아직 육신적입니다. 즉 그는 감각들에 의해 지배됩니다. 그는 보통 사람으로서 행하기 때문에 세상의 쾌락이 자신을 만족시켜야 만족합니다. 그는 아직 주님으로 만족하는 단계까지 이르지 못했습니다. 주가 그에게 "너희 중에 누구든지 지혜가 부족하거든…"이라고 말씀하십니다.

나는 모든 사람들이 이것을 이해할 수 있으면 정말 좋겠다. 지혜는 믿는 사람에게 속해있습니다. 그것은 믿음의 문제가 아닙니다. 마치 그리스도 밖에 있는 듯이 살고 있는 사람이야말로 지혜가 부족합니다. 의에 대한 의식도 없고, 자신의 관계에 대한 의식도 없이, 그는 이제 자신의 절박한 필요에 의해 지혜를 구하는 기도에 급급할 뿐입니다. 그는 이 지혜를 위한 믿음을 발휘하려고 애쓰고 있습니다. 그는 그리스도가 과거에 이미 하셨고 오늘도 그러하신 모든 것이 그에게 속한다는 것을 알지 못합니다. 그에게 속한 것은 그것을 누리기 위한 믿음이 필요치 않습니다.

은혜의 부가 자신의 것임을 알지 못한 채, 그리고 자신이 그리스도 안에서 모든 신령한 복을 받았음을 알지 못한 채, 그는 무지의 어리석음에 빠져 믿음을 구하는 기도를 드립니다.

우리는 자신에게 속하지 않은 것을 구하고 우리가 그것을 얻을지 확신하지 못할 때, 믿음을 필요로 합니다. 그러나 우리가 이미 소유한 것, 이미 우리에게 속한 것을 위해서는 믿음이 필요하지 않습니다.

갓난아기는 여전히 믿음을 구하지만, 성숙한 당신은 구할 필요가 없습니다. 왜냐하면 예수가 당신의 믿음이기 때문입니다. 그분은 당신의 믿음이 되셨습니다.

심령이 이것을 분명하게 붙잡는 것은 굉장히 중요합니다. 왜냐하면 예수가 당신에게 속하였고 그분의 중재가 당신에게 속한 만큼 지혜는 당신에게 속하기 때문입니다.

예수의 중재가 당신에게 속합니다. 그분은 살아계셔서 당신을 위해 중재하십니다. 이것은 당신의 믿음의 문제가 아닙니다. 이것은 당신이 말씀대로 행동하고 당신에게 속한 특권들을 누리는가의 문제입니다.

당신이 믿음을 구하는 한, 이것은 당신이 구하고 있는 것이 당신에게 속하지 않았다는 것과 당신이 하나님으로 하여금 당신 것이 아닌 것을 당신에게 주시도록 만들려고 애쓰고 있다는 것을 보여줄 뿐입니다. 그러나 오늘의 그리스도가 이루신 모든 것들은 당신의 것입니다. 그가 과거에 하셨던 모든 것들은 당신의 것입니다. 그분이 내일 하실 모든 것들도 당신의 것입니다. 이것은 믿음의 문제가 아닙니다.

"우리가 다 그의 충만한 데서 받으니 은혜 위에 은혜러라"(요 1:16)

당신은 그분의 충만함을 받았습니다. 당신이 받은 것을 당신이 누리든 누리지 않든, 그것은 문제가 아닙니다. 그것은 당신의 것입니다. 그것은 당신의 계좌에 들어왔습니다. 그 이상으로 당신 안에 존재합니다.

이제 당신이 해야 할 일은 아들로서의 당신의 자리를 차지하는 것과 그분의 은혜의 부의 충만함을 누리는 것을 배우는 것입니다. 그 모든 것이 당신에게 속해 있습니다!

지혜가 부족했던 사람들

창세기 25:29-34에는 아브라함의 피의 언약의 계승자인 한 바보 같은 남자의 이야기가 있습니다. 그는 영원한 것들을 위해 자신이 해야 할 것보다 한 끼 식사나 육신적 쾌락을 더 신경 쓰는 생각이 없고 경솔한 유형의 사람이었습니다.

낙담하여 그는 한 그릇의 식사에 자신의 장자상속권을 팔았습니다. 그 음식은 빨간 사탕무우 해쉬였습니다. 그것은 에돔이라 불렸고 빨간색을 의미하며, 조롱의 이름 곧 그의 어리석음을 나타내는 그 이름이 그 남자에게 주어졌습니다.

그는 오늘날 하찮은 육신적 쾌락을 위하여 자신들의 성공의 장자상속권birthright과 유용한 것을 팔아버리는 사람들과 같은 유형의 사람입니다. 그들은 능력을 가졌고 그들은 지식을 가졌지만 그들은 자신들의 능력과 지식을 현명하게 사용할 수 없는 것처럼 보입니다.

그들은 지식을 사용할 수 있는 지혜를 갖지 못했습니다.

초인적인 힘을 가진 삼손의 이야기는 사사기 14:6-27에서 우리에게 또 다른 예를 보여줍니다. 그와 견줄 수 있는 사람은 아무도 없었습니다. 그는 육체적 힘을 지녔었고 지식도 갖고 있었지만 사람이 가져야 할 가장 중요한 지혜가 없었습니다.

그는 수퍼맨이었습니다. 그는 모든 가능성들과 함께 첫 언약 안에 있었습니다. 하나님의 능력을 그의 마음대로 쓸 수 있었습니다.

그는 하나님의 보호를 받았고 하나님의 축복을 받았습니다.

그는 대범하게 언약의 권리들을 이용하였고 세상이 그때까지 알던 가장 힘센 사람이 되었습니다. 그러나 그럼에도 불구하고 그는 실패자였습니다.

삼손의 이름은 아브라함 언약의 대표적 산물로 대대로 전해졌지만 그는 실패자였습니다. 그는 자신을 억류한 자에 대해 보복하기 위하여 자살했습니다.

억류된 눈 먼 영웅인 그를 보십시오. 그 시대를 위한 하나님의 리더, 사로잡힌 자여! 얼마나 많은 사람들이 오늘날 그와 같은지요. 사단이 그들의 눈을 멀게 만들었습니다. 그들의 영적인 눈은 감겼고, 그들은 해야 할 올바른 일을 아는 지혜가 없어 보였습니다.

에서는 실패했습니다. 역사는 "아브라함의 하나님, 이삭의 하나님, 그리고 에서의 하나님"으로 기록될 수도 있었지만, 그는 지혜가 없었습니다.

다윗왕 때 이스라엘의 수상이었던 아히도벨Ahithophel은 그 시대 가장 지혜로운 사람이었지만, 위기의 순간에 지혜가 없어 수치심과 당혹함으로 자살하였습니다.

다니엘의 지혜는 인류 역사의 암흑의 시기에 어떻게 빛을 발했습니까? 이스라엘 포로기 동안 다니엘은 하나님을 찾았고 지혜를 알았습니다.

지혜는 하나님으로부터 비롯됩니다. 오직 하나님만이 그것을(우리가 말하는 종류의 지혜) 주실 수 있습니다.

세 종류의 지혜가 있습니다. 자연인의 지혜, 사단의 지혜 그리고 하나님의 지혜입니다.

가룟 유다의 이름은 열두 사도라는 위대한 지도자들 중의 하나로 오늘에 이르기까지 대대로 울려 퍼지며 전해질 수 있었지만, 그는 지혜가 없었습니다. 그는 예수를 은 삼십에 팔았습니다. 그가 손에 쥐고 있던 그은 조각들이 그에게는 요한과 베드로와 야고보와 다른 제자들과 같이 되는 것의 특권들보다 더 크게 보였습니다.

만일 유다가 지혜를 갖고 있었더라면 역사는 얼마나 다르게 평가했을까요.

예수는 우리에게 어리석은 사람에 대해 묘사해 주십니다.

누가복음 12:13-31은 부자의 이야기입니다. 그는 놀라운 능력을 갖고 있었습니다. 그는 대단한 지식을 지녔음이 틀림없습니다. 그는 자신을 위해 커다란 부를 축적했습니다. 하나님께 나아가 자신의 인생을 위한 계획을 얻는 대신에 그는 바보짓을 했습니다.

마태복음 7:24-27은 모래 위에 집을 지은 어리석은 사람의 이야기입니다.

대대로 이 어리석은 사람들의 이야기는 전해져 왔습니다. 지혜는 그들에게 속했었지만 그들은 지혜를 요구하지 못했습니다.

이 책을 읽는 당신은 당신의 삶의 모든 위기의 순간에 하나님의 지혜를 가질 수 있습니다.

당신은 현명한 남자와 현명한 여자로 알려질 수 있습니다. 혹은 어리석게 당신의 집을 모래 위에 지을 수도 있습니다. 그리고 폭풍이 와 그 집을 강타할 때 당신 삶의 모든 투쟁과 노력들이 산산조각 나 무너져 내립니다!

마태복음 25:1-13은 어리석은 처녀들의 이야기입니다. 이 처녀들은 교회가 아닙니다. 그들은 교회의 신부들러리들입니다. 그들은 그들의 등에 기름을 넣지 않았습니다. 그들은 인생에 있어 자신들을 안내할 성령을 초대하지 않았습니다. 그들은 세상의 지혜를 가졌습니다. 그러나 그들은 하나님의 지혜를 구하지 않았습니다. 그들은 어리석었습니다. 그들은 기회가 있었지만 그 기회를 이용하지 않았습니다.

요한계시록 3:14-42은 어리석은 교회에 대한 묘사입니다. 이것은 우리가 지금 살고 있는 시기입니다. 교회가 단지 나라의 도덕성을 잘 관리하는 편이 나을 수도 있습니다.

만일 교회가 깨어있다면, 우리의 젊은 남녀들을 저주받게 하고 엉망으로 만드는 술집들이 없었을 것입니다.

만일 교회가 지혜를 갖고 있다면 무법과 범죄는 끝날 것입니다.

예수는 교회에게 지혜가 되셨습니다. 그러나 교회는 교회의 감각 지식을 자랑으로 여기고 하나님의 지혜를 비웃었고 그래서 교회는 끔찍한 대가를 치렀습니다.

교회는 오늘날 지혜의 부족으로 고통 받고 있습니다.

18
정확한 지식

하나님은 영적인 것들에 관한 정확한 지식을 우리에게 주실 수 있는 능력을 갖고 계신다는 것은 이의가 없습니다. 우리는 말씀이 우리의 성장과 발전에 필요한 이 정확한 지식을 모든 영적인 지혜 안에 담고 있어, 우리는 아버지의 뜻을 완벽하게 알 수 있고 실행할 수 있다고 믿습니다.

감각 지식은 경험과 실험들에서 생겨납니다. 그것은 결코 완벽하지 않습니다. 그것은 항상 제한적 요소를 갖고 있습니다. 왜냐하면 지금까지 그 누구도 자신의 실험들에 대해 전적으로 확신하지 않기 때문입니다. 그것은 언제나 틀릴 가능성이 존재합니다. 왜냐하면 이 지식은 감각의 통로들을 통해서 오기 때문입니다.

내가 눈으로 보는 것은 결함이 있을 수 있어 어떤 것이 나타났을 때 그것이 맞다고 확신할 수 없습니다. 또는 내가 만일 나의 듣는 것에 의존한다면, 내가 제대로 들었는지 나는 확신하지 못합니다. 또는 그것이 만일 촉감을 통해서 왔다면, 나는 그것을 확신하지 못합니다. 언제나 착오의 가능성이 존재합니다.

우리는 기계학, 수학, 금속공학, 화학, 의학 그리고 다른 과학들의 영역에서 우리가 갖고 있는 지식을 얻기 위하여 지불해온 엄청난 노력을 그다지 고마워하지 않습니다.

그리스어 "epignosis"는 테이어Thayer에 의해 "정확한correct" 혹은 "정밀한 지식precise knowledge"으로 번역되었습니다.

영Young은 그것을 "완전한 지식full knowledge"라고 번역합니다.

그것은 정확하고, 완전하고, 맞으며, 정밀한 지식을 의미합니다.

"이로써 우리도 듣던 날부터 너희를 위하여 기도하기를 그치지 아니하고 구하노니 너희로 하여금 모든 신령한 지혜와 총명에 하나님의 뜻을 아는 것으로 채우게 하시고"

바울의 기도는 그들이 모든 영적인 지혜와 이해에 있어서 하나님의 뜻을 아는 정확하고 정밀하며 완전한 지식으로 채워지기를 기도하였습니다.

성령은 획득할 수 없는 가능성을 제시하지 않으십니다. 만일 바울이 골로새의 믿는 사람들이 반드시 이런 종류의 지식을 갖기를 기도했다면, 우리는 그들이 그것을 갖는 것이 가능했다고 믿습니다.

10절에서 그는 "주께 합당하게 행하여"라고 말합니다. 그것이 이 완전한 지식의 목표였습니다.

"주께 합당하게 행하여 범사에 기쁘시게 하고 모든 선한 일에 열매를 맺게 하시며 하나님을 정확하거나 완전하게 아는 것에 자라게 하시고"

그 지식은 말씀 안에 존재합니다. 그리고 예수는 보혜사가 오실 때 그분이 우리를 모든 진리 가운데로 안내하실 것과 그분이 우리에게 아버지의 뜻을 계시해 주실 것을 약속하셨습니다.

우리는 그분이 바울에게 그리스도가 이루신 사역에 대한 계시를 주신 것을 압니다.

우리는 예수께서 십자가 위에서 죄가 되셔서 죽으신 후 죽은 자들로부터 일어나시고, 그분의 피를 가지고 하늘의 지성소로 가셔서 우리의 대속물로 받아들여지실 때까지 그분이 하신 것들에 대한 계시를 가지고 있습니다.

그분의 사역은 우리를 위한 완벽한 속량으로 받아들여졌습니다. 그분은 높은 곳에 계신 지극히 크신 이의 우편에 앉으셨습니다. 왜냐하면 그분은 공의의 모든 요구와 사람들의 모든 필요를 충족시키는 속량을 완성하셨기 때문입니다.

고린도전서 2:12은 우리 각자에게 하나의 도전입니다. "우리가 세상의 영을 받지 아니하고 오직 하나님으로부터 온 영을 받았으니 이는 우리로 하여금 하나님께서 우리에게 은혜로 주신 것들을 알게 하려 하심이라"

우리는 그리스도의 속량 사역에 담긴 하나님께서 우리에게 은혜로 주신 것들을 알 권리가 있습니다. 우리가 만일 그것들을 알지 못한다면, 그것들은 아무런 가치가 없습니다.

골로새서 3:10은 우리를 향한 아버지의 간절한 바람을 제시합니다. "새 사람을 입었으니 이는 자기를 창조하신 이의 형상을 따라 지식에까지 새롭게 하심을 입은 자니라"

새로운 탄생은 "새 사람을 입는 것"이란 것을 주의 깊게 주목하십시오. 우리가 거듭 날 때, 재창조되는 것은 바로 우리의 영입니다. 그때 성령은 말씀을 통해서 우리의 마음을 새롭게 하시고 그 새롭게 함은 우리를 아버지와의 사귐으로 데려갑니다.

아담은 영적으로 그리고 지적으로 하나님의 형상과 모양대로 창조되었습니다. 아담이 타락했을 때 그의 마음은 어두워졌습니다.

"그 중에 이 세상의 신이 믿지 아니하는 자들의 마음을 혼미하게 하여 그리스도의 영광의 복음의 광채가 비치지 못하게 함이니 그리스도는 하나님의 형상이니라"(고후 4:4)

이것은 우리에게 이 세상의 신이 믿지 않는 자들의 마음을 혼미하게 해서 그들이 진정한 하나님 또는 영적인 일들을 알 수 없게 한다고 말합니다.

"육에 속한 사람은 하나님의 성령의 일들을 받지 아니하나니 이는 그것들이 그에게는 어리석게 보임이요, 또 그는 그것들을 알 수도 없나니 그러한 일은 영적으로 분별understanding되기 때문이라."(고전 2:14)

계시에 관하여 자연인이 알 수 있는 것들이 있습니다. 그들은 인류를 위한 하나님의 속량과 관련하여 로마서에 있는 성령의 강력한 주장을 이해할 수 있습니다.

로마서의 처음 여덟 장은 감각 지식의 영역에서 쓰였습니다. 그래서 감각 지식의 사람은 어떻게 하나님의 자녀가 되는지 이해할 수 있습니다. 그러나 그는 에베소서, 빌립보서, 그리고 골로새서를 이해할 수 없습니다. 그것들은 믿는 사람으로서의 우리가 그리스도 안에 있는 모든 권리와 특권들에 관한 모든 지식을 알게 하기 위해 우리에게 주어진 것들입니다.

예를 들어, 골로새서 1:12은 이렇게 말씀하고 있습니다. "우리로 하여금 빛 가운데서 성도의 기업의 부분을 누리게 하신(또는 누릴 능력을 주신) 아버지께 감사하게 하시기를 원하노라."

예수께서 요한복음 16:13에서 "그러나 진리의 성령이 오시면 그가 너희를 모든 진리 가운데로 인도하시리니"라고 말씀하셨기 때문에, 모든 하나님의 자녀는 각자가 그것을 인식하던 못하던, 말씀을 알 수 있는 능력을 가졌습니다.

진리의 성령은 우리를 실재 곧 그리스도 안에 있는 우리의 충만한 특권들로 안내하시기로 되어 있었습니다. 그분은 그리스도의 것들 곧 위대한 대속적 희생으로 우리를 위하여 잉태되어 있던 것들을 취하여 우리의 삶에 그것들을 실현하는 일들을 하시기로 되어 있었습니다.

그분은 바울에게 주어진 계시를 통하여 그것을 역사적으로 분명하게 하기로 되어 있었을 뿐만 아니라 그 충만함을 알고 누리기를 구하는 모든 믿는 사람들의 삶에 실험적으로도 실현되게 하시기로 되어 있었습니다.

당신은 우리가 앞서 참고했던 골로새서 1:9에서 "너희로 하여금 모든 신령한 지혜와 총명에 하나님의 뜻을 정확하게 아는 것으로 채우게 하시고"라고 말씀하신 것을 기억할 것입니다. 그것은 교회를 위한 성령의 기도입니다. 이 지식을 갈망하는 사람은 누구나 그것을 가질 수 있습니다.

"모든 선한 일에 열매를 맺게 하시며 이 정확한 지식에 자라게 하시고" 이것은 나에게는 놀라운 선언이었습니다.

"우리 각 사람에게 그리스도의 선물의 분량대로 은혜를 주셨나니" (엡 4:7) 우리 각자는 이제 우리 기업의 모든 부요함 속으로 들어갈 수 있는 은혜를 가졌습니다.

요한복음 1:16은 이것을 시사합니다. "우리가 다 그의 충만한 데서 받으니 은혜 위에 은혜러라."

그가 "은혜 위에 은혜"라고 말한 이유는 우리의 심령이 그리스도의 이 충만함과 완전함completeness과 완벽함perfectness이 우리의 것이 된다는 사실에 소름이 끼칠 정도로 놀랍기 때문입니다. 그분의 은혜가 거기에 존재합니다. 그리고 그것은 우리가 우리에게 속한 모든 것들 속으로 들어가는 것을 가능하게 하는 "은혜 위에 은혜"입니다.

에베소서 4:11-13에서 그는 교회가 사도들과 선지자들과 복음 전하는 자들과 목사들과 교사들을 갖는다고 선포합니다. "성도를 온전하게 하여 봉사의 일을 하게하며 그리스도의 몸을 세우려 하심이라. 우리가 다 하나님의 아들을 믿는 것과 아는 일에 하나가 되어 온전한 사람을 이루어 그리스도의 장성한 분량이 충만한 데까지 이르리니."

우리가 영적인 지식을 추구하는 이 더 높은 수준의 대학을 졸업해야만 하는 것, 우리가 열매를 맺어 그분의 영광을 찬양하고 범사에 기쁨으로 주께 합당하게 행할 수 있는 것은 아버지의 갈망입니다.

우리가 이론이나 적의 능력으로 인해 뒤흔들리는 것은 그분에게 영광을 더하는 것이 아닙니다.

그분의 마음은 대적의 간교한 술책에 맞설 수 있고, 병든 자와 궁핍한 자를 위하여 믿음의 기도를 기도할 수 있으며, 영적으로 갈급한 자들에게 그분의 은혜의 말씀을 밝혀줄 수 있는 완전한 지식을 갖춘 사람들에게 있습니다.

디모데전서 2:4은 자녀들을 향한 하나님의 갈망을 시사합니다. "하나님은 모든 사람이 구원을 받으며 이 완전하고 정밀하며 정확한 진리를 아는 데에 이르기를 원하시느니라."

그들이 구원을 받을 뿐만 아니라 그리스도 안에서 성장하길 바라십니다.

그들이 영적으로 성년이 되어 말씀이 그들에게 살아있는 실재가 되고, 기도가 구걸이 아니라 아버지와의 기쁨에 찬 협력이 되길 바라십니다.

우리는 여기 이 땅에서 예수의 자리에 앉아있고, 기도는 우리에 관한 사람들의 필요를 아버지 앞에 내어놓는 그야말로 아버지와의 회의가 되어야만 합니다. 우리의 기도는 어려움에 처한 사람들을 위해 음식, 치유 그리고 힘을 요청하는 것이 될 것입니다.

우리는 디모데후서 3:7에 언급된 자들처럼 항상 배우나 끝내 완전한 진리 혹은 말씀의 실재를 아는 데에 이를 수 없는 사람이 되지 않을 것입니다.

이 교회에서 저 교회로, 이 성경 교사에서 저 교사로 돌아다니는, 이 과정 잠깐 저 과정 잠깐 해보지만, 결코 정착하여 말씀의 교사로서 그리고 어려움에 처한 사람들의 조력자로서 숙련되지 않는 그런 사람들이 있습니다.

나는 우리가 아버지의 뜻을 정확히 아는 것이 아버지의 뜻이라고 믿습니다. 우리는 말씀에 대해 정확하고, 정밀하며 완전한 지식을 가진 선생이 될 것입니다. 그것은 단지 우리 교회나 우리의 신조creed가 받아들였다는 것 이상을 의미합니다. (균형 잡힌 교사들이 거의 없습니다!)

만일 내가 감리교인 이라면, 혹은 침례교인 이라면, 혹은 장로교인 이라면, 아니면 오순절파의 사람이라면, 나는 오직 그들의 신조가 허락하는 메시지만을 가르칠 수 있습니다. 신조 밖의 어떤 것이든 미심쩍어 합니다.

우리는 그리스도를 신조 안에 가둬 두었기에 그분은 우리의 신조가 허용하는 것보다 더 크지 않습니다. 우리는 그분이 우리의 교리의 한계를

정확한 지식

초월하여 사람들을 돕는 것을 불가능하게 만들었습니다. 이것은 대단히 유감스럽다.

많은 믿는 자들이 어떤 종파보다도 더 많은 진리를 교회에 주었지만, 교회는 백 년 전에 알고 있던 것보다도 더 많은 지식에 대해 문을 닫아 버렸습니다. 그래서 그들을 돕는 것이 불가능합니다.

기록되어 있든 기록되지 않았든, 신조들을 갖고 있는 오래된 계통의 교파들은 오십 년 내의 새로운 진리를 인정하지 않았습니다. 그들은 그들의 선조들이 그들에게 준 것들 외에는 아무것도 갖고 있지 않습니다.

과학, 기계학, 예술의 영역에서 경이로운 발전과 성장이 계속되었습니다. 화학은 현대 세계를 혁신했습니다. 그러나 기독교는 완전히 활동을 중지하고 있었습니다. 리더들 가운데 누구도 감히 그들의 신조를 넘어서지 못했습니다. 왜냐하면 만일 그들이 그렇게 하면, 리더들은 그들을 그들의 교파에서 제명할 것이기 때문입니다. 이것은 대단히 유감스럽습니다.

히브리서 10:26에서 우리는 중요한 경고를 받습니다. "우리가 진리를 아는 완전한 지식을 받은 후 짐짓 죄를 범한즉 다시 속죄하는 제사가 없고"(그것은 진리의 정확하고, 정밀하며, 완전한 지식을 의미합니다.)

고의적인 죄는 예수의 신성을 부정하는 것이며 그분을 거룩하게 한 새 언약의 피를 부정하는, 즉 보통 사람의 피로 여기게 하는 것입니다.

그것은 용서할 수 없는 유일한 죄입니다. 그리고 그것은 오직 진리의 완전한 지식에 도달한 사람에 의해서만 저질러질 수 있습니다.

그리스도 안에 있는 갓난아기는 그가 믿지 않는 것들을 쓸데없이 마구 지껄일 수 있습니다. 그러나 그는 갓난아기일 뿐이고 그것은 그리스도 안에 있는 유아의 지껄임일 뿐입니다. 그가 그런 식으로 말하는 것은 대단히 유감스럽지만, 아버지는 그것을 이해하시고 또 그를 용서하십니다.

진리를 아는 완전한 지식을 받은 사람에게 그리스도의 대속적 희생을 부정하는 것만큼 큰 위험은 없습니다.

베드로후서 1:2에서 "하나님과 우리 주 예수를 정확하고 완벽하게 앎으로 은혜와 평강이 너희에게 더욱 많을지어다"라고 그분은 말씀하십니다. 이것은 아주 멋진 기도invocation입니다.

은혜와 평강이 이 완전한 지식, 즉 아버지와 우리의 주 예수에 대한 이 완전한 계시로 배가될지어다. 그것이 어떻게 교회를 혁신할지요! 그것이 어떻게 당신의 삶을 혁신할지요!

"그의 신기한 능력으로 생명과 경건에 속한 모든 것을 우리에게 주셨으니 이는 자기의 영광과 덕으로써 우리를 부르신 이를 앎으로 말미암음이라"(3절)

만일 정확한 지식이 획득될 수 없다면, 정확한 지식은 요구되지 않을 것입니다.

우리는 완벽한 계시를 갖고 있습니다. 우리는 완벽한 선생, 즉 성령을 갖고 있습니다. 아버지는 그분만의 도구로 사도 바울을 선택하셨습니다. 그는 하나님으로부터 완벽한 계시를 받고 그것을 자신의 철학과 섞지 않을 수 있었던 사람이었습니다.

우리가 아버지의 뜻을 정확하게 알아서 그분을 즐겁게 하는 것은 필수적이었습니다.

그분은 우리에게 완벽한 새로운 창조를 주셨습니다. 즉 우리의 영에 그분의 본성을 주셨습니다. 그분은 예수를 우리의 지혜가 되게 하셨고,

성령을 우리의 선생이 되게 하셨고, 이 계시를 우리의 교과서가 되게 하셨습니다. 이 교과서에서 우리는 계시된 그분의 정확한 뜻을 알 수 있습니다.

당신은 바울이 계시를 사람에게서 난 것도 아니요 사람을 통해서 배운 것도 아니라고 말한 것을 기억할 것입니다. 감각 지식은 계시에 색칠하지도 않았고, 그것으로부터 완벽함을 빼앗지도 않았습니다.

이 절대 지식은 우리의 속량에 대한 믿음과 확신을 세워줍니다.

19

그리스도 안에서 우리에게 속한 것

지금 우리에게 속한 큰 축복들 중 몇 가지를 열거해보겠습니다.

우리에게는 전능한 하나님과 연합할 기회를 있습니다. 우리는 온 우주의 하나님의 방대한 자원을 사용할 수 있습니다.

오늘날 우리가 소유할 수 있는 것들에 대해 처음 알았을 때 나는 매우 흥분했습니다. 그것은 나를 얼마나 전율케 했던지요! 나는 수년 전, 특별한 상황을 통해 미국에서 가장 유명한 금융 기관에 들어갈 수 있었던 한 젊은 남자를 만났습니다. 또래의 다른 젊은 남자들이 얼마나 그가 가진 특권을 매우 부러워했습니다. 그들 중 얼마는 그의 성공을 거의 분개했습니다. 오늘 나는 어떻게 한 젊은 남자가 하나님과 연합하여 어떻게 우주의 조직 속으로 들어갈 수 있는지 알 수 있습니다.

우리는 원자폭탄의 위력에도 놀라지만 그러나 이것은 훨씬 더 거대한 일입니다. 당신은 그 폭탄을 구성하는 요소의 창조자와 연합 될 것입니다.

영생 곧 전능하신 하나님의 본성을 받는 것을 머리에 떠올려 보십시오. 당신은 그분의 가족이 되고 그분의 신성에 참여한 자가 됩니다. 당신은 당신의 관계에 있어서 예수께서 지상에서 사역하실 때만큼이나 하나님과 가까이 있습니다.

당신이 그분의 본성에 참여하는 사람이 될 때, 당신은 즉시 그분의 능력을 공유하는 사람이 됩니다. 당신은 그분 앞에 설 수 있고, 당신은 그분과 사귈 수 있습니다. 당신은 그리스도 안에서 하나님의 의가 됩니다.

당신은 죄의식이나 정죄함 없이 하나님 앞에 설 수 있습니다. 당신은 사단과 모든 그의 무리들 앞에 아무런 열등감 없이 설 수 있습니다. 당신은 사단의 힘에 대해 절대적인 지배자가 됩니다.

당신은 예수께서 "너희가 내 이름으로 귀신을 쫓아내며 '라고 말씀하신 것을 기억할 것입니다. 그것은 이 시대를 위한 것입니다. 지금입니다.

그분은 지금은 이 땅에 계시지 않는 주님을 대신할 기회를 주십니다. 그분의 이름의 권세와 함께, 당신은 하늘의 대표자가 됩니다.

당신은 하나님의 본성을 가질 뿐만 아니라, 예수께서 만일 당신이 그분을 초대한다면 그분의 집을 당신의 몸 안에 두실 성령을 보내시겠다는 약속도 하셨습니다.

"자녀들아 너희는 하나님께 속하였고 너희 안에 계신 이가 세상에 있는 자보다 크심이라"(요일 4:4)

이것은 무엇을 의미합니까? 그것은 당신은 실제로 하나님께 속하였다는 것을 의미합니다. 그분에게서 태어났고, 그분의 가족이 되었으며, 그렇기 때문에 예수를 죽은 자들 가운데서 다시 살리신 위대한 성령이 기꺼이 그분의 거처를 당신 안에 두시려고 한다는 것을 의미합니다.

그분이 당신을 떠맡으실 것입니다. 그분은 이 새롭고 놀라운 삶에서 당신의 후원자가 되실 것입니다. 그것은 마치 그분이 당신의 곁에 서서

"만일 허락한다면, 내가 네게로 들어가, 어떻게 하면 내가 너의 마음과 같은 생각을 갖게 되어 네가 그리스도의 마음을 가질 수 있는지 그 방법을 너에게 가르쳐줄게"라고 속삭이는 것과 같습니다.

당신의 매일의 걸음은 그리스도의 마음을 반영할 것입니다. 아버지의 뜻이 당신의 뜻이 될 것입니다. 당신은 아버지의 바로 그 사랑의 본성으로 채워질 것입니다. 성령은 당신이 예수 안에서 열망하던 그 모든 아름다운 특징들이 당신의 삶을 지배할 때까지 그것들을 당신 안에 세우실 것입니다.

당신안에 성열을 풀어 놓는다면 당신은 패배자가 될 수 없습니다. 그분께 권세를 드려 당신의 삶을 지배하게 한다면 당신은 패배당할 수 없습니다. 언젠가 그분이 내게 말씀하셨고 나는 "주여 당신의 주인되심 곧 주님이 저를 지배하고 계심을 깨닫게 하시려면 제가 설교할 수 있게 만드셔야 할 것입니다. 저는 아름다운 교회를 원합니다"라고 말했었습니다. 그때 그분은 "네가 네 자신을 사랑하는 것보다 내가 너를 더 사랑하는 것을 모르느냐?" "나는 너보다 더 너의 성공을 원한다"라고 속삭이셨습니다.

나의 영은 입을 다물었습니다. 나는 눈물을 그칠 수 없었습니다. 나는 띄엄 띄엄 대답했습니다. "주여, 알겠습니다. 저는 주님의 주인되심을 깨달았습니다. 저는 주님이 안내하는 곳으로 걸어가겠습니다." 그후 나는 그분과의 연합이 나를 성공하게 하였다는 것을 발견하였습니다. 그것은 정말 멋진 일입니다. 당신 안에 하나님이 살고 계십니다. 그것은 놀라움 이상입니다. 그것은 모든 이성을 초월합니다. 그것은 사람을 전능한 힘 속으로 쓸어 넣는 것입니다. 그 전능함 속에서 그분이 당신을 돌보시기 때문에 당신의 모든 염려와 걱정을 그분에게 던져버립니다.

당신은 로마서 8:31-36을 기억할 것입니다. "만일 하나님이 당신을 위하시면 누가 당신을 대적하리요?"

지금 삶의 여행을 떠나는 당신, 여기 당신을 성공시킬 수 있고, 당신의 심령이 갈망해 왔던 것을 당신에게 줄 수 있는 유일한 분과 연합할 기회가 있습니다.

그분이 속삭이는 것을 들으십시오. "만일 하나님이 당신을 위하시면 누가 당신을 대적하리요?" 당신은 무의식적으로 그것을 바꿔 고백합니다. "하나님이 나와 함께 하시니 나는 아무도 두렵지 않습니다."

"자기 아들을 아끼지 아니하시고 우리 모든 사람을 위하여 내주신 이가 어찌 그 아들과 함께 모든 것을 우리에게 주시지 아니하겠느냐?"는 말씀이 있습니다.

이 말씀은 이제 나에게 개인적이 되었습니다. 그것은 "우리"가 아닌 "나"입니다. 그것은 더 이상 인류가 아니라 "나"입니다. 그것은 더 이상 그리스도의 몸뿐이 아니라, 개인적으로 "나"를 위한 것입니다. 내가 바로 그 사람입니다. 오직 사랑만이 값없이 줄 수 있기 때문에, 나는 그분을 값없이 갖고 있습니다.

그리고 나서 나는 에베소서 1:3의 "찬송하리로다 하나님 곧 나의 주 예수 그리스도의 아버지께서 그리스도 안에서 하늘에 속한 모든 신령한 복을 나에게 주시되"를 기억합니다. 보십시오. 그분은 (내가 만일 믿음을 갖고 있다면) "나를 축복하실 수 있습니다"고 말씀하시지 않습니다. "나를 축복하실 will bless me"이 아니라 "나를 축복하셨습니다 has blessed me"입니다. 나는 축복 받습니다! 나의 모든 필요는 채워집니다.

사람은 그것을 거의 이해할 수 없습니다. 그리스도의 모든 부가 나의 것입니다.

당신은 다음 문장을 주목해 보았습니까? "누가 능히 하나님께서 택하신 자들을 고발하리요 의롭다 하신 이는 하나님이시니."

당신은 장차 당신과 싸울 적들을 가질 수도 있습니다. 그러나 그들은 당신을 그분의 사랑에서 떼어놓을 어떠한 고발도 할 수 없습니다. 왜 그렇습니까? 왜냐하면 예수께서 당신의 대언자이시기 때문입니다. 그분은 가문의 변호사입니다. 그분은 당신의 개인 변호사입니다. 그분은 살아계셔서 당신을 위해 중재하시는 유일한 분이십니다.

대적이 당신을 넘어뜨리고, 그리고 당신은 어리석은 뭔가를 할 때 하늘을 보며 "아버지, 예수의 이름으로 저를 용서하소서."라고 속삭입니다. 당신의 대언자는 거기 아버지의 우편에 계셔, 당신의 소송을 변호하십니다. 그러면 당신의 사귐은 회복됩니다.

"나의 자녀들아 내가 이것을 너희에게 씀은 너희로 죄를 범하지 않게 하려 함이라 만일 누가 죄를 범하여도 아버지 앞에서 우리에게 대언자가 있으니 곧 의로우신 예수 그리스도시라"(요일 2:1)

당신의 대언자가 당신을 위해 변호를 하는 순간, 모든 것은 깨끗해집니다. 당신은 마치 죄가 있었던 적이 없는 것처럼 아버지 앞에 섭니다.

아버지가 용서하실 때 그분은 잊으십니다. 그리고 그분은 당신도 역시 잊기를 원하십니다.

당신은 34절을 주목해본 적이 있습니까? "누가 정죄하리요? 너희를 위하여 죽으셨던 그리스도 예수시라."

그리스도가 당신을 정죄할까요? 결코 아닙니다. 왜 그분은 살아 계셔서 당신을 위해 중재를 하십니까? 그분은 당신의 주님이시요 대언자이시기 때문입니다.

그분은 당신을 사랑하셨고 당신을 위해 자신을 버리셨던 유일한 분이셨습니다. 그분은 당신을 보증하십니다. 그분은 당신을 지지하시고, 모든 삶의 싸움에 있어서 그분은 당신의 뒤를 받쳐 주십니다. 그분은 당신에게 그분의 능력과 그분의 지혜를 주십니다.

당신은 그분과 연결되어 있습니다. 당신은 이 땅에서 그분의 대리인입니다.

나는 당신이 그리스도 안에서의 당신의 법적 권리들을 깨달았는지 궁금합니다.

알다시피 기독교는 법률 서류입니다. 성경은 두 개의 법률 책으로 구성되어 있습니다. 그것들은 옛 언약과 새로운 언약입니다. 하나의 언약은 곧 하나의 계약입니다. 첫 번째 계약은 아브라함과 여호와 사이에서 존재했습니다. 두 번째 계약은 예수와 아버지 사이에서 존재합니다.

이스라엘민족은 첫 언약의 수혜자들이었습니다. 새로운 피조물의 사람들은 새 언약의 수혜자들입니다.

예수 그리스도의 피는 새 언약의 서류 위의 붉은 색 봉인입니다. 그 언약에 근거하여, 법률적으로, 하나님은 사람에게 영생을 주실 수 있습니다. 하나님은 합법적으로 그분의 본성이신 영생을 그리스도를 구원자로 받아들이고 그분을 삶의 주님으로 고백하는 모든 사람들에게 주십니다. 그들은 합법적으로 그분의 자녀가 됩니다. 그들은 성령께 그들의 몸 안으로 오시라고 초대할 합법적인 권리를 갖고 있습니다. 그들은 예수의 이름을 사용할 합법적인 권리를 갖고 있습니다.

그 이름은 세개의 세상에서 모든 권세를 갖고 있습니다(나의 책 "놀라우신 그 이름 예수"믿음의말씀사,2012를 읽어보십시오.)

언제 예수께서 "하늘과 땅의 모든 권세를 내게 주셨으니, 그러므로 너희는 가서 모든 민족을 제자로 삼아 … 볼지어다 … 너희와 항상 함께 있으리라"라고 말씀하셨는지 기억하십시오.

"나는 거기 나의 이름 안에, 나의 말 안에, 성령 안에 있다. 너희는 결코 홀로 남겨지지 않는다. 나는 너희가 나는 포도나무이고 너희는 가지들이라는 것을 알기 원한다. 가지가 어디로 뻗던 포도나무의 생명이 흐른다. 가지는 아프리카, 인도, 혹은 중국에 있을 수 있고, 포도나무의 생명은 그것을 따라간다. 너희와 나는 풀 수 없게 결합되어 있다. 우리는 하나다. 그 거룩한 연합은 아버지의 생명에 의해 만들어졌다."

이것은 아버지와 아들과 믿는 사람 사이의 놀라운 연합의 모습입니다.

오늘부터, 그분이 당신의 아버지요 당신은 그분의 자식이라는 의식을 갖고 걷는 것을 계획하십시오. 당신은 그분의 일을 하고 있습니다. 당신은 그분의 대리인입니다.

"볼지어다. 너희와 항상 함께 있으리라"는 말씀은 당신에게 개인적으로 말씀하신 것입니다.

당신이 말씀을 말할 때, 그리고 당신의 일상에서 말씀대로 살 때, 그분은 살아있는 말씀 안에서 당신과 함께 하십니다.

그분이 무엇을 하고 계신지 보십시오. 그분은 아버지의 본성인 말씀을 취하시어, 그것을 당신의 영 안에 세우고 계십니다. 그분은 그 말씀이 당신의 일부가 되도록 만들고 계십니다.

이제 당신은 무슨 일이 일어나든, 그것을 담대하게 직면할 수 있습니다.

왜냐하면 당신은 그 이름을 사용할 수 있는 합법적인 권리를 갖고 있기 때문입니다.

베드로는 "예수 그리스도의 이름으로 일어나 걸어라"라고 성전 미문에 있던 불구자에게 말했습니다.

바울은 예수의 이름으로 악한 영에게 소녀를 떠날 것을 명령하자 그것은 떠났습니다.

그 이름은 오늘날 모든 권세를 갖고 있습니다. 그리고 당신은 그 이름을 사용할 수 있는 능력을 갖고 있습니다. 그것은 개인적으로 당신을 위한 것입니다. 당신은 당신을 둘러싸고 있는 세력들과 싸움에서 그것을 사용할 수 있습니다. 이 이름은 모든 분야에서 당신을 넉넉히 이기게 만듭니다.

당신이 이것을 이용하는 것은 어렵지 않을 것입니다. 왜냐하면 이것은 당신에게 속해있기 때문입니다. 하나님의 자녀가 되는 순간 그것들은 당신의 것입니다. 신과 연합한 사람만이 이러한 특권들을 누릴 수 있습니다.

하나님 아버지의 능력이 당신의 것입니다. 주의 지혜가 당신의 것입니다. 당신은 하늘heaven이 당신에게 줄 수 있는 모든 것들을 갖고 있습니다.

"그러나," 당신은 "나는 이런 삶을 사는 사람을 보지 못했소."라고 말하지만 그것이 말씀에 대한 신뢰를 떨어뜨리지는 못합니다.

대부분의 사람들은 진리와 진리의 실재에 대해 알지 못했습니다. 그들은 그것이 무엇을 의미하는지 알지 못했습니다.

우리는 인류 역사에 있어서 원자폭탄이라는 위기 상황이 일어났는데 보통의 것들로는 문제를 해결할 수 없을 것입니다. 보통의 것으로 원자폭탄을 맞설 수 없습니다. 오직 그와 같은 부류의 특별한 것만이 그것을 맞설 수 있습니다.

당신의 싸움은 혈과 육을 상대하는 것이 아니라 통치자들과 권력자들을 상대하는 것입니다. 주께서 이 싸움을 대비하셨습니다. 만일 당신이 하나님의 자녀라면, 당신은 모든 위기에서 넉넉히 이깁니다.

담대하게 그분의 말씀을 믿고, 역할을 감당하고, 그리고 오늘 당신의 자리를 차지하십시오!

20

당신 안에 있는
하나님의 능력을 의지하라

나는 몇 년 동안 하나님이 가지신 능력을 찾고 그 능력을 달라고 기도하며 그것을 얻는 법을 알려줄 책들을 닥치는 대로 읽었던 적이 있습니다.

어느 날, 빌립보서 2:13이 나에게 열렸습니다. 나는 그것을 20세기역으로 읽고 있었습니다. "너희 안에서 행하시는 이는 하나님이시니 자기의 기쁘신 뜻을 위하여 너희에게 소원을 두고 행하게 하시나니."

나는 내가 왜 이전에는 이것을 보지 못했는지 의아했습니다. 나는 내 안에 발전소를 갖고 있습니다. 나는 죽은 자들 가운데서 예수를 다시 살리신 성령을 갖고 있었지만 그분을 한 번도 인식하지 못했습니다!

나는 내가 경험에 의해 지배되고 있었다는 것을 알았습니다. 나는 만일 내가 어떤 종류의 경험을 한다면 능력power이 생길 것이라고 믿었습니다. 나는 그 경험을 찾아 헤맸습니다. 나는 내가 말씀보다 다른 것들의 경험을 더 많이 신뢰하고 있다는 것을 알았습니다.

그리고 나서 나는 만일 하나님의 능력이 내 안에서 풀어지게 된다면,

그것이 내가 열망하던 불가사의한 것들을 행하게 할 것이란 것을 알았습니다.

나는 내가 내 안에 하나님을 갖고 있다는 사실에 특별히 관심을 기울인 적이 없었습니다. 나는 내 입술에 있는 말씀이 예수와 제자들의 입술 위의 말씀이 행했던 것과 같은 것을 행하리란 사실에 특별히 관심을 기울인 적이 없었습니다.

그때 나는 이 진리를 알았습니다. 예수 이름과 말씀을 사용할 수 있는 능력을 내게 주시려고 성령이 내 안에 계셨습니다.

이 이름은 그 안에 모든 권세를 갖고 있습니다. 당신은 예수께서 "너희가 무엇이든지 내 이름으로 아버지께 구하는 것을 주시리라"고 말씀하신 것을 기억할 것입니다.

그리고 또 다시, "너희들이 내 이름으로 귀신을 쫓아내며 새 방언을 말하며 병든 사람에게 손을 얹은즉 나으리라."

이것을 주의 깊게 주목하십시오. "너희가 내 이름으로 무엇이든지 구하면 내가 행하리라."

하나님의 기적을 일으키는 능력ability은 그 이름 안에 있습니다.

나는 이전에 누구도 그것에 관해 설교하는 것을 들어본 적이 없습니다. 나는 내가 그 이름을 처음으로 사용했을 때, 내가 얼마나 소심했었는지 결코 잊지 못할 것입니다. 내가 그것이 작동된다는 것을 알았을 때 얼마나 전율했는지요! 그것은 역사했습니다.

잠시 후 나는 담대하게 회중 앞에 서서 그 이름으로 사단으로부터 사람들을 해방시켰고 그리고 사람들이 예수 그리스도를 자신들의 구원자로 받아들이는 것을 보았습니다.

나는 처음에는 그것을 개인별로 했습니다. 나중에는 전체 회중에게 한꺼번에 했습니다. 초청하는 것이 얼마나 쉬워졌는지요! 그것은 마치 내가 그들 위에 걸려있는 먹구름을 걷어내는 것 같았습니다.

나는 내가 초자연적인 사안을 다루고 있다는 것을 알았습니다. 나는 예수의 이름으로 어두움의 주관자들을 지배했습니다. 나는 능력을 기도할 필요가 없었습니다. 내가 필요한 모든 것은 권세였습니다. 그리고 그 권세는 예수 이름 안에 있었습니다.

그러던 어느 날, 고린도전서 1:30이 새로운 명료함과 함께 생각났습니다. "하나님은 예수를 우리에게 지혜가 되게 하셨습니다." 예수가 지상 사역에서 사용하셨던 능력과 지혜가 나의 것이었습니다.

지금까지 아무도 우리에게 지혜와 지식의 차이를 가르쳐주지 않았습니다. 아무도 우리에게 아버지가 예수의 이름 안에 부여한 권세에 대해 말해주지 않았습니다. 아무도 아들과 딸로서의 우리의 권세와 특권들에 관하여 그리고 그분의 이름을 사용할 수 있는 권리에 관하여 설교하지 않았습니다.

지금껏 내내 나의 삶에는 자격이 없다는 의식이 있었습니다. 대적은 내가 자격이 없다고 생각하게 만든 것에 기뻐하는 것 같았습니다.

나는 사람들이 가르쳐주는 것은 무엇이든지 다 시도해 봤습니다. 나는 "깨끗한 마음" "완전한 거룩함" "은혜의 두 번째 역사" 설교에서 들었던 모든 것을 찾았었습니다. 나는 잠깐 동안 축복을 받았었으나, 그 모든 것은 곧 사라져 버렸습니다. 나는 변치 않는 것을 원했습니다. 나는 내가 그것을 말씀에서 찾을 수 있다는 것을 알았습니다.

나는 로마서 3:26을 읽고 있었습니다. 나는 로마서의 핵심 단어가

"의Righteousness"라는 것을 알았지만, 의에 대한 확고한 해석을 갖고 있지 못했습니다. 나는 항상 그것이 올바른 행위, 올바른 삶을 의미한다고 생각했었습니다. 나는 그것에 대한 사도 바울의 정의를 알지 못했습니다.

사도 바울의 서신서들에서 우리는 의라는 단어가 어떤 죄의식이나 두려움이나 정죄함 없이 아버지 앞에 설 수 있는 능력과 그리고 열등감이나 두려움 없이 사단 앞에 설 수 있는 능력을 의미한다는 것을 봅니다.

문제는 어떻게 그 의를 얻는 가였습니다. 로마서 3:26이 그 문제를 해결했습니다. 나는 당신에게 그것의 미국 개정 의역본을 보여주고자 합니다. "자기 자신도 의로우시며 또한 예수 믿는 자의 의가 되심이라."

이상한 것은 내가 이전에 그것을 한 번도 보지 못했다는 것입니다. 내가 그리스도를 받아들이고 그분을 나의 주로 고백하는 순간, 하나님 자신이 나의 의가 되려 하셨습니다.

그때 나는 로마서 10:10이 기억났습니다. "사람이 마음으로 믿어 의에 이르고, 입으로 하는 고백이 구원에 이르게 합니다."

그러자 고린도후서 5:21의 "하나님이 죄를 알지도 못하신 이를 우리를 대신하여 죄로 삼으신 것은 우리로 하여금 그 안에서 하나님의 의가 되게 하려 하심이라."가 기억났습니다.

나는 처음에는 그것을 믿을 수 없었습니다. 나는 이 성경 구절과 많은 날들을 씨름했습니다. 나는 만일 내가 그리스도 안에서 하나님의 의가 되었다면 나는 다시는 경험들에 의존하지 않을 것이라는 것을 알았습니다.

나는 내가 찾던 것에 도달했습니다. 나의 심령이 열망해 온 것이 여기 있었지만, 내가 세상 앞에서 그것을 고백하기 전에 그것은 결코 나에게 실재가 되지 않았을 것입니다.

고백한 그 일요일 아침은, 내가 대범하게 "나는 그리스도 안에서 하나님의 의다."라고 말했을 때, 그 고백이 의미하는 것을 내가 경험한 순간이었습니다. 생소한 고요함이 나의 온 마음을 채웠습니다. 내가 이전에는 경험하지 못했던 기쁨이 나의 심령을 채웠습니다.

나는 무의식적으로 "나는 도착했습니다. 나는 그것을 갖고 있습니다. 이제 나는 자격이 없다는 생각을 하지 않고 아버지께 다가갈 수 있습니다. 나는 주인으로서 대적을 마주 볼 수 있습니다."라고 고백했습니다.

나는 우리가 예배를 드렸던 그날 오후를 기억합니다. 내가 교회로 발걸음을 하고 있었을 때, 나는 "사단아, 마침내 너는 나의 종이 되었구나. 나는 너의 주인이다."라고 말했습니다.

나는 이전에는 그런 의식을 가져본 적이 없었습니다. 나는 수년간 설교하고 있었지만, 내가 그리스도 안에서 하나님의 의라는 것을 결코 알지 못했습니다. 나는 내 안에 내가 갖고 있던 것을 깨닫지 못했습니다.

나는 이제 "아버지, 나는 성령이 마음대로 하시게 하려 합니다. 그분은 내 안에서 자유로우십니다."라고 말했습니다.

이전에는 한 번도 사용해본 적이 없었지만, 나는 이제 성령의 검인 이 말씀을 사용할 수 있습니다.

그때 나는 기독교의 진수를 알았습니다. 하나님은 나를 재창조하셨습니다. 그분은 나에게 영생을 주셨습니다. 그분은 나에게 그분의 본성을 주심으로써, 나를 그리스도 안에서 그분의 의가 되게 하셨습니다.

나는 그것을 결코 깨닫지 못했었고, 이해하지 못했었고, 당연히 나는 그것을 이용하지도 못했었습니다.

하나님은 나의 목회를 크게 축복하셨고, 그분은 놀랍게도 나에게 말씀을 열어주셨지만, 이 목회로 들어가는 방법은 결코 내게 깨달아지지 않았습니다. 왜냐하면 그 누구도 그것을 설교하지 않았기 때문입니다. 아무도 우리에게 그것을 말해주지 않았습니다. 우리는 무의식적으로 예수, 말씀, 성령을 우리의 신조와 교리 안에 가두었습니다.

이제 나는 살아있는 말씀을, 기적을 연출하는 말씀을 내 입술에 갖고 있습니다.

내가 경험했던 일을 결코 잊지 않을 것입니다. 나는 어떤 미친 사람을 위해 기도하도록 이웃 마을로 부름을 받았었습니다. 내가 그가 있던 방으로 들어갔을 때, 그의 어머니가 나를 그에게 소개했습니다. 그는 내게 등을 돌리고 말하지 않으려 했습니다. 섬광처럼 나에게 진리가 생각났습니다. 나는 그리스도 안에서 하나님의 의였습니다. 나는 어둠의 주관자들보다 우월했습니다. 나는 그 남자에게 다가가 예수의 이름으로 마귀들에게 그 사람에게서 나와 다시는 돌아오지 말 것을 요구했습니다.

1분도 못되어 그는 내 손을 붙잡았고, 우리는 나머지 시간 동안 친밀한 교제를 가졌습니다.

그의 어머니가 얼마나 기뻐하셨는지요! 예수의 이름으로 그녀의 아들은 해방되었습니다.

나는 그분의 이름을 사용할 수 있는 능력을 갖고 있었지만, 이전에는 그것을 깨닫지 못했었습니다.

며칠 후 나는 제1차 세계대전에서 부상을 당한 젊은 남자를 위해 기도하도록 부름 받았습니다. 나는 그의 옆에 앉아 그에게 말씀을 열어주었습니다. 내가 떠날 준비가 되었을 때, 그는 내게 그의 후두부에 있는 통증을 위해 기도해줄 것을 요청했습니다.

나는 다시 그 이름을 사용했습니다. 나는 내가 그리스도 안에서 누구인지 기억했습니다.

그 다음 날 나는 다시 가서 그 젊은이가 의자에 앉아 있는 것을 보았습니다. 나는 다시 그의 완벽한 구원을 위해 기도했습니다. 나는 그의 상태에 대해 아무것도 알지 못했습니다. 나는 그에게 일어나라고 요구하지 않았고, 나는 그를 위해 기도하고 떠났습니다.

그 다음 날 밤 나는 우리의 기도 모임에 참석하고 있었습니다. 내가 그 문을 들어서자, 한 젊은이가 나에게 말했습니다. 나는 그를 환영했고 건물 안으로 들어가기 시작했습니다. 그는 뒤에서 나를 불러 내가 그를 기억하지 못하는지 물었습니다.

그의 얼굴은 낯이 익었지만, 나는 그를 알아보지 못했습니다. "나는 어제 목사님이 기도해준 사람입니다. 나는 전쟁에서 전쟁 신경증에 걸려 수년간 걷지 못했었습니다. 이제 제가 할 수 있는 것을 보십시오."라고 말했습니다.

그가 아무 고통 없이 점프하고 몸을 사방으로 구부리는 것을 보자, 눈물이 났습니다. 그는 완벽하게 나았습니다. 알다시피 나는 나의 수준을 찾았습니다. 나는 그 이전에도 치유 받은 매우 많은 사람들을 보았었습니다. 그러나 마침내 하나님의 프로그램에서의 나의 자리를 찾았습니다.

나는 그리스도 안에서 하나님의 의였습니다. 나는 그분의 이름을 사용할 수 있는 합법적인 권리를 갖고 있었습니다. 나는 나를 대적할 수 있는 어떤 주관자보다 더 크신 그분을 내 안에 모시고 있었습니다.

그 일이 있은 며칠 후, 나는 병원에 가서 한 여인을 위해 기도해 줄 것을 초청받았습니다. 이 여인은 유니티파의 교사였었습니다.

나는 그녀에게 말씀을 폈고 그녀는 그리스도를 받아 들였습니다. 나는 그녀를 위해 기도하고 떠났습니다. 그 다음 날 밤, 그녀는 완벽하게 나아 나의 예배에 참석했습니다. 그녀는 우리의 가장 강력한 조력자들 가운데 한 사람이 되었습니다.

나는 내가 그리스도 안에서 실제로 갖고 있던 것을 이용하는 법을 배웠습니다.

우리는 하나님과 연결되어 있습니다. 그분은 지금 바로 우리의 아버지이십니다. 우리는 그분과 완전히 하나입니다.

그분은 우리 안에 계십니다. 우리는 그분 안에 있습니다.

그분은 우리의 일부분이십니다. 우리는 그분의 일부분입니다.

우리는 본질상 그분의 자녀입니다. 우리는 하늘Heaven로부터 났습니다.

우리는 성령으로 태어납니다. 말씀은 우리에게 생명을 주었습니다. "자기의 뜻을 따라 우리를 낳으셨느니라."

주님과 연합 그리고 아버지와의 연합은 사람의 이해력을 초월합니다.

자연적인 마음은 그것을 이해할 수 없습니다.

우리는 그것을 헤아릴 수 있는 능력이 바닥난 채 그 앞에 서지만, 그것은 우리의 것입니다.

우리는 그분과 연합입니다. 우리는 그분의 본성에 참여하는 사람들입니다. 우리는 그분의 영으로부터 납니다. 그분의 말씀이 우리 안에 거하십니다. 그분의 은혜가 우리를 지키십니다. 그분의 사랑이 우리를 지배하십니다.

당신은 무엇을 더 요청할 수 있겠습니까?

21

내 안에 계신 하나님을 의식하라

이것은 계시 가운데 가장 위대한 사실들 중의 하나이며, 믿는 사람에게 가장 중요한 것 중 하나이자 사랑이 지배하는 마음을 가진 사람에게 가장 귀중한 것 중 하나입니다.

신약성경은 사람을 향해 하나님이 견지하고 계신 세 가지 관계를 보여 줍니다. 첫째는 우리를 위하시는 하나님이고, 둘째는 우리와 함께 하시는 하나님이고, 셋째는 우리 안에 계신 하나님입니다.

우리를 위하시는 하나님이 계시다는 것은 성공을 보장합니다. "만일 하나님이 우리를 위하시면 누가 우리를 대적하리요?" 만일 하나님이 우리 편이시라면, 우리는 승리를 확신합니다.

만일 하나님이 당신을 위하시고 당신이 그것을 알게된다면, 두려움은 완전히 사라질 것입니다. 상황이 아무리 불길하고 어려워도 당신은 태연하게 당신이 반드시 이긴다는 것을 확신합니다.

보이지 않지만 위대하신 하나님이 우리와 함께 하신다면 패배란 있을 수 없습니다.

"만일 하나님이 우리를 위하시면 누가 우리를 대적하리요?"(롬 8:31) 당신과 함께 하시는 하나님을 갖는다는 것은 사랑과 함께 걷는 것입니다. 그것은 세대를 초월하는 분과 함께 팔짱을 끼고 걷는 것입니다. 당신은 그분이 당신을 위할 뿐만 아니라 모든 삶에 그분이 당신과 함께 하신다는 의식을 갖고 있습니다.

환경이 어떠하든 당신의 주님은 당신과 함께 하십니다.

이 사실을 아는 것이 얼마나 심령을 북돋우고 우리를 자신감으로 들뜨게 하는지요!

"사람이 나를 사랑하면 내 말을 지키리니 내 아버지께서 저를 사랑하실 것이요 우리가 저에게 와서 거처를 저와 함께하리라"(요 14:23) 예수와 아버지가 우리의 집에서 우리와 함께 사실 것입니다! 이 얼마나 안전하고 조용한 장소가 되겠습니까!

요한복음 14:16-17에서 예수께서는 "내가 아버지께 구하겠으니 그가 또 다른 보혜사를 너희에게 주사 영원토록 너희와 함께 있게 하시리니 저는 진리의 영이라 세상은 능히 저를 받지 못하나니 이는 저를 보지도 못하고 알지도 못함이라 그러나 너희는 저를 아나니 저는 너희와 함께 거하심이요 또 너희 속에 계시겠음이라"고 말씀하셨습니다.

성령은 그리스도 안에서 그들과 함께 계셨습니다. 그러나 그리스도가 떠나시고 성령이 그들의 집에 사실뿐만 아니라, 실제로는 그들 안에 집을 마련하실, 즉 그들의 몸을 그분의 성전으로 삼으실 시간이 다가오고 있었습니다.

이것은 성령에 관한 모든 진리들 가운데 가장 귀중한 것 중 하나입니다.

사도행전 2:1-4에서 우리는 성령이 다락방에 강림하신 사건을 읽었습니다.그분은 그곳은 그분 자신으로 채워서, 제자들이 그분에게 푹 잠겼습니다.

그들은 각 사람의 머리 위에 있는 불의 혀를 보았습니다. 이것은 복음의 메시지가 불, 곧 성령의 기름부음을 받은 혀에 의해 선포되는 전형적인 방법입니다.

그렇다면 그것은 그들 모두 성령으로 충만해졌다는 것을 공표하는 것입니다.

첫째로 성령은 그들이 그의 임재 안에 잠기게했습니다. 그 다음 성령은 그분 자신을 그들의 머리위에 나타내셨고, 그후 성령은 그들의 몸 안으로 들어가셨습니다.

성령으로 침례 혹은 잠기는 것이 내주하심이 아닙니다. 당신은 물에 잠길 수 있으나, 당신 안에 물을 채우는 것은 아닙니다.

당신은 성령으로 침례를 받을 수 있으나, 성령을 내주하시는 분으로 받는 것은 아닙니다.

성령 침례는 새로운 탄생의 순간입니다.

고린도전서 12:13 "한 성령 안에서 우리가 잠겨져 한 몸이 되었고." (저자 직역) 성령이 말하게 하심을 따라 그들은 다른 언어들로 말하기 시작했습니다. 방언들이 성령의 내주하심의 증거는 아닙니다. 그들은 그것을 입증하기 위한 외적으로 드러내 보일 필요는 없습니다. 성령은 그들의 몸 안에 거주하기 위하여 들어오셨습니다.

이제 그들이 전하는 메시지가 이제 그들의 증거가 될 것이었습니다. 그들에게 따르는 경건한 삶, 그리고 그들의 사랑의 행보가 성령의 내주하심을 나타내보였습니다.

그날은 불가사의한 날이었습니다. 그날은 인간의 위대한 날이었습니다. 하나님이 그들의 낮은 몸을 영화롭게 하셨고 그들 안으로 들어오셔서 그들을 하나님의 집으로 만드신 날이었습니다.

"그는 만물을 자기에게 복종하게 하실 수 있는 자의 역사로 우리의 낮은 몸을 자기 영광의 몸의 형체와 같이 변하게 하시리라"(빌 3:21)

죄는 언젠가는 반드시 죽게 만들고, 질병과 사망에 종속시킴으로, 우리 몸에 굴욕을 안겨 주었습니다. 이제 성령이 그들의 몸을 그분의 집으로 삼으심으로 그것들을 영화롭게 하십니다. 마침내 하나님은 사단이 지배하던 사람의 몸을 그분의 전으로 만들고 계십니다.

"너희 몸은 너희가 하나님께로부터 받은바 너희 가운데 계신 성령의 전인 줄을 알지 못하느냐 너희는 너희 자신의 것이 아니라 값으로 산 것이 되었으니 그런즉 너희 몸으로 하나님께 영광을 돌리라."(고전 6:19)

하나님이 자신을 우리 삶의 모든 활동을 함께하는 동반자가 되신 것입니다. 이것은 참으로 위대한 계시의 가장 엄숙한 진리들 가운데 하나입니다.

그분은 우리의 몸 안으로 들어오셔서 우리 몸을 그분의 강대상으로 만들고, 우리의 입술을 그분의 대변자로 삼아 사랑의 메시지를 세상에 주고자 하십니다.

빌립보서 1:20은 우리에게 이 주제에 관해 조금 더 밝혀줍니다. "지금도 전과 같이 온전히 담대하여 살든지 죽든지 내 몸에서 그리스도가 존귀하게 되게 하려 하나니 이는 내게 사는 것이 그리스도니 죽는 것도 유익함이라."

"이제는 내가 사는 것이 아니요 오직 내 안에 그리스도께서 사시는 것이라"(갈 2:20)

교회는 이 사실을 얼마나 하찮게 생각했는는지요! 속량에 관하여 내게 이토록 완전히 경이로운 사실은 없습니다. 그것은 은혜의 기적이며, 갈보리를 제외한 모든 것을 초월하는 사랑의 행위입니다.

하나님은 실제로 우리 몸 안에 거주하고 계십니다.

우리 가운데 몇몇만이 우리 몸 안에 계신 하나님을 의식합니다. 당신은 사람들이 계속해서 그들의 권능의 부족과 능력의 부족을 말하는 것을 듣습니다.

하나님은 우리가 증언을 강요받을 때, 우리가 말할 것을 생각하는 것이 아니라, 하나님 자신이 우리의 입술을 통해 위대한 고백을 하시려고 계획하셨습니다.

"너희를 넘겨 줄 때에 어떻게 또는 무엇을 말할까 염려하지 말라 그 때에 너희에게 할 말을 주시리니 말하는 이는 너희가 아니라 너희 속에서 말씀하시는 이 곧 너희 아버지의 성령이시니라"(마 10:19-20)

우리는 얼마나 이 말씀의 진가를 알아보지 못했는지요! 성령을 우리 안에서 풀어드리고 그분에게 자유를 드린 사람이 우리 중에 거의 없다니! 성령은 당신 안에서 말씀하시고 당신을 장악하실 것입니다.

우리는 강신론자들과 영매들이 그들 자신을 더러운 귀신들에게 내주고, 그리고 그 귀신들은 그들을 장악하여 그들을 통해 이상한 것들을 말한다는 것을 알고 있습니다.

왜 우리는 성령에 장악되어, 성령이 우리를 통해 순수한 메시지, 즉 아버지의 중심으로부터 나오는 신선한 메시지를 말하실 수 있도록 하지 못합니까?

우리 대부분에게 성령의 내주하심의 진리는 실재가 아니라 하나의 신조일 뿐입니다. 그것은 그저 우리가 말하는 교리일 뿐, 우리로 하여금 크게 기뻐하게 하는 위대한 사실이 아닙니다.

골로새서 1:29은 우리에게 성령이 어떻게 사도 바울에게 변화를 일으켰는지 말해줍니다. "이를 위하여 나도 내 속에서 능력으로 역사하시는 이의 역사를 따라 힘을 다하여 수고하노라."

바울은 자신 안에 계신 하나님을 의식하는 마음가짐을 가졌었습니다. 그는 그의 안에 예수께서 약속하셨던, 사람들을 모든 실재로 안내하실 성령이 자신 안에 계시다는 것을 알았습니다.

그는 죽은 자들 가운데서 예수를 다시 살리신 성령이 그의 몸 안에 거주하신다는 것을 알았습니다. 그는 그 성령이 병든 자를 고치고 죽은 자를 일으키고, 믿음과 새로운 탄생을 일으키는 메시지로 군중들을 축복할 수 있다는 것을 알았습니다.

그는 전능하신 한 분이 자신 안에 거주하신다는 것을 알았습니다. 그리고 감히 자신을 놀라우신 한 분의 지배에 담대히 맡겼습니다.

"우리 가운데서 역사하시는 능력대로 우리가 구하거나 생각하는 모든 것에 더 넘치도록 능히 하실 이에게"(엡 3:20)

그분은 우리 안에서 그리고 우리를 통해서 우리의 이해를 초월하는 일들을 하실 수 있습니다. 이것은 가장 축복받은 진리들 중 하나입니다. 우리가 어떻게 우리 자신을 이 내주하시는 한 분의 지배에 완전하게 맡길 수 있습니까!

만일 죽은 자들 가운데서 예수를 다시 살리신 성령이 지금 당신 안에 계신다면, 당신의 지역사회에서 무한한 가능성을 지닌 사람이 됩니다.

"그의 힘의 위력으로 역사하심을 따라 믿는 우리에게 베푸신 능력의 지극히 크심이 어떠한 것을 너희로 알게 하시기를 구하노라 그의 능력이 그리스도 안에서 역사하사 죽은 자들 가운데서 다시 살리시고 하늘에서 자기의 오른편에 앉히사 모든 통치와 권세와 능력과 주권과 이 세상뿐 아니라 오는 세상에 일컫는 모든 이름 위에 뛰어나게 하시고 또 만물을 그의 발 아래에 복종하게 하시고 그를 만물 위에 교회의 머리로 삼으셨느니라 교회는 그의 몸이니 만물 안에서 만물을 충만하게 하시는 이의 충만함이니라"(엡 1:19-23)

당신은 여기서 하나님의 전능하심에 대한, 하나님의 완전한 위대하심에 대한 그림을 갖게 되는데 그 위대함, 그 능력이 우리 안에 있습니다.

"예수를 죽은 자 가운데서 살리신 이의 영이 너희 안에 거하시면 그리스도 예수를 죽은 자 가운데서 살리신 이가 너희 안에 거하시는 그의 영으로 말미암아 너희 죽을 몸도 살리시리라"(롬 8:11)

예수를 죽은 자 가운데서 살리신 그 성령이 당신 안에 살고 계십니다. 당신은 그분에게 들어오시기를 청했고, 그분은 당신 안에 자리를 잡으셨습니다.

예수를 죽은 자 가운데서 살리셨을 때 그분이 갖고 있던 그 능력이, 지금 그분 안에 있습니다. 그분은 당신의 연약하고 병든 몸에 손을 대시고 그 몸을 온전하게 만드실 수 있습니다. 그분은 당신의 입술을 통하여 잃어버린 자들에게 구원을, 아픈 자들에게 건강과 치유를, 패배한 자들에게 힘과 용기를 주는 말씀을 하실 수 있습니다. 당신은 당신 안에 생명을 주시는 분을 모시고 있습니다.

사람은 성령에 의해 말씀을 통해 재창조됩니다.

"자기의 뜻을 따라 말씀으로 우리를 낳으셨느니라"(약 1:18) 그 말씀은 성령을 통해 우리를 낳은 살아있는 말씀입니다.

사람을 재창조하는 그 성령이 당신 안으로 들어오셨습니다. 사람을 재창조하는 그 말씀이 당신의 심령 안에 있습니다. 당신은 지금 그 말씀을 실천하고 있습니다. 당신이 그 말씀을 실천할 때, 그 말씀은 살아있는 것, 즉 당신의 입술에서 생명을 낳는 것life-begetting thing이 됩니다.

나는 회중들 앞에 서서 성령의 에너지에 의해 나의 입술을 거쳐 건네진 말씀을 통해서 거듭난 수백명의 사람들을 보았습니다.

나는 나의 입술의 말씀으로 치유된 수백의 사람들을 보았습니다.

내가 말한 모든 것은 이렇습니다. "예수 그리스도의 이름으로, 고통아! 이 몸을 떠나라. 당신은 그가 채찍에 맞으므로 나았습니다. 평안히 가고 그분을 찬양하십시오." 그분이 내주하는 사람의 입술로부터 말해지는 그 단순한 공식과 같은 말씀이 치유와 구원을 가져옵니다.

골로새서 1:13-14은 이것을 시사합니다. "그가 우리를 흑암의 권세에서 건져내사 그의 사랑의 아들의 나라로 옮기셨으니 그 아들 안에서 우리가 속량 곧 죄 사함을 얻었도다."

성령께서 당신 안에 거주하기 위해 오시기 전에, 그분은 당신을 사단의 가문과 왕국으로부터 그분의 사랑의 아들의 가문으로 옮기셨습니다.

당신의 영에 영생을 부어주시고 당신을 하나님의 아들, 하나님의 상속자, 그리고 예수 그리스도와 공동 상속자로 만드신 분은 바로 당신 안에 살고 계신 같은 성령이십니다.

요한복음 3:5-8은 우리에게 사람을 재창조하는 것은 성령의 사역이라는 것을 말해줍니다. 아버지의 사랑의 본성을 우리의 존재 안에 세우는 것은 성령의 사역입니다.

성령은 우리를 감각 지식의 영역에서 꺼내셨습니다. 그러나 당신은 내가 의미하는 것을 감각 지식으로 이해합니다. 그것은 자연인이 갖는 유일한 지식입니다. 그래서 그는 성경을 통해 오는 지식을 부정합니다.

성령이 우리를 재창조하실 때, 그분은 우리의 영에 하나님의 생명과 본성을 부어주십니다. 우리는 사단의 가문에서 하나님의 가문으로 옮겨집니다.

"너희 안에서 행하시는 이는 하나님이시니 자기의 기쁘신 뜻을 위하여 너희에게 원하게 하고 실천하게 하시나니"(빌 2:13, 20세기 역)

하나님은 아버지의 사랑의 본성을 당신 안에 세우시고, 말씀을 통해 당신의 마음을 새롭게 하시고, 아픈 자들을 고치시며 당신 안에서 예수의 삶을 사시며 로마서 8:11의 말씀이 살아있는 사실이 될 때까지 당신 안에서 일하고 계십니다.

"예수를 죽은 자 가운데서 살리신 이의 영이 너희 안에 거하시면 그리스도 예수를 죽은 자 가운데서 살리신 이가 너희 안에 거하시는 그의 영으로 말미암아 너희 죽을 몸도 살리시리라."

당신 안에 계신 성령의 생명을 주는 능력이 당신 주위의 다른 사람들에게 건강과 치유를 부어주고 있습니다.

빌립보서 4:13은 당신의 경우에 사실입니다. "나를 강하게 하시는 자, 또는 내게 능력주시는 자 안에서 내가 모든 것을 할 수 있느니라."

당신 안에 하나님이 계십니다. 그분은 한계가 없는 하나님이십다. 그분은 다윗의 목표를 정확하게 하여 그가 불레셋 사람들을 공격하도록 하신 하나님이십니다.

그분은 엘리야가 성난 왕 앞에 서서 하늘로부터의 불로 예배 드렸던 제단을 쌓게 하신 하나님이십니다.

그분은 초대교회를 통해 그렇게 강력하게 변화를 일으키신 그 성령이십니다.

우리 각자와 함께하는 성령의 삼중 사역이 있습니다. 첫째, 그분은 우리를 재창조 하십니다. 둘째, 하나님의 생명과 본성을 우리 안에 세우십니다. 셋째, 그분은 우리를 통해 세상과 교회를 보살피십니다.

시편 27:1은 실제로 우리 안에서 성취됩니다. "여호와는 나의 빛이요 나의 구원이시니 내가 누구를 두려워하리요? 여호와는 내 생명의 능력 strength이시니 내가 누구를 무서워하리요?"

성령은 빛, 즉 당신의 지적 능력을 밝히는 조명이 되십니다. 그분은 당신의 영의 본성과 당신의 마음을 밝히십니다.

그분은 당신의 구원입니다. 그분은 당신에게 구원을 주십니다. 그것은 구출을 의미합니다. 그분은 속량이 당신에게 실재가 되게 하십니다. 신학적인 토론의 주제가 아니라 당신의 일상에서 실재가 되게 하십니다.

그분으로 인해 당신은 "내가 누구를 무서워하리오!"라고 말합니다. 성령은 당신을 하나님의 힘으로 강하게 만드십니다.

나는 오랫동안 몸겨누웠던 한 여성을 위해 기도했습니다. 그녀는 즉시 일어나 교회로 왔습니다. 그것은 성령이 그 물리적 육체에 생명을 주신 것이었습니다.

"자녀들아 너희는 하나님께 속하였고 또 그들을 이기었나니 이는 너희 안에 계신 이가 세상에 있는 자보다 크심이라"(요일 4:40)

당신 안에 있는 사랑을 세상에 있는 이기심과 이기시에서 나온 미움보다 더 위대하게 만드는 것은 바로 당신 안에 있는 사랑의 하나님입니다.

이기심과 미움은 인류를 망치는 저주들입니다.

내주하시는 사랑의 하나님이 이기심의 유일한 치유책입니다. 이것이 바로 기독교의 진수입니다. 그것은 우리 안에 계신 하나님, 우리 안에 있는 그분의 능력입니다.

그분은 약한 자, 쓸모없는 자 그리고 따돌림 당하는 자를 취하셔서 그들에게 그분 자신을 채우심으로 그들을 리더로 만드십니다. 그분은 보통 사람을 취하셔서 수퍼맨으로 만드십니다.

그분은 그저 어부에 불과한 사람들을 제국을 건설한 자들로 만드셨고, 일개 천막 만드는 사람을 하나님의 음성이 되게하셨습니다!

하나님은 그분의 능력을 사람에게 주십니다. 그분은 사람을 재창조하실 뿐만 아니라 그에게 그분의 생명을 주시고, 그를 당신의 자녀로 삼으십니다. 그분은 사람이 하나님의 지혜에 참여하는 자가 되는 것을 가능하게 하십니다.

나는 하나님의 자녀는 하나님의 능력과 지혜 안에서 걸어서 그가 장차 실제로 수퍼맨이 될 것이란 것을 확신합니다.

당신은 예수의 이름을 사용하는 법과 그 이름에 담긴 모든 권세들을 알게 될 것입니다.

당신은 당신의 삶에서 성령의 임재를 이용하는 법을 알게 될 것입니다.

당신은 그리스도의 몸의 지체로서 그리고 하나님의 자녀로서 당신의 특권들을 이용하는 법을 알게 될 것입니다.

당신은 의 안에서 아버지 앞에 설 수 있고, 그리고 그분의 임재 안에서 당신의 권리들을 행사할 수 있게 될 것입니다.

만일 누군가가 의가 모든 하나님의 자녀에게 주는 특권을 이해할 수 있다면, 그것은 교회를 단번에 혁신할 것입니다.

22

새로운 부류의 사람들

"그 때에는 지상에 거인들이 있었습니다."

이와 같은 서술을 접할 때 어떤 상상이 됩니까? 육체적인 거인들을 상상합니다.

이 시대에는 정신적 거인들이 존재합니다. 그러나 세상에서 가장 큰 거인들은 영적인 거인들입니다. 믿음의 영역에서의 거인들입니다. 그들은 새로운 질서에 속해 있습니다.

웨이Way는 빌립보서 1:16을 이렇게 번역했습니다. "사랑에 의해 움직이는 사람은 기쁘게 복음을 전하니 그들은 내가 기쁜 소식을 위해 싸우는 대변자로 임명된 사람이라는 것을 알기 때문입니다."

이것을 보고 나의 심장이 얼마나 짜릿짜릿 했는지요! "그리스도의 기쁜 소식을 위해 싸우는 대변자로 임명된 사람."

만일 우리가 아버지께서 새로운 피조물에 관하여 바울, 요한, 야고보를 통해 선언하신 모든 것들을 모을 수 있다면, 그것은 당신을 당황하게 할 것입니다.

그분은 골로새서 1:13-14로 드라마를 시작하십니다. 그것을 웨이Way의 번역으로 봅시다. "그분은 우리를 흑암의 압제에서 구조하셔서 우리를 그의 사랑의 아들의 나라로 옮기셨는데, 그 아들 안에서 우리의 몸값을 지불하여 죄의 사면을 받았도다."

우리가 지금 누구인지를 주목하십시오. 우리는 사단의 지배 아래있던 노예 상태에서 옮겨졌습니다. 우리는 성령에 의해 하나님으로부터 태어났습니다. 우리는 하나님의 가문에 태어났습니다. 우리는 우리가 과거의 삶에서 저질렀던 모든 것의 사면을 받았습니다. 우리는 그리스도 안에서 창조된 새로운 피조물이 되었습니다.

재창조된 것은 우리의 영, 우리의 진정한 자아, "심령에 숨은 사람"입니다. 우리는 새로운 영, 새로운 자아, 새로운 피조물이 되었습니다.

우리의 신학자들은 이것을 파악한 적이 한 번도 없습니다. 그들은 결코 우리가 죄의 용서 이상의 것을 가졌다는 것을 알지 못했습니다. 만일 죄의 용서가 우리가 가진 것의 전부라면, 대속 제물을 필요로 했던 죄의 본성은 결코 제거된 적이 없으며 그것은 여전히 우리 안에서 지배적이어야 합니다.

말씀은 "그런즉 누구든지 그리스도 안에 있으면 새로운 피조물이라 이전 것은 지나갔으니 보라 새 것이 되었도다"라고 선언합니다.

당신은 저 생소한 단어인 "보라"를 주목해봤습니까? 그것은 놀람과 경이의 감탄사입니다. 무엇인가가 우리 안에서 일어났습니다.

우리는 신성에 참여하는 자들이 되었고 우리의 과거는 더 이상 존재하지 않습니다. 우리는 새로운 피조물 족속입니다.

(창세기 1장에 기록된) 첫 번째 창조에서는, 첫 번째 창조를 하시는데

6일이 걸렸습니다. 새로운 창조를 완성하시는 데는 삼일 낮과 삼일 밤이 걸렸습니다.

나는 당신이 첫 번째 창조의 모든 것이 하나님의 일이었다는 것을 조심스럽게 주목하기 바랍니다. 이 새로운 창조의 모든 것들은 하나님께로부터 났으며, 사람은 거기에 관여하지 않았습니다. 단지 사람은 그것을 받아들일 뿐입니다.

나는 당신이 골로새서 1:9-12에 대한 웨이의 번역을 주목했었는지 궁금합니다. 그것은 너무나 인상적이고 그야말로 사실이라 나는 그것을 인용하려 합니다.

"이런 이유로 나 또한, 내가 너희에 관하여 들은 날로부터, 너희를 위해 기도하기를 그치지 않았노라. 나는 너희가 모든 진정한 지혜와 영적인 총명에 있어 필수적인 것인 하나님의 뜻을 최대한도로 완전하게 알기를 하나님에게 구하노라. 나는 그분에게 너희가 우리 주께 합당한 방식으로 살아, 그분을 범사에 기쁘시게 하기를 구하노라. 나는 모든 선한 일에 있어 너희가, 그분이 심은 나무들처럼, 열매를 맺을 수 있고, 하나님을 완전하게 아는 것에 있어 더 높이 자랄 수 있기를 구하노라. 나는 하나님에게 그분의 모든 힘으로 너희가 강해지고, 심지어 신성한 주님의 힘의 수준까지 강해져, 너희가 고통당할 때에도 기뻐할 수 있는 오래 참음과 관용에 이르기를 구하노라. 나는 너희가 우리를 빛 가운데로 걷는 그분의 성별된 자들의 기업의 몫을 얻기에 적합하게 만드신 아버지에게 항상 감사를 드릴 수 있기를 구하노라."

성령은 새로운 피조물의 사람들 몇몇이 새로운 피조물의 실재를 의심할 것을 아셨고, 그래서 바울의 입술을 통해서 그분은 이 주목할 만한 기도를, 즉 우리 새로운 피조물의 사람들이 정확하고 완전하게 하나님의 뜻을 아는 것으로 채워지기를, 곧 모든 신령한 지혜와 총명에 있어서 채워지기를 기도하십니다.

지식은 공부와 관찰을 통해 얻어지지만, 지혜는 오직 하나님만이 우리에게 주실 수 있는 것이며 그것은 영생과 함께 오는 것이란 것을 당신은 이해하고 있습니다. 그것은 장비의 부분품 혹은 액세서리처럼 하나님의 생명에 속한 것입니다.

우리는 특별한 지혜가 없다면, 우리에게 속한 능력을 사용하는 법이나 우리의 기업에 들어가는 법, 또는 그분의 은혜의 풍성함을 누리는 법을 알지 못할 것입니다.

그래서 그분은 이런 주목할 만한 말씀을 하십니다. "하나님은 우리에게 저 놀라운 속량 사역 안에서 우리에게 속한 모든 것들을 누릴 수 있는 능력을 주셨습니다."

나는 이제 이스라엘이 애굽으로부터 구출 된 것 처럼 내가 사단의 권세로부터 구출되어 기쁩니다.

나는 사단의 가문에서 벗어나서 하나님의 가문에 옮겨 태어났습니다. 나는 예수님이 이 땅에서 하신 것 못지않게 아버지의 자녀입니다.

나는 아버지의 본성을 갖고 있고, 나는 주의 삶을 지배했던 사랑을 갖고 있으며 그리고 나는 그리스도 안에 있는 하나님의 지혜를 갖고 있습니다.

그분은 이제 나의 삶의 힘입니다. 그분은 나에게 그분 자신의 능력을 주셨습니다. 나는 예수의 이름을 사용할 수 있는 법적 권리와 그 이름 안에 존재하는 하늘에서와 땅위에서의 모든 권세를 갖고 있습니다.

나는 완전히 갖춰졌습니다. 살아 있는 말씀이 나의 입술과 나의 심령에 있습니다. 그분은 지금 살아 있는 말씀을 통해서 내 안에 그분 자신을 세우고 계십니다.

이와 같은 고백은 즉각적으로 당신을 실패와 연약함의 옛 삶으로부터 분리시킵니다. 이전의 나의 연약함은 지나갔고 이제 새로운 피조물의 삶의 실재 안에서 걸을 수 있다는 것을 철저하게 배울 때, 나는 포도나무의 가지라는 것을 알게 되고, 그래서 바로 그 예수라는 포도나무의 생명이 나를 통해 흐르고 있고, 나는 그리스도 안에 있는 분명한 권리들과 특권들을 소유하고 있다는 것을 알게 될 때, 나는 그 수준까지 올라갈 것입니다.

만약 내 죄가 용서되어 의롭게 여김을 받게 되었다고만 배운다면 나는 단지 의롭게 여기지는 채로 남아있을 것입니다. 그리고 만약 나의 영 안에 하나님이 본성과 실체를 가지고 있다는 것과 내가 실제로 새로운 자아이며 새로운 피조물이라는 것을 알지 못한다면 죄와 사단은 계속 나를 지배할 것입니다.

빌립보서 1:11에서 바울은 빌립보에 있는 작은 무리의 믿는 사람들에게 자신을 드러내고 있었습니다. 웨이Way의 번역은 인상적입니다. 그는 "그는 그의 메시아의 심령의 외침을 듣는다"고 말합니다.

그는 "이것은 나의 기도니, 너희의 사랑이 완전하게 발전하여 진리를 인식하고 그것을 적용함에 포괄적인 이해가 있어 너희에게 진정한 선함인지 확실한 시험을 주어 너희가 잘못으로 더럽혀지지 않고, 장애물들 가운데 걸려 넘어지지 않아, 메시아 오실 날까지, (나의 심장을 움켜잡았던 것은 그 다음 문장입니다) 의의 풍년이 우리의 메시아 예수를 통해 이루어지기까지 인내하기를 기도합니다."고 말합니다.

의가 우리에게 무엇을 의미하는지 정말로 깨달았던 사람이 우리 가운데 몇이나 있었을까? "의"라는 단어는 아버지 앞에 어떠한 죄의식이나 정죄함 없이 설 수 있는 능력, 또한 아무 두려움이나 열등감 없이 사단과 그의 일들 앞에 설 수 있는 것을 의미합니다.

로마서 3:26 margin of American Rev. Version은 우리에게 하나님 자신이 예수를 믿는 사람에게 의가 되신다는 것을 보여줍니다.

고린도전서 1:30에서 예수는 우리에게 의가 되십니다.

고린도후서 5:21에서 "죄를 알지도 못하신 이를 죄로 삼으신 것은 우리로 하여금 그의 안에서 하나님의 의가 되게 하려 하심이라."

17절과 20절에서 그는 우리에게 우리가 어떻게 그분 안에서 하나님의 의가 되었는지를 보여줍니다. 그것은 하나님의 본성을 받음으로 가능합니다. 사랑과 은혜의 그 놀라운 본성의 모든 속성들이 새로운 탄생 안에서 우리에게 전해집니다. 그가 "우리가 다 그의 충만한 데서 받으니 은혜 위에 은혜러라"라고 말하는 것이 아직도 이상합니까?

골로새서 2:9에서, "그 안에는 in him 신성의 모든 충만이 육체로 거하시고"

"너희도 그분 안에서 충만하여졌으니(혹은 완전해졌으니)"

이 새로운 사람은 현대 교육기관이나 현대 문명의 통상적인 산물이 아닙니다. 그는 하나님의 자궁에서 나옵니다. 그는 하나님으로부터 태어납니다. 그는 그리스도 예수 안에서 창조된 새로운 피조물입니다.

그러나 그것이 전부가 아닙니다. 그는 거듭나고, 재창조되고, 그리고 새로운 피조물이 되자마자, 죽은 자들 가운데서 예수를 살리신 크고 굉장한 성령이 그에게 내주하시게 됩니다.

"너희 몸은 너희가 하나님께로부터 받은바 너희 가운데 계신 성령의 전인 줄을 알지 못하느냐 너희는 너희 자신의 것이 아니라 값으로 산 것이 되었으니 그런즉 너희 몸으로 하나님께 영광을 돌리라"(고전 6:19,20)

우리는 그분을 초대하여 우리를 차지하시라고 할 법적 권리를 갖고 있습니다.

예수께서 누가복음 11:13에서 "너희 하늘 아버지께서 구하는 자에게 성령을 주시지 않겠느냐"라고 말씀하신 것을 기억하십시오.

알다시피, 그것은 그분의 자녀들에게 하신 약속입니다. 성령에게 그들의 몸 안으로 들어오실 것을 구해야 할 사람은 그분의 자녀들입니다.

우리는 성령으로부터 태어납니다. 성령은 우리를 새로운 피조물로 만들고, 우리에게 아버지의 생명과 본성을 가진 새로운 자아를 우리에게 주셨습니다.

우리가 우리의 몸 안으로 들어오셔서 그곳에 영원한 집을 마련하시라고 그분을 초대할 때, 그분은 내주하십니다.

어물거리며 성령을 기다릴 필요가 없습니다. 왜냐하면 그분은 이미 이곳에 계시기 때문입니다. 그들은 오순절에 그분이 아직 출현하시지 않았기 때문에 그분의 오심을 기다리며 지체했습니다. 그러나 이제 그분은 지금 여기 계십니다.

당신은 그분 없이는 재창조될 수 없었습니다. 당신은 성령으로부터 태어나며, 이제 당신은 그분에게 내주하심을 요청할 권리를 갖고 있습니다.

그분은 이제 들어오셔서 당신 안에 그분의 집을 마련하실 것입니다.

당신은 우선 하나님의 자녀, 새로운 피조물이 되어야만 합니다. 그분은 아버지의 본성을 당신에게 주심으로 그것을 하셨습니다. 이제 그분은 당신 안에 그분의 집을 마련하길 원하십니다. 그것이 무엇을 의미하는지 당신은 상상할 수 있습니까!

요한일서 4:4로 돌아가 이 말씀을 주의 깊게 주목하십시오. "자녀들아 너희는 하나님께 속하였고 (알다시피, 당신은 하나님으로부터 태어났고, 당신은 그분에게서 나왔고, 그분의 일부분입니다) 또 이는 너희 안에 계신 이가 세상에 있는 자보다 크심이라."

누가 당신 안으로 들어왔습니까? 놀랍고 위대하신 성령이십니다.

로마서 8:11을 기억하십니까? "예수를 죽은 자 가운데서 살리신 이의 영이 너희 안에 거하시면 그리스도 예수를 죽은 자 가운데서 살리신 이가 너희 죽을 몸도 살리시리라."

당신 안에 그분이 계시다면 당신은 실패자가 될 수 없습니다. 당신은 언제나 그분의 임재를 이용하지 못할 수도 있고, 항상 그분이 거기 계신 것을 기억하지 못할 수도 있습니다. 그러나 그분은 항상 거기 계십니다. 그리고 그분은 예수께서 약속하신 유일한 분이십니다.

그분은 말씀하셨습니다. "진리의 성령이 오시면 그가 너희를 모든 진리 가운데로 인도하시리니 그가 내 것들을 가지고 너희에게 드러내시리라" (요 16:13)

나는 이 번역을 선호합니다. "실재reality의 성령이 오시면 그가 너희를 모든 실재reality 가운데로 인도하시리니."

새로운 탄생의 실재, 당신의 속량의 실재, 아버지에 대한 당신의 관계의 실재, 그리고 살아있는 말씀의 실재입니다.

만일 말씀이 당신의 입술 위에서 살아있다면 이 얼마나 멋집니까! 만일 당신이 그렇게 한다면 그것은 그렇게 될 것이고, 그것은 기쁨과 승리가 될 것입니다.

그러나 사실 나는 "만일 당신이 그렇게 한다면"이라고 말해서는 안됐었습니다. 왜냐하면 그것은 현대 설교의 성향을 보이기 때문입니다. 그들은 우리에게 "만일 우리가 믿음을 갖고 있다면" 우리가 무엇을 할 수 있고, "만일" 우리가 바르게 산다면 우리는 이것을 가질 수 있으며, 또한 우리는 저것이 되려면 이것을 포기해야만 한다고 말합니다. 나는 어느 날 하나님이 나를 그리스도 안에서 무엇이 되도록 만드셨는지 깨달았을 때까지 수년간 그런 식으로 설교했습니다.

그런데 내가 책상에 앉아 그리스도 안에서 내가 무엇인지를 적어보던 그 시간을 결코 잊지 않을 것입니다. "하나님은 내 안에 내주하십니다. 나는 그분의 생명과 본성을 갖고 있습니다." 그리고 나는 이것을 썼다. "나는 그분이 내가 누구라고 말씀하시는 것이 나입니다. 그분은 내 안에서 그분이 자신이 누구라고 말씀하시는 대로이십니다. 그분은 그분이 할 수 있다고 말씀하신 것을 나를 통해서 하실 수 있습니다."

내가 그것을 읽었을 때, 나는 떨렸습니다.

그때, 나는 이 영광스러운 사실을 알았습니다. 나는 이미 나에게 속한 것, 이미 나에게 주어진 것, 그리고 성령께서 나를 안내하실 준비가 된 것들을 위한 믿음을 가질 필요가 없었습니다.

나는 이것들을 위한 믿음을 필요로 하지 않았습니다. 왜냐하면 그것들은 이미 나의 것이었기 때문입니다.

나는 예수의 이름을 사용하기 위해 믿음이 필요치 않았습니다. 내가 필요로 했던 모든 것은 내게 이미 속한 것을 사용하는 용기였습니다.

주님은 "너희가 내 이름으로 귀신을 쫓고 병든 사람에게 손을 얹은즉 나으리라"고 말씀하셨습니다.

그때 나는 골로새서 1:12을 기억했습니다. 그분은 나에게 그리스도 안에서 나에게 속한 모든 것들을 누릴 수 있는 능력을 주셨습니다.

요한일서 4:4로 다시 돌아가 봅시다. "너희 안에 계신 이가 세상에 있는 자보다 크심이라."

누가 내 안에 계십니까? 사랑이 내 안에 있고 하나님은 사랑이십니다. 예수는 그분이 이 땅에서 행하실 때 분명하게 드러난 사랑이었습니다. 성령은 사랑입니다. 내 안에 있는 사랑은 세상에 있는 미움과 고통과 질투보다 큽니다.

이 새로운 피조물인 사람은 하나님의 의입니다. 그는 하나님의 능력을 갖고 있습니다. 그는 어둠의 주관자들을 지배할 수 있습니다. 그는 예수 그리스도를 통해서 생명의 영역에서 왕으로서 다스립니다.

세상을 이기는 자가 누구입니까? 하나님께로부터 난 자입니다.

로마서 5:17의 웨이머스의 번역을 보십시오. "한 개인의 범죄를 통하여 사망이 통치권을 움켜잡기 위하여 그 한 개인을 이용하였은즉, 하나님의 넘치는 은혜와 의의 선물을 더욱 받는 자들은 한 개인 예수 그리스도를 통하여 생명의 영역에서 왕으로서 다스립니다."

알다시피 영적인 죽음은 마귀의 본성이고, 영적인 생명은 아버지 하나님의 본성입니다. 예수는 우리가 영생을 받고 사단의 노예 신세에서 벗어나 하나님의 가문으로 들어가도록 하기 위해 오셨습니다.

예수께서 "이 세상 임금이 내게로 오겠음이라, 그러나 그는 내게 관계할 것이 없으니"라고 말씀하셨습니다.

나는 당신이 새로운 피조물이고 하나님의 가족이 되었기 때문에 사단은 당신에게 관계할 것이 없다는 것을 깨달은 적이 있는지 궁금합니다. 사단은 새로운 피조물의 성스러운 구역에 들어갈 근거가 없습니다. 만일 사단이 들어간다면, 그것은 당신이 그가 그렇게 하도록 허용했기 때문입니다.

우리는 그리스도 안에서 하나님의 생명, 하나님의 지혜, 하나님의 사랑과 은혜를 지닌 새로운 사람에 대하여 제한된 모습을 상상하고 있었습니다.

사랑, 예수님과 같은 사랑으로 다스려지지 않는 사람은 누구도 성공하는 사람이 될 수 없습니다.

믿음, 사랑과 지혜는 재창조된 사람의 영에서 생깁니다.

사람의 영이 하나님의 본성을 참여하는 자가 될 때, 당신은 그것의 무한함을 알 수 있습니다.

만일 그것이 개발된다면, 그것은 이 재창조된 사람을 수퍼맨으로 만듭니다.

그것은 그를 전능하신 하나님과 연결합니다.

마가복음 16:17-18 "믿는 자들에게는 이런 표적이 따르리니 곧 그들이 내 이름으로 귀신을 쫓아내며 새 방언을 말하며 뱀을 집어 올리며 무슨 독을 마실지라도 해를 받지 아니하며 병든 사람에게 손을 얹은즉 나으리라."

믿음으로 채워지고 당신의 영에서 생긴 이 말씀은 이제 당신의 입술로 말해져 예수께서 약속하셨던 것과 같은 결과들이 뒤따릅니다.

누구나 하나님으로 채워진 말씀, 믿음으로 채워진 말씀은 기적들을 만들어 냅니다.

23

수퍼맨의 몇몇 특징들

사람은 노예가 되거나 속박 받기 위해 창조되지 않았습니다. 연약해지는 것은 노예가 되는 것입니다. 빈곤에 처하는 것은 속박 받는 것입니다.

하나님의 첫 사람은 우리가 수퍼맨이라고 부를 수 있는 존재로, 초자연적인 영역에 살던 사람이었습니다. 항상 그런 것은 아니지만 초자연적인 능력이 필요할 때마다 그는 그것을 끌어낼 수 있었습니다.

옛 언약은 아브라함이라는 수퍼맨과 함께 시작했습니다. 아브라함은 99세에, 그리고 사라는 90세에 회춘하였습니다.

이스라엘 역사의 각 세대마다, 우리가 아는 한, 가끔 초자연적인 영역으로 들어갔던 사람들이 있었습니다. 그들은 천사의 음성에 담대히 복종했습니다.

이스라엘을 구원할 때, 모세는 초자연적인 은사들을 실행했습니다. 홍해의 갈라짐과 광야에서의 놀라운 기적들이 나타났지만 아마 그중 가장 큰 기적은 모세가 120세의 나이로 죽을 때 그의 자연적인 힘이 약해지지 않았다는 점일 것입니다. 그는 질병으로 죽지 않았습니다.

그는 자신의 일을 마치자 여호와는 그를 데려가셨습니다.

여호수아도 때때로 초자연적인 능력을 발휘한 수퍼맨이었습니다. 그가 요단강을 건너 여리고 성을 무너뜨리고 태양을 멈추게 한, 이 모든 것들은 자연적인 것을 초월하는 믿음의 행동들이었습니다.

사무엘, 엘리야, 엘리사, 다니엘 그리고 세 명의 히브리 사람들도 모두 수퍼맨이었습니다. 겉으로보기에 그들은 보통 사람들이었습니다. 그들에게 어떤 커다란 요구가 생길 때까지 그들은 보통 사람으로 살았습니다. 그러다 그들은 최고의 믿음을 발휘해 자신들을 둘러싼 사람들과 환경들을 지배했습니다.

예수도 수퍼맨이셨습니다. 그분의 침례로부터 부활에 이르기까지, 그분은 자연의 법칙들을 초월하여 사셨습니다. 자연의 법칙들을 그분의 뜻대로 다스리셨습니다. 바다 위를 걸으셨고, 폭풍우와 바람을 잠잠케 하셨고, 물고기들을 마음대로 하셨고. 그분은 다섯 개의 떡과 두 마리의 작은 생선으로 군중들을 먹이셨습니다. 그분은 아픈 사람들을 고치셨고, 그분은 죽은 자를 살리셨으며, 불구가 된 팔다리를 다시 온전하게 하셨습니다. 그분은 모든 자연 법칙들의 절대적 주인이셨습니다.

아마 그분의 사역 중 가장 놀라운 기적은 이미 육신이 부패하기 시작했던 나사로의 부활일 것입니다. 나흘 동안 그 육신은 무덤에 있었습니다. 그리고 예수께서 마치 내가 당신에게 책 좀 달라고 청하는 것만큼이나 간단하게 "나사로야, 나와라." 하고 말씀하셨습니다.

그분은 죽음의 절대적 주인이셨습니다.

이런 관점에서 예수의 사역 중 가장 의미 있는 것은 그분을 믿게 된 사람들에 대한 그분의 말씀입니다.

"하나님으로서는 다 하실 수 있느니라"(마 19:26) 모든 일을 다 하실 수 있는 모든 사람의 하나님이 예수라는 사람 안에서 인간성humanity과 접촉되었습니다. 이 전능한 하나님이 우리가 말하고 있는 그분이십니다.

"아버지께서 아들에게 주신 모든 사람에게 영생을 주게 하시려고 만민을 다스리는 권세 를 아들에게 주셨음 이로소이다"(요 17:2)

예수는 모든 사람을 다스리는 권세를 갖고 계셨습니다. 예수와 아버지는 그들의 놀라운 목적과 사역에 있어서 하나였습니다.

마태복음 17:21에서 예수께서 제자들에게 말씀하고 계실 때, 그분은 "그리고 너희가 못할 것이 없으리라"라고 말씀하셨습니다. 이것은 예수께서 말씀을 함부로 말씀하셨거나 아니면 위대한 진리를 선포하고 계신 것 중 하나입니다. 우리는 그분이 위대한 진리를 말씀하셨다고 믿습니다.

그들을 하나님과 같은 부류로 만들어 줄 무엇인가가 그들에게 일어나려고 했습니다.

"하나님으로서는 다 하실 수 있느니라" 그리고 "너희가 못할 것이 없으리라"

"믿는 자에게는 능치 못할 일이 없느니라"(막 9:23) "믿는believeth"이란 단어는 마가복음 16:17의 "믿는 자들에게는 이런 표적이 따르리니"에서 보는 것과 같은 단어입니다.

그것은 "믿는 사람a believing one," 즉 그리스도를 구원자와 주님으로 받아들인 사람, 재창조된 사람, 하나님의 가족이 된 사람을 의미합니다.

"믿는 자들에게는 이런 표적이 따르리니 곧 그들이 내 이름으로 귀신을 쫓아내며 새 방언을 말하며 뱀을 집어 올리며 무슨 독을 마실지라도 해를 받지 아니하며 병든 사람에게 손을 얹은즉 나으리라."

예수는 그분의 이름 안에서 제자들이 초자연적인 사람이 될 것임을 약속하셨습니다.

어떤 것도 이 사실을 벗어나지 못합니다. 오늘날 교회가 무엇을 가르치던 관계없이 이것은 사실입니다.

"주 예수께서 말씀을 마치신 후에 하늘로 올려지사 하나님 우편에 앉으시니라 제자들이 나가 두루 전파할 새 주께서 함께 역사하사 그 따르는 표적으로 말씀을 확실히 증언하시니라"(19절)

어떤 사람들은 당신에게 기적들의 날은 지나갔다고 말할 것입니다. 기적의 날은 감각 지식의 지배를 받는 대다수의 교회에는 지나갔지만, 말씀을 믿고 예수께서 그분의 말씀 안에 우리에게 하라고 명령하신 것을 용기 있게 하는 사람에게는 지나가지 않았습니다.

우리는 요한복음 14:12-14에서 무한한 능역을 발견합니다. "그보다 큰 일도 하리니 이는 내가 아버지께로 감이라. 너희가 내 이름으로 무엇을 구하든지 내가 행하리니 이는 아버지로 하여금 아들로 말미암아 영광을 받으시게 하려 함이라. 내 이름으로 무엇이든지 내게 구하면 내가 행하리라."

예수는 기도에 대하여 말하고 있는 것이 아닙니다. 그분은 마가복음 16장에서 언급하는 것, "너희가 내 이름으로 귀신을 쫓아내고…"에 대하여 말하고 있는 것입니다.

그분은 "너희가 내 이름으로 무엇을 구하든지 내가 행하리라."고 말씀하십니다.

미문에 서 있던 베드로는, 지체장애인이 도움을 구하는 손을 뻗었을 때, "은과 금은 내게 없거니와 내게 있는 이것을 네게 주노니 나사렛 예수 그리스도의 이름으로 걸어라."라고 말했습니다. 그 사람은 완벽하게 나았습니다. 그를 낫게 만든 것은 바로 그 이름에 대한 믿음이었습니다.

베드로처럼 배우지 못한 사람의 입술에 있는 예수의 이름이 그 병자를 온전하게 만들었습니다.

그분은 질병보다 크셨습니다. 그분은 질병을 다스릴 수 있는 권한을 갖고 계셨습니다. 그분은 한 번도 다리로 몸을 지탱해본 적이 없는 속수무책인 사람을 변화시킬 능력을 갖고 계셨습니다. 그래서 다리는 정상이 되었고, 그래서 그 사람은 뛰어 오르고 하나님을 찬양하며 성전으로 달려갔습니다.

그분은 불가사의한 것을 실행했습니다. 그는 그 장애인을 새로운 사람으로 만들었습니다. 그 능력은 한번도 교회로부터 철회된 적이 없습니다. 예수의 이름 안에서 지금도 여전히 교회에 속해 있습니다.

"내 이름으로 아버지께 무엇을 구하든지 그분께서 너희에게 그것을 주시리라"(요 15:16)

"그 날에는 너희가 아무 것도 내게 묻지 아니하리라 내가 진실로 진실로 너희에게 이르노니 너희가 무엇이든지 아버지께 구하는 것을 내 이름으로 주시리라"(요 16:23-24)

만일 언어가 무엇인가를 의미한다면, 이것은 예수의 이름에는 무한한 능력이 있고, 이 무한한 능력이 예수 그리스도를 믿는 사람에게 주어진다는 의미입니다.

이 말씀이 요구하는 것의 전부는 우리가 그 이름 위에서 행동하는 것, 즉 우리가 예수가 말씀하신 것의 참됨을 충분히 깨달아 하나님을 예배하는 것입니다.

"너희 중의 두 사람이 땅에서 합심하여 무엇이든지 구하면 하늘에 계신 내 아버지께서 그들을 위하여 이루게 하시리라. 두세 사람이 내 이름으로 모인 곳에는 나도 그들 중에 있느니라"(마 18:19-20)

이것은 초자연적 능력에 대한 또 다른 약속입니다. 그것은 두 가지 경우에 주어집니다. 만일 한 사람이 실패하고 혼자서는 뭔가를 할 능력이 없다면, 그는 그와 함께 할 다른 누군가를 데려 올 수 있습니다.

"하나가 천을 쫓으며 둘이 만을 도망하게 하였으리요"라는 것은 옛 언약의 백성들에게 주셨던 약속입니다.

새 언약 안에서는 믿는 각 사람에게 주어지는 무제한의 특권들이 있는데, 이 특권들은 옛 언약의 백성들에게는 철저하게 알려지지 않았던 것들입니다.

우리가 이 초자연적인 삶의 능력들을 누리려면 무엇이 필요합니까?

나는 당신이 몇 가지 것들을 주목해 주기 바랍니다. 그것들은 오늘날 하나님의 평범한 자녀를 표시하고 특징짓는 것과 똑같은 능력입니다. (왜냐하면 하나님의 자녀는 능력들을 전혀 사용하지 않아, 그의 특권들에 대한 불신을 가져오지도 않기 때문입니다.)

첫째: 우리는 반드시 사단의 지배에서 자유로워야 합니다. 사람이 노예 상태를 의식하는 한 믿음을 위한 터전은 없습니다. 믿음은 오직 자유의 영역에서만 자랄 수 있습니다.

예수께서 초자연적인 삶의 기초를 놓기 위해 하셔야만 했던 첫 번째 일은 사단을 정복하는 것이었습니다.

예수는 우리가, 그분의 위대한 대속 사역을 받아들임으로, 그분의 구원과 동일시되게 하기 위하여 자신을 인류와 동일시하셨습니다.

그분은 사람이 되셨습니다. 사람으로서 그분은 사단을 정복하셔야 했습니다. 그때 그분은 자신이 십자가에 못 박히는 것을 허락하셨습니다. 그리고 하나님은 우리의 죄의 본성과 연약함 우리의 속박 두려움을 그분에게 지우셨습니다.

"하나님이 죄를 알지도 못하신 이를 죄로 삼으신 것은 우리로 하여금 그 안에서 하나님의 의가 되게 하려 하심이라"(고후 5:21)

속박 상태에 있는 사람은 누구도 하나님의 의를 누릴 수 없습니다. 의라는 생각 그 자체는 구출을 의미합니다. 그것은 사단의 지배가 무효화되었고, 폐지되고 소멸되었다는 것을 의미합니다.

바울이 그의 서신서들에서 우리에게 알려주는 예수에 대한 위대한 계시에서, 그는 우리에게 그리스도가 십자가에 못 박히셨을 때 우리는 그분과 동일시되었다는 것을 보여줍니다. 그분이 거기에 못 박히셨던 것은 우리를 위한 것이었습니다.

우리는 그분과 함께 십자가에 못 박혔습니다. 우리는 그분과 함께 죽었습니다. 우리는 그분과 함께 장사되었습니다. 우리는 실제로 그분과 함께 고통의 장소에 갔었습니다. 그분은 우리의 대리인이셨습니다. 그분은 우리를 대신하셨습니다. 마치 우리가 거기 있는 것 같았습니다. 그분의 고통은 우리의 고통이었습니다.

그때, 그분이 우리 범죄의 형벌을 치르시고 우리를 의롭게 하기 위한 준비를 하신 후 그분은 의롭게 되셨고, 의롭다고 선포되셨습니다. 그분이 의롭게 되셨고 의롭다고 선포되셨을 때, 그것은 우리의 해방이었습니다.

그분은 재창조되셨고, "영으로는 살리심을 받으셨습니다." 그것은 우리가 공의의 관점에서 보면 영으로는 살리심을 받았으며 새로운 피조물이 되었을 때였습니다.

죽은 자들 가운데서 살아나시기 전에, 그분은 사단을 그의 보좌에서 만나 아담이 동산에서 그에게 주었던 권세를 벗기셨습니다.

예수께서 통치자들과 권력자들을 무장해제 시켰을 때 그분이 원수로부터 거둔 승리는 우리의 승리였습니다.

만일 예수께서 마귀를 정복하셨다면, 당신도 마귀를 정복한 것입니다. 그것은 당신의 승리이지 그분의 승리가 아닙니다. 그분은 그 싸움을 하실 이유가 전혀 없었습니다.

예수께서 사단을 정복하시고 그에게서 권세를 벗기셨을 때, 그분은 죽은 자들 가운데서 일어나시어 제자들에게 외치셨습니다. "만세!" 속량의 아침이 인류에게 왔습니다.

당신이 예수 그리스도를 당신의 구원자로 받아들이고 그분을 당신의 주님으로 고백하는 순간, 예수께서 고통과 승리의 나날들 동안 초래하셨던 모든 것들은 당신에게 속합니다.

그때 이 사실은 명백하게 두드러집니다. 우리는 사단의 지배에서 완전히 구출되었습니다 delivered. 우리에 관한 한, 사단은 퇴위 당했고 그의 지배는 깨졌습니다.

어떤 번역은 고린도전서 2:6을 "이 세대의 퇴위 당하는 자의 능력"이라고 번역했습니다.

이것은 매우 주목할 만한 표현입니다. 그들은 우리의 주를 십자가에 매달아 죽인 자들이었습니다. 그분은 그들을 권좌에서 쫓아내셨습니다.

이것을 당신의 마음속에서 절대적으로 분명하고, 실행 가능한 지식으로 만드십시오. 당신은 사단의 지배에서 구출되었습니다. 사단은 더 이상 당신을 다스릴 권리가 없습니다.

두 번째 위대한 사실: 나는 반드시 하나님 앞에 정죄함으로부터 자유롭게, 두려움 없이, 죄의식이나 열등감 없이 설 수 있어야 합니다.

정죄 의식이 있는 한, 자유롭다는 의식은 있을 수 없고, 믿음이 발전할 여지도 없습니다.

어떤 사람이 아버지 앞에 설 수 있는 합법적 권리를 갖고 있다는 것을 자신이 아는 그 순간, 예수만큼 자유롭게 그 사람에 대한 사단의 지배는 끝납니다.

그때 골로새서 1:13-14이 실재가 됩니다. "그가 우리를 흑암의 권세에서 건져내사 그의 사랑의 아들의 나라로 옮기셨으니 그 아들 안에서 우리가 속량 곧 죄 사함을 얻었도다."

당신이 그분 안에서 하나님의 의가 되었다는 것을 알게 된 그 순간 당신에 대한 사단의 지배는 끝납니다.

사람에게서 그의 주도권을 강탈하는 것 즉 하나님 앞에 유죄 판결을 받지 않고 설 수 있는 능력을 그에게서 강탈하는 것은 바로 이 죄의식입니다. 만일 사람이 하나님 앞에서 유죄선고를 받는다면, 그는 병약함과 질병과 가난 앞에서도 유죄선고를 받고 하찮은 존재로 설 수밖에 없습니다. 그는 그것들에게 채찍질 당합니다.

그러나 그리스도께서 이미 마치신 사역에 근거하여 그가 그리스도 예수 안에서 창조된 새로운 피조물이 될 수 있다는 것과, 그가 예수 그리스도를 받아들이는 순간 하나님이 그에게 그분의 본성을 주시고, 그는 그리스도 안에서 하나님의 의가 되고 영생을 받는다는 것을 안다면, 그것은 느낌이나 감각 지식의 문제가 아니라 하나님 말씀의 참됨과 절대적 정확함의 문제입니다.

그는 하나님이 그가 어떤 존재라고 말씀하시는 대로의 존재임을 압니다. 그리스도 안에서 하나님의 의라는 것을 압니다. 그는 아버지 앞으로 나아가는 것을 두려워하지 않습니다. 그는 질병과 병약함과 가난과 결핍을 두려워하지 않습니다. 그는 그가 주인임을 압니다.

세 번째 사실: 그는 반드시 그리스도 예수 안에서 창조된 새로운 피조물이 되어야만 합니다.

나는 주어지는 의와 속량이 존재한다고 당신에게 이미 제시하였습니다. 그 속량과 의는 그가 새로운 피조물이 될 때 실재가 됩니다.

"그런즉 누구든지 그리스도 안에 있으면 새로운 피조물이라 이전 것은 지나갔으니 보라 새 것이 되었도다. 모든 것이 하나님께로서 났으며 그가 그리스도로 말미암아 우리를 자기와 화목하게 하시고 또 우리에게 화목하게 하는 직분을 주셨으니."(고후 5:17-18) 새로운 피조물은 하나님의 아들입니다.

"사랑하는 자들아 우리가 지금은 하나님의 자녀라."(요일 3:2) 그 새로운 피조물은 하나님의 상속자이며 예수 그리스도와의 공동상속자입니다. 그 새로운 피조물은 영생을 받았습니다.

"내가 하나님의 아들의 이름을 믿는 너희에게 이것을 쓰는 것은 너희로 하여금 너희에게 영생이 있음을 알게 하려 함이라."(요일 5:13)

사람이 영생, 즉 하나님의 본성을 받을 때, 그는 그리스도의 몸의 지체가 됩니다. 그는 완전하게 그리스도와 하나가 되어, 요한복음 15:1-8 말씀이 그의 마음에서 실재가 됩니다.

"나는 포도나무요 너희는 가지라." 믿는 사람은 그리스도의 몸의 지체입니다. 가지가 포도나무에 밀접한 만큼 그는 그리스도와 밀접합니다. 그는 예수가 하나님의 일부분인 만큼 그도 하나님의 일부분입니다. 즉 가지가 포도나무의 일부분인 만큼 자신도 하나님의 일부분입니다.

당신은 하나님의 능력에 매여 있습니다. 당신은 전능한 신과 연합되었습니다.

하나님은 "내 생각이 너희의 생각과 다르며"라고 말씀하십니다. 하나님의 마음은 우리의 마음 위에 존재합니다.

바울의 계시에서 그는 "우리가 그리스도의 마음을 가졌느니라"고 말합니다.

이 새로운 피조물은 실제로 하나님의 영역에 존재합니다. 새로운 피조물은 오직 한분 의 주, 곧 예수 그리스도를 인식합니다.

새로운 피조물은 사람을 위하여 그리스도 안에서 초래된 모든 특권들에 대한 합법적인 권리를 갖고 있습니다. 예수께서 과거에 하신 모든 것everything that Jesus did, 그리고 오늘날 예수께서 의미하는 것 모두 all that Jesus is today 새로운 피조물에게 속합니다. 왜냐하면 새로운 피조물은 그리스도의 일부분이기 때문입니다.

고린도전서 12:12에서 우리는 그리스도라 불립니다. "몸은 하나인데 많은 지체가 있고 몸의 지체가 많으나 한 몸임과 같이 그리스도도 그러하니라."

고린도후서 6:15에서 교회는 그리스도라 불립니다. "그리스도와 벨리알이 어찌 조화되며?" 회개하지 않은 사람은 벨리알이라 불리고, 재창조된 사람은 그리스도라 불립니다.

"나는 포도나무요 너희는 가지라." 가지는 포도나무의 일부분입니다.

네 번째 사실: 이 새로운 피조물은 반드시 그리스도 안에서 자신의 지위와 합법적인 권리들을 알아야만 합니다.

성경은 두 개의 법률 문서들로 구성되어 있습니다. 옛 언약과 새 언약입니다. 언약은 계약이며 합의입니다.

첫 번째 계약은 아브라함과 하나님 사이에 존재했습니다. 두 번째 계약은 그리스도, 곧 그리스도의 몸(교회)과 하나님 사이에 존재했습니다.

예수의 죽음은 합법적 죽음이었습니다. 대속은 합법적 행위입니다. 공의의 요구는 반드시 충족되어야만 했습니다. 예수께서 공의의 요구를 충족시키셨습니다. 우주 최고의 법정은 예수 그리스도의 희생을 예수 그리스도를 구원자로 받아들이고 자신의 삶에 대한 그분의 통치권을 받아들이는 모든 사람에 대한 공의의 요구를 충족시키는 것으로 인정했습니다.

이렇게 합법적으로 태어난 하나님의 자녀는 예수의 이름을 사용할 수 있는 합법적 권리를 갖습니다. 그는 성령의 내주에 대한 합법적 권리를 갖습니다. 그는 하나님 가문에서의 자신의 자리와 빛 가운데 성도의 기업에 대한 자신의 몫에 대한 합법적 권리를 갖습니다.

그는 하나님의 능력에 대한 합법적 권리를 갖습니다.

과거의 예수와 지금의 예수가 의미하는 그 모든 것이 합법적으로 믿는 사람에게 속합니다. 과거에 예수께서 하셨던 것과 지금 하고 계신 것 모두 하나님의 자녀에게 합법적으로 속합니다.

하나님의 자녀는 아버지의 보호와 보살핌에 대한 합법적 권리를 갖습니다. 그는 음식, 의복, 그리고 집에 대한 합법적 권리를 갖습니다. 그는 형제들과의 사귐과 행복에 대한 합법적 권리를 갖습니다. 그는 사단과 마귀들을 다스리는 권리, 가난을 다스리는 합법적 권리를 갖습니다.

로마서 5:17(웨이머스) "한 개인의 범죄를 통하여 사망이 그 한 개인을 이용하여 통치권을 움켜잡았은즉," 그것은 영적인 죽음입니다. 사단은 인류에 대한 우위를 장악했습니다. 즉 동산에서 아담이 가졌던 통치권을 장악했습니다.

아담은 하나님의 손으로 만드신 모든 것들을 지배했었습니다. 사단은 사람으로부터 그 지배권을 가져갔습니다. 예수께서 오셔서 그 지배권을 사람에게 되찾아주셨습니다.

"하나님의 넘치는 은혜와 의의 선물을 더욱 받는 자들은 한 개인 예수 그리스도를 통하여 생명의 영역에서 왕으로서 다스리노라"

우리가 얼마나 많은 은혜를 우리가 받았을까요? 예수는 하나님의 은혜였습니다. 은혜는 활동중인 사랑으로, 인류의 축복입니다. 큰 은혜가 제자들에게 임했습니다. 병든 자를 고치고 기적을 행하는 위대하고 신성한 일들을 했습니다.

우리는 그분의 능력을 넘치게 받아 사람들을 도울 수 있습니다. 우리는 의의 선물, 즉 열등감이나 두려움 없이 하나님 앞에 설 수 있는 능력, 사단 앞에 주인으로서 설 수 있는 능력, 질병과 병약함 앞에 구원자로서 설 수 있는 능력을 받았습니다.

우리는 은혜와 의의 선물을 넘치게 받았습니다. 그 결과가 어떻습니까? 우리는 우리 주 예수 그리스도를 통하여 생명의 영역에서 왕으로서 다스립니다.

그것은 우리를 주인이 되게하셨습니다. 종이었던 우리는 이제 다스리는 자들이 되었습니다.

평범한 사람들이 보좌로 들어가 임마누엘 왕과 힘을 합칩니다.

우리는 지금 그리스도인에게 속하는, 그러나 교회에 의해 무시되어온 실제적인 것들을 다루고 있습니다.

오늘날, 이런 것들을 고백하는 사람은 누구든지 광신도로 여겨집니다. 예수는 광신도로 죽었습니다. 바울은 광신도로 죽었습니다. 요한과 베드로, 그리고 나머지 사도들 모두 광신도로 죽었습니다.

사람들은 바울의 계시가 세상을 뒤엎었다고 말했습니다. 만일 사람들이 이 말씀을 그대로 믿고 그대로 행동한다면 이 말씀은 세상을 뒤엎을 것입니다.

성령은 우리의 것입니다. 당신이 거듭나자마자 당신의 몸은 하나님의 집이 됩니다.

"너희 몸은 너희가 하나님께로부터 받은 바 너희 가운데 계신 성령의 전인 줄을 알지 못하느냐 너희는 너희 자신의 것이 아니라 값으로 산 것이 되었으니 그런즉 너희 몸으로 하나님께 영광을 돌리라"(고전 6:19)

이제 병든 자에게 손을 얹음으로써, 그리고 하나님이 당신의 혀를 통해 그분의 강력한 말씀들을 하실 수 있도록 당신의 혀를 내어 드림으로써 하나님께 영광을 돌리라.

"내가 하는 말은 영이요 생명이라"고 예수께서 말씀하셨습니다.

말씀은 예수의 통치권에 항복한 사람 안에서 영과 생명이 되고, 그 사람 안에서 성령은 절대적으로 지배합니다.

이것은 은혜에 대한 경이로운 사실입니다.

"너희 안에서 일하시는 이는 하나님이시니 자기의 기쁘신 뜻을 위하여 너희에게 원하게 하고 실천하게 하시나니."(빌 2:13, 저자 직역) 말하자면,

당신은 하나님의 보좌가 되었습니다. 당신의 몸은 당신 안에 계시는 하나님이 다스리고 있는 강대상이 되었습니다.

교회는 연약함, 병약함, 열등감, 고통과 가난은 의식하나 하나님은 의식하지 않습니다. 오 그런데 교회가 내 안에 계신 하나님을 의식할 수 있다니요!

당신이 하나님을 의식한다면, 그리스도의 마음은 당신의 것이 될 것입니다. 하나님은 당신의 마음을 통해 생각하시고, 당신의 입술을 통해 말씀하실 것입니다. 하나님은 당신의 말과 당신 손을 통해 만지심으로 병든 자를 고치실 것입니다. 당신은 열등한 자의 영역에서 초자연적인 자의 영역으로 옮겨질 것입니다.

"너희는 하나님께 속하였습니다."(요일 4:4) 나는 하나님께 속하였습니다. 만일 내가 하나님께 속하였다면, 당신은 내가 하나님처럼 행동하고 하나님처럼 말하길 기대할 것입니다. 당신은 하나님이 하셨듯이 내가 마귀들을 지배하고 다스리길 기대할 것입니다.

"너희 안에 계신 이가 세상에 있는 자보다 크심이라." 이 세상에서 하나님에게 대항하는 자가 누구입니까? 사단입니다. 그는 사람들을 통해서 대항합니다. 하나님에게 대적하는 것은 사람들이 아닙니다. 그들의 마음을 지배해 온 것은 바로 마귀의 능력입니다. 우리는 마귀를 권좌에서 쫓아낼 것입니다.

예수께서 그를 권좌에서 쫓아내셨고 마귀도 그것을 압니다. 그러나 그는 여전히 이 세상을 의식하는 사람들을 붙잡고 있습니다.

우리는 어떻게 마귀를 권좌에서 쫓아낼 건가요? 진리가 사람들을 자유하게 할 것입니다. 우리는 그저 단순하고 명료하게 말씀의 베일을 걷어낼 것이고, 그러면 하나님의 능력이 강력하게 말씀 위에 임하여 사람들이 구원을 얻게 될 것입니다.

초자연적인 사람들은 평범한 사람들의 복장을 하겠지만, 그들은 하나님의 능력, 힘, 지혜를 그들 안에 갖게 될 것입니다.

수퍼맨의 다섯 번째 특징은 그들이 사람들을 사랑하게 될 것이라는 점입니다.

그들은 사랑으로부터 태어납니다. 하나님은 사랑입니다. 그들은 하나님의 본성을 받았습니다. 그들은 사랑하는 사람들입니다. 그들은 더 이상 그들만의 것을 구하지 않습니다. 그들은 예수께서 그러셨던 것처럼 살고, 일합니다.

그들의 매일의 과업이 무엇이든, 삶에서 그들의 지위가 어떻, 하나님의 자녀인 사람들은 그분이 사랑하신 것처럼 사랑할 것입니다. 그들은 자신들만의 것을 구하지 않고, 자신이 소유한 것을 자신의 것으로 여기지 않고, 그들은 청지기로서 행동합니다.

예수는 이런 사람들의 삶을 통해서 사람의 심령에 드러납니다.

"이제는 내가 사는 것이 아니요 오직 내 안에 그리스도께서 사시는 것이라."

당신은 사랑이신 예수께서 그 안에 살고 계신 어떤 사람이 이기적이고 냉혹할 수 있다고 생각하십니까?

수퍼맨의 가장 두드러진 특징은 사랑입니다. 그 사랑은 예수님과 같은 종류의 사랑입니다. 그것은 은혜에 의해 불붙은 아가페이고, 사람들의 입술과 행위를 통해 잃어버린 사람들에게 전해집니다.

예수는 굉장한 사랑을 하는 사람일 뿐만 아니라 하나님의 아들이십니다. 그리고 하나님은 사랑의 하나님이실 뿐만 아니라 믿음의 하나님이십니다.

"믿음은 바라는 것들에게 실체를, 보이지 않는 것들에게 확신을 주고 있으니."(히 11:1)

믿음은 지금까지 한 번도 실재했던 적이 없는 것에게 실체를 주고 있습니다. 당신이 그것을 "바라는" 한, 그것은 실재하지 않습니다. 당신은 이미 가지고 있는 것을 결코 바라지 않습니다. 소망은 언제나 미래에 존재합니다. 믿음은 현재입니다. 믿음은 비금속을 순금으로 변화시킵니다.

"믿음으로 모든 세계가 하나님의 말씀으로 지어진 줄을 우리가 아나니 보이는 것은 나타난 것으로 말미암아 된 것이 아니니라."(3절)

우주는 하나님의 말씀으로 존재하게 되었습니다. 그것은 요한복음 1:1-2과 일치합니다. "태초에 말씀이 계시니라 이 말씀이 하나님과 함께 계셨으니 이 말씀은 곧 하나님이시니라. 같은 존재가 태초에 하나님과 함께 계셨습니다."

창세기 1장으로 돌아가서, 하나님이 하신 말씀의 전부가 "있으라"였고 그러면 사물이 존재하게 되었다는 것을 주목하십시오. 우주는 하나님의 말씀에 의해 생성되었습니다. 식물의 세계도, 동물의 세계도 하나님의 말씀에 의해 존재하게 되었습니다.

우리는 믿음의 하나님의 아들들입니다. 우리의 말은 믿음의 말이어야 합니다. 베드로가 성전 미문에 있던 사람에게 "나사렛 예수의 이름으로 걸어라."라고 말했을 때처럼, 우리는 그분의 말씀을 대신해야만 합니다. 베드로는 주님을 대신해 그 말을 하고 있었습니다.

당신은 연약함이 통제하고 있는 곳에 당신이 건강과 힘을 가져옵니다.

당신은 실패가 지배하는 곳에 성공을 가져옵니다. 당신은 가난이 마구 날뛰는 곳에 풍요를 가져옵니다. 가난과 연약함의 날들은 지났습니다. 우리는 하나님의 힘을 갖고 있습니다.

"나의 하나님이 그리스도 예수 안에서 영광 가운데 그 풍성한 대로 너희 모든 쓸 것을 채우시리라"(빌 4:19)

부족함은 끝났습니다. 왜냐하면 우리가 예수 그리스도 안에서 어떻게 비금속을 순금으로 변화시키는지 알기 때문입니다.

당신이 볼트에 너트를 조이기 위해 렌치를 사용하는 것처럼, 한 조각의 고기를 자르기 위해 나이프를 사용하는 것처럼, 이 새로운 피조물은 반드시 예수의 이름을 사용하는 것의 비밀과 기쁨과 축복을 배워야만 합니다.

당신은 치유와 구원을 주기 위하여 용기를 내어 예수의 이름을 사용합니다. 당신은 용기를 내어 감각의 영역을 벗어나 성령의 영역으로 들어가, 전능하신 하나님의 자녀가 해야 하는 것을 하기 시작합니다.

24

그리스도 안에서 우리에게 불가능한 일이 있을 수 있는가?

당신은 예수께서 "믿는 자에게는 능히 하지 못할 일이 없느니라"라고 말씀하신 것을 기억할 것입니다. 그분은 영의 영역을 걸으셨고, 그것은 오늘 우리의 영역입니다. 이것이 믿는 사람에게 얼마나 도전이 됩니까!

헬라어 "믿는다believeth"는 "믿는 사람believing one"을 의미합니다.

오순절 날 하나님의 가족이 탄생하기 전까지, "믿는 사람들believing ones"이란 말은 전혀 없었습니다. 그래서 그 가족의 일원이 된 사람 모두 "믿는 사람a believing one"으로 불립니다.

예수께서는 위 선언문에서 우리에게 하나의 도전을 주셨습니다. 우리가 영의 영역에서 살 것을, 달리 말하면 기적의 영역에서 살 것을 요구하는 도전입니다.

이제, 몇 가지 사실들을 주목하십시오. 우리는 하나님의 본성인 영생을 갖고 있습니다. 이로인해 우리는 하나님 부류에 속한 존재가 됩니다. 우리는 새로운 창조에 의해 하나님의 아들들이 되었습니다.

그분이 우리가 상속자 곧 그리스도와 함께하는 공동 상속자들이라고 말씀하실 때, 우리는 그것이 형이상학적인 선언이 아니라 사실을 말씀하신 것임을 압니다.

로마서 4:13은 우리에게 "예수가 세상의 상속자"라고 말해줍니다.

하나님의 아들들이 지닌 가능성의 한계를 아무도 알지 못합니다. 우리는 하나님의 본성을 우리 안에 갖고 있을 뿐만 아니라 예수를 죽은 자들 가운데서 살리신 위대하고 전능하신 성령이 그분의 집을 우리 안에 마련하셨습니다. 그리고 "우리 안에 계신 이가 세상에 있는 자보다 크심이라."

"세상에 있는 자"는 사단입니다. "우리 안에 계신 이"는 하나님이십니다. 우리는 무한한 가능성을 갖고 있습니다.

교회는 감각 지식의 철학에 의해 다스려져 왔습니다. 그들은 철학적인 속량, 철학적인 새로운 탄생, 아버지와 하나님의 철학적인 관계를 강조했습니다. 아주 소수만이 굉장한 영적인 힘들의 실재를 깨닫게 되었습니다.

영적인 힘들이 물리적인 힘보다 더 크다는 것을 이해해야 합니다. 무기질과 금속과 화학물질들을 지닌 이 세상과 같은 물질적 실체를 창조한 것은 영입니다 세상은 하나님에 의해 생성되었고, 하나님은 영이십니다.

사단도 역시 영입니다. 그는 모든 혼돈, 죄, 전쟁, 미움, 질투, 그리고 다른 모든 사악한 것의 작가입니다. 하나님은 사단보다 크시고 사람에게 새로운 탄생을 줄 때, 그분 고유의 본성을 주셨습니다. 예수께서 마가복음 16:17에 기록된 대사명을 주셨을 때, "저희가 내 이름으로 귀신을 쫓아내며"라는 경이적인 말씀을 하셨습니다.

그분은 한 법을 정하셨는데, 이 법에 의하면 믿는 사람은 귀신들보다 큽니다. 왜냐하면 그는 그들을 쫓아낼 수 있기 때문입니다. 만일 사람이 귀신들을 쫓아낼 수 있다면, 그는 사단의 주인입니다. 만일 그가 사단의 주인이라면, 그는 사단이 하는 어떤 일에 대해서도 주인입니다.

사단은 아픔과 전쟁과 이 오래된 세상에 있는 모든 고통과 불행의 작가입니다.

하나님의 말씀은 우리가 오늘날 세상을 다스리는 힘이며, 환경의 주인들이라고 합니다. 그러나 교회는 그것을 깨닫지 못하고, 불신앙인 마음으로 그런 척만 해왔습니다.

교회는 믿음을 기도해 왔습니다. 사람이 지금까지 기도한 것들 중 가장 터무니없는 것인 믿음을 기도해 왔습니다.

그러면 당신은, "제자들이 주께 여짜오되 '우리에게 믿음을 더하소서' 하니" 라고 한 말씀을 주장할 것입니다. 그렇습니다. 그러나 그들은 첫 언약 아래 유대인들, 즉 회개하지 않은 영을 가진 자들이었습니다. 그러나 당신은 바울의 계시에서 그런 어리석은 것을 찾을 수 없습니다.

바울은 그의 계시를 "믿음의 말씀Word of Faith"이라 부릅니다. 그리고 그것은 정말 믿음의 말씀 입니다. 믿음을 만들고 믿음을 낳는 것은 바로 말씀입니다.

"찬송하리로다 하나님 곧 우리 주 예수 그리스도의 아버지께서 그리스도 안에서 하늘에 속한 모든 신령한 복을 우리에게 주시되."(엡 1:3) 어떤 것이 필요할 때, 당신은 그것을 받아들이기 위한 믿음을 구해서는 안 됩니다. 그렇지 않습니까?

자, 만일 당신이 하나님의 말씀은 절대적으로 안심할 수 있고 신뢰할 수 있다는 것을 안다면, 그리고 은행이나 대기업의 말처럼 따를만하다는 것을 안다면, 기도는 달라질 것입니다. 그렇지 않습니까?

당신이 하나님으로부터 온 어떤 말씀도 능력이 결여되지 않았다는 것을 안다면, 만일 당신이 "내 입에서 나가는 말도 이와 같이 헛되이 내게로 되돌아오지 아니하고 나의 기뻐하는 뜻을 이루며 내가 보낸 일에 형통함이니라"(사 55:11)는 말씀이 전적으로 의존할 수 있다는 것을 안다면, 즉 하나님으로부터의 어떤 말씀도 성취되지 않는 것이 없다는 것, 하나님은 당신의 말씀이 실행되는 것을 살피신다는 것, 영원한 보좌가 그분의 말씀 위에 세워진다는 것, 그리고 예수는 새 언약의 보증으로 선포되었고 그 예수가 마태복음에서 계시록까지의 모든 말씀의 보증이시며 그분의 보좌가 말씀의 뒤에 있고, 그리고 그분의 온전함이 말씀으로 싸여있다는 것을 안다면, 이것이 당신에게 실재한다면 그렇다면 당신에게는 어떤 믿음의 문제도 없었을 것입니다. 하나님의 말씀은 하나님 자신의 일부분입니다.

요한복음 14:13-14에서 예수께서 말씀하셨습니다. "너희가 내 이름으로 무엇을 구하든지 내가 행하리니 이는 아버지로 하여금 아들로 말미암아 영광을 받으시게 하려 함이라. 내 이름으로 무엇이든지 내게 구하면 내가 행하리라."

"구하다ask"라는 단어는 여기서 "요구하다demand"를 의미합니다. 그것은 마치 예수께서 "너희가 내 이름으로 무엇을 요구하든지 내가 실행하겠다."라고 말씀하시는 것과 같습니다.

그것은 기도가 아닙니다. 예수께서 기도에 관하여 말씀하신 것을 우리는 요한복음 16:23에서 볼 수 있습니다. "그 날에는 너희가 아무 것도 내게 기도하지pray 아니하리라 내가 진실로 진실로 너희에게 이르노니 너희가 무엇이든지 아버지께 구하는ask 것을 내 이름으로 주시리라." 이것이 기도입니다.

당신은 그 이름으로 아버지에게 가야만 합니다. 예수께서 당신이 아버지에게 그 이름으로 무엇이든지 구하면, 아버지께서 당신에게 주실 것이라고 말씀하셨습니다.

다른 성경구절은 사도행전 16장에 기록된 바울이 점치는 영을 내쫓은 것과 같은, 또는 베드로와 요한이 미문에 있던 남자에게 "나사렛 예수 그리스도의 이름으로 걸어라"라고 명한 것처럼 말입니다. 사람들의 삶을 깨뜨린 마귀의 세력에 명령하는 것을 언급하고 있습니다.

그들은 그 이름으로 많은 기적들을 행하여 산헤드린 공회가 그들을 체포하고 그들에게 그 이름으로 전하거나 가르치지 말 것을 명했습니다.

그 이름은 그 당시 온 나라에서 가장 강력한 힘이었고 그 이름은 그것이 지닌 능력과 권한을 조금도 잃지 않았습니다.

그분은 우리, 곧 "믿는 사람들"에게 그 이름을 사용할 수 있는 위임장을 주셨습니다. 그 이름으로 우리는 마귀들을 쫓아내고, 병든 자들을 고치고, 사람들의 삶에 대한 사단의 지배를 깨뜨릴 수 있습니다.

우리는 성령의 검이라 부르는 또 하나의 강력한 무기를 갖고 있습니다.

살아있는 말씀

우리의 입술에 있는 그 말씀은 잃어버린 사람들을 구하고, 패배가 왕 노릇하는 곳에 용기와 승리를 가져다주고, 믿음 없는 곳에 믿음을, 소망 없는 곳에 소망을 낳고, 상심한 사람들에게 용기와 지배력을 줍니다.

우리의 입술에 있는 그 말씀은 창조적인 에너지와 능력을 갖고 있습니다.

그것은 믿음의 문제가 아닙니다. 그것은, 두려워하지 않고 지혜롭게, 하나님이 말씀하신 것대로 우리가 행동하는가의 문제입니다.

예수께서 승천하시기 전에 그분은 제자들에게 "너희는 위로부터 능력으로 입혀질 때까지 예루살렘에서 잠시 지체하라"고 말씀하셨습니다.

"성령이 너희에게 임하시면 너희가 권능power을 받고."(행 1:8)

"권능power"으로 번역된 헬라어는 여기서 "능력ability"을 의미합니다.

이제 "나는 너희가 위로부터의 능력ability을 받을 때까지 예루살렘에서 잠시 지체하길 바란다."라는 의미로 이해하십시오. 그 능력은 하나님의 능력입니다.

당신은 하나님의 능력을 갖게 될 것입니다. 예수의 이름을 사용하고 말할 수 있는 하나님의 능력, 성경을 이해할 수 있는 하나님의 능력, 그분의 뜻을 행할 수 있는 하나님의 능력, 두려움 없는 자신감으로 세상을 마주할 수 있는 그분의 능력, 그리고 또한 어떤 종류의 박해든 한 치도 굴복함 없이 견딜 수 있는 능력을 말입니다.

하나님은 배우지 못한 어부들을 데려가셔서 그들에게 자신의 능력, 자신의 지혜를 주셨습니다.

그들에게는 예수와 함께한 이 땅에서의 사역에 대한 지식이 있었습니다. 그들은 그분의 실제 죽음과 부활의 지식이 있었습니다. 그들에게는 오순절에 일어났던 일에 대한 지식이 있었습니다. 이제 그분은 그 지식을 사용할 수 있도록 그들의 지혜가 되십니다. 그리고 그들은 그 지식을 놀랍게 사용했습니다!

그들은 로마 정부와 유대 국가의 기초를 흔들었습니다!

그들은 하나님의 능력을 갖고 있었고, 그들에게 주어진 하나님의 본성에서 흘러나오는 하나님의 생명을 갖고 있었습니다. 그들은 사랑 안에서 걷고 말씀 안에서 걸을 수 있는 능력을 갖고 있었습니다.

하나님의 능력이 평범하고 배우지 못한 어부들을 얼마나 굉장한 사람들로 만들었습니까!

"그가 우리를 흑암의 권세에서 건져내사 그의 사랑의 아들의 나라로 옮기셨으니 그 아들 안에서 우리가 속량 곧 죄 사함을 얻었도다."(골 1:13)

속량의 실재

우리의 속량은 실재였습니다.

하나님의 아들이 육신이 되셨고, 십자가에 달리셨고, 우리를 대신하여 지옥에 내려가셨습니다. 그분이 인류에 대한 공의의 요구를 충족시키셨을 때, 그분은 의롭게 되셨습니다. 왜냐하면 그분이 오신 목적을 이루셨기 때문입니다. 그분은 영 안에서 살아있게 되셨습니다. 즉 실제로는 재창조되셨습니다.

하나님은 "너는 내 아들이니 내가 오늘 너를 낳았다"라고 하셨습니다.

그것은 마리아를 통한 그분의 출생을 말하는 것이 아닙니다. 그것은 영적인 죽음에서 벗어난 출생, 곧 잃어버린 사람들의 흑암의 땅에 대한 사단의 지배에서 벗어난 그분의 출생을 의미합니다.

지옥에서 그분은 의로워지셨고, 영 안에서 살아있게 되셨습니다. 그곳에서 그분은 통치자들과 권력잡은 자들을 무장해제시키시고 지옥의 힘을 완전히 패배시킴으로 정복하셨습니다. 그분은 사단과 그의 군대들을 완전하게 패배시키시고 그들의 권세를 벗기신 후 죽은 자들 가운데서 부활하셨습니다.

"나는 곧 살아 있는 자라 내가 전에 죽었었노라 볼지어다 이제 세세토록 살아 있어 사망과 음부의 열쇠를 가졌노니."라고 말씀하셨습니다.

죽은 자들 가운데서 부활하셨을 때, 그분은 사단과 지옥의 모든 것들의 주인이셨습니다.

그분은 우리를 대적의 손에서 속량하셨습니다.

이제 당신은 우리가 흑암의 권세에서 건져진다는 말씀을 이해할 수 있습니다.

사단이 흑암입니다. 예수는 생명의 빛이십니다.

우리는 흑암에서 속량되었을 뿐만 아니라 새로운 탄생으로 인해 그의 사랑의 아들의 나라로 옮겨졌습니다.

우리가 완벽하게 속량된 것은 바로 그의 사랑의 아들 안에서입니다. 아버지의 마음 안에서 당신은 예수께서 죽은 자들 가운데서 부활하셨을 때만큼이나 완벽하게 사단의 손에서 속량되었습니다.

에베소서 1:7-23에서 당신은 이 속량의 완전한 실재를 어렴풋이 봅니다. "우리는 그리스도 안에서 그의 은혜의 풍성함을 따라 그의 피로 말미암아 속량 곧 죄 사함을 받았으니"

이 속량은 "그의 은혜의 풍성함을 따라" 이루어집니다.

믿는 사람은, 이스라엘이 홍해를 건넜을 때 애굽의 지배와 권세로부터 구조된 것처럼, 실제로 대적의 손에서 구조되었습니다 redeemed.

사단은 우리가 허용하지 않는 한, 우리의 재정을 지배할 수 없습니다. 사단은 우리가 허용하지 않는 한, 우리의 물리적 몸을 지배할 수 없습니다.

사단은 우리를 계속 결박하고 우리에게 열등감과 무가치한 느낌을 주기 위하여 우리의 영을 지배할 수 없습니다. 왜냐하면 우리는 그리스도 예수 안에서 새로운 피조물이 되었고 그리스도 안에서 하나님의 의가 됐기 때문입니다.

우리가 이 진리를 알 때 진리가 우리를 자유하게 합니다.

"또 만물을 그의 발아래에 복종하게 하시고 그를 만물 위에 교회의 머리로 삼으셨느니라. 교회는 그의 몸이니 만물 안에서 만물을 충만하게 하시는 이의 충만함이니라"(엡 1:22-23)

그의 발은 교회를 의미합니다. 왜냐하면 우리는 그분의 몸이고, 그리고 그분은 그 몸의 머리이기 때문입니다. 그분은 만물을 그분의 몸인 교회 아래 두셨습니다. 교회는 만물 안에서 만물을 충만하게 하시는 그분의 충만함입니다.

아무도 교회가 아버지의 마음에 정말로 무엇을 의미하는지 알지 못합니다. 아무도 교회가 그리스도에게 무엇을 의미하는지 알지 못합니다. 그분은 교회를 위하여 그분의 생명을 주셨습니다! 아버지는 교회를 위하여 그분의 하나뿐인 아들을 주셨습니다!

교회가 마귀가 다스리고 지배할 수 있는 약골들의 모임이 되는 것은 그분의 목적이 아니었습니다.

아닙니다. 그리스도의 몸은 예수께서 이 땅에서의 사역 시 갖고 계셨던 것과 같은 권세를 갖고 있습니다.

그리스도의 몸은, 제각기, 병약함과 질병과 마귀의 일을 다루는 한, 예수께서 이 땅에서의 사역 시 갖고 계셨던 것과 같은 능력을 갖고 있습니다.

사단의 지배는 깨졌습니다

사람에게는 새로운 자유의 시대입니다.

요한복음 8:36이 영광스러운 실재가 되었습니다. "그러므로 아들이 너희를 자유롭게 하면 너희가 참으로 자유로우리라."

만일 아들이 당신을 자유롭게 한다면 당신은 실제로 자유롭습니다. 그리고 아들이 우리를 자유롭게 하셨습니다!

우리의 자유로 무엇을 하기 원하십니까?

우리는 한 가지를 확신하고 싶어 합니다. 우리가 하나님의 은혜를 헛되이 받지 않았다는 것, 즉 우리는 그리스도 안에서 우리의 권리와 특권들을 이용하고 있다는 것을 확신하고 싶어 합니다.

당신은 로마서 3:24을 이해하십니까? "그리스도 예수 안에 있는 속량으로 말미암아 하나님의 은혜로 값없이 의롭다 하심을 얻은 자 되었느니라."

"의롭다 하심을 얻은Justified"은 "의롭다고 선포되다declared righteous" 혹은 "의로워지다made righteous"를 의미합니다.

"그러므로 그리스도 예수 안에 일어난 이 경이로운 속량으로 말미암아 하나님의 은혜로 의로워진 자 되었느니라."

그것은 한계가 없습니다.

이제 나는 당신이 고린도후서 5:17-21을 다시 보기를 원합니다. "그런즉 누구든지 그리스도 안에 있으면 새로운 피조물이라 이전 것은 지나갔으니 보라 새 것이 되었도다. 모든 것이 하나님께로

웨이Way는 이렇게 번역합니다. "이 모든 것은 하나님이 근원이시다. 그분은 메시아의 중재로 나를 자신과 화목케 하셨습니다. 그분은 나에게

이 화목하게 하는 직분을 담당케하셨는데 그것에 관한 인증은 이러합니다: '하나님께서 메시아 안에 계시어 세상을 자기와 화목하게 하시며, 그들의 범죄 기록을 무효화하셨습니다.' 그리고 이 화목케 하는 메시지를 나에게 맡기셨습니다. 그러므로 나는 메시아의 대사로서의 역할을 맡고 있습니다. 그것은 마치 하나님이 나의 입을 통해 당신에게 간곡히 부탁하시는 것 같습니다. 메시아의 대리인으로서 나는 너희에게 간청하노니 하나님과 화목하게 되라. 예수는 죄를 알지 못하셨지만, 하나님이 그를 우리 죄와 세상의 죄로 삼으셨고, 이와 같이 그분이 우리의 죄를 지셨기에 우리는 그분과 연합함으로써 하나님의 의가 되게 하려 하심이라."

18-21절의 전체 번역에 있는 현실감을 주목하십시오.

"하나님께서 메시아 안에 계시어 세상을 자기와 화목하게 하시며, 그들의 범죄 기록을 무효화하셨고 완전히 없애버리셨습니다."

이 얼마나 놀라운 선언입니까!

당신이 새로운 피조물이 될 때 당신에게 불리한 기록은 하나도 없습니다. 그것은 모두 파기되었습니다. 이 화목하게 하는 메시지를 그분이 당신과 나에게 맡기셨습니다. 그러므로 우리는 하늘의 대사로서의 역할을 맡고 있습니다.

이제 나는 당신이 이 새로운 피조물이 무엇인지 주목하기 바랍니다. 그것은 그리스도 예수 안에서 창조되었습니다.

"우리는 그가 만드신 바라 그리스도 예수 안에서 지으심을 받은 자니" (엡 2:10)

당신은 아담이 그분의 작품인 것만큼 우리가 그분의 작품인 것을 주목했습니까? 우리는 실제로 성령에게서 태어났습니다. 우리는 실제로 하나님의 본성과 본질에 참여하는 자들입니다. 우리는 그분 안에서 하나님의 의가 되었습니다.

웨이의 번역을 한 번 더 읽어보십시오.

"예수는 죄를 알지 못하셨지만, 하나님이 그를 우리 죄와 세상의 죄로 삼으셨고, 이와 같이 그분이 우리의 죄를 지셨기에 우리는 그분과 연합함으로써 하나님의 바로 그 의가 되게 하려 하심이라."

우리는 하나님의 바로 그 의가 되었습니다.

일생 동안 우리를 결박한 것은 죄 의식, 즉 자격이 없다는 의식이었습니다. 우리의 목사들은 하나님의 의 대신에 죄를 설교해왔습니다.

하나님의 의를 언급할 때면, 그들은 우리가 새로운 창조에 의해 하나님의 의가 되어서, 우리를 방해하고 우리를 대적하여 결박당한 채로 살게 하는 어떤 죄 의식도 더 이상 존재하지 않는다는 생각보다는 오히려 우리가 "바르게 존재하는 것being right"과 "바르게 행하는 것doing right"에 대한 생각을 전합니다.

"너희가 거듭난 것은 썩어질 씨로 된 것이 아니요 썩지 아니할 씨로 된 것이니 살아 있고 항상 있는 하나님의 말씀으로 되었느니라"(벧전 1:23)

그리스도 안에서 우리는 어떤 존재인가?

이제 우리는 이것을 분명하게 압니다.

우리는 예수가 가지셨던 것과 똑같은 영생을 갖고 있습니다. 왜냐하면 예수께서 "나는 포도나무요 너희는 가지라"라고 선언하시기 때문입니다.

우리는 우리 안에 포도나무의 생명을 갖고 있습니다. 우리는 예수 안에 존재했던 본질을 우리 안에 갖고 있습니다.

예수께서 우리의 속량과 우리의 지혜가 되셨습니다. 예수는 지금 우리 안에서 하나님의 능력이 되셨으므로 우리가 대적보다 더 지혜롭습니다.

그 다음으로 위대한 사실은 우리가 하나님을 우리 안에 갖고 있다는 것입니다.

"내가 아버지께 구하겠으니 그가 또 다른 보혜사를 너희에게 주사 영원토록 너희와 함께 있게 하리니 그는 진리의 영이라 세상은 능히 그를 받지 못하나니 이는 그를 보지도 못하고 알지도 못함이라 그러나 너희는 그를 아나니 그는 너희와 함께 거하심이요 또 너희 속에 계시겠음이라"(요 14:16,17)

"그러나 진리의 성령이 오시면 그가 너희를 모든 진리 가운데로 인도하시리니 그가 스스로 말하지 않고 오직 들은 것을 말하며 장래 일을 너희에게 알리시리라 그가 내 영광을 나타내리니 내 것을 가지고 너희에게 알리시겠음이라"(요 16:13,14)

주목하십시오, 성령은 우리 안에서 예수를 영화롭게 하실 것입니다. 왜냐하면 성령은 예수의 것들을 가지고 우리 안에 그것들을 세우려고 하십니다. 그분은 우리의 선생이 되실 것입니다. 그러나 그분은 단지 "선생"이 되실 뿐 아니라 아버지의 본성을 주시는 분이 되실 것입니다. 그분은 우리 안에 그리스도의 본성과 특징들을 세우려고 하십니다.

아버지는 사랑이십니다. 그분은 우리의 모든 행동과 말이 사랑으로 채색되고 사랑으로 채워질 때까지 우리 안에 사랑을 세우려 하십니다.

그분은 우리에게 지혜가 되실 것입니다. 아버지의 지혜는 말씀 안에서 드러납니다. 그분이 지혜를 우리 안에 세워 우리가 어떤 상황에서도 현명하게 행동할 수 있을 것입니다.

우리는 예수와 같아질 것입니다. 우리는 그분의 능력과 지혜를 갖게 될 것이고 우리는 그분 안에서 조용하게 안식할 것입니다. 우리는 아버지에 대한 그분의 신뢰를 갖게 될 것입니다. 그것은 더 이상 믿음의 문제가 아니라 단지 아버지의 뜻을 아는 것의 문제가 될 것입니다. 우리는 우리가 아버지의 뜻을 행할 수 있는 능력을 갖고 있다는 것을 알게 될 것입니다.

그것이 인생을 얼마나 크게 만들까요! 그것이 인생을 얼마나 실제적으로 만들까요!

믿음을 갖고 좋아지려는 오래된 투쟁은 과거의 것이 될 것입니다.

이 모든 것은 재창조된 사람의 영, 즉 "심령에 숨은 사람" 안에서 일어납니다.

우리는 주님과 함께 살고 함께 걸을 수 있을 것입니다. 그분은 우리에게 말씀이 살아있는 실재가 될 때까지 말씀을 열어주실 것입니다. 그것은 단지 한 권의 책이 아니고 살아 있는 것, 즉 우리의 매일의 삶 가운데서 살아 있고 활동하는 것이 될 것입니다.

요한일서 4:4은 우리에게 자각할 수 있는 실재가 될 것입니다.

이것은 실재할 것입니다

"자녀들아 너희는 하나님께 속하였고 또 그들을 이기었나니 이는 너희 안에 계신 이가 세상에 있는 자보다 크심이라."

우리가 아침에 깨어날 때, "나는 그분의 지혜를 갖고 있기 때문에, 나는 오늘 정복할 것입니다"라고 한 것을 기억할 것입니다. 나는 그분의 능력을 갖고 있습니다. 나는 내 안에 살고 계신, 죽은 자들 가운데서 예수를 다시 살리신 크고 놀라운 성령을 갖고 있습니다. 그분은 내 것이 된 지혜를 내가 사용하는 것을 가능하게 하실 것입니다. 내가 말씀대로 행동할 때, 나는 예수께서 이 땅에서 행하실 때 갖고 계셨던 것과 같은 확신을 갖고 그것을 행할 것입니다. 거기에는 어떠한 주저함도 없었습니다. 그분은 알고 계셨습니다.

"그러므로 이제, 나는 알게 될 것입니다. 왜냐하면 죽은 자들 가운데서 예수를 다시 살리신 바로 그분이 나의 삶에 있어 원동력이 되실 것이기 때문입니다. 그분은 힘든 곳에서도 나를 평안하게 하실 것입니다. 그분은 나에게 은혜를 주실 것입니다. 달리 말하면, 그분은 나에게 내 것이 된 은혜의 충만함, 사랑의 충만함, 그리고 기쁨의 충만함을 누리는 법을 가르쳐 주실 것입니다."

당신은 이 모든 것들을 누리고 믿는 사람에게 어떤 한계나 불가능이 있을 것이라고 상상할 수 있습니까?

당신이 우리가 예수께서 가지셨던 성령과 똑같은 성령을 갖고 있고, 사도들이 가졌던 것과 똑같은 능력의 이름을 갖고 있고, 똑같은 살아 있는 말씀을 갖고 있다는 것을 깨달을 때, 이 신성한 삶의 무한함을 보지 못하시겠습니까?

하늘과 땅에 있는 "모든 권세"가 예수에게 주어졌습니다. 그래서 우리가 그 이름으로 기도할 때, 하늘을 움직이고, 땅의 모든 것을 정복합니다.

그 이름은 하늘에 닿습니다. 그 이름은 하늘에 알려져 있습니다.

얼마 전 한 간질 환자가 우리 예배에 왔습니다. 그는 수년간 이 병을 앓아왔고 우리의 예배 중에 끔찍한 발작을 일으켰습니다.

나는 예수의 이름 안에 있는 나의 권리를 취하여 그 귀신을 쫓아냈습니다.

그 남자는 완전하게 나았고 귀신은 다시 돌아오지 않았습니다. 그는 일할 수 없었고 자신에게 조차 짐일 뿐이었습니다. 이제 그는 건강하고 활기차며 힘이 셉니다.

그것이 예수의 이름 안에 담긴 힘이요 권세요 능력입니다.

우리는 그 이름을 사용하고 말씀을 사용할 수 있는 합법적인 권리를 갖고 있습니다.

우리의 합법적인 권리들

우리는 그리스도의 몸에 속한 능력에 대하여 합법적인 권리를 갖고 있습니다.

나는 말씀을 사용할 수 있는 합법적인 권리를 갖는다는 것이, 하나님 가문에서 아들로서의 자리에 앉는다는 것이, 당신의 권리들을 사용한다는 것이 당신에게 어떤 의미인지 깨달았는지 알지 못합니다.

그것은 아버지께 영광을 드리고 예수의 마음에 기쁨을 드릴 것입니다.

예수께서 "내가 행하는 일들은 아버지의 일들입니다. 내가 하는 말들은 아버지의 말씀이다."라고 말하셨습니다. 그리고 나서 그분은 "내가 너희에게 이른 말은 영이요 생명이라"라고 하셨습니다.

이제, 당신은 예수께서 아버지의 말씀을 사용하셨던 것처럼 그 말씀을 사용합니다. 당신은 두려움 없이 그 이름으로 귀신들을 쫓아낼 수 있습니다. 말씀은 "내 이름으로 너희가 귀신을 쫓아내고"라고 선언합니다.

예수께서 병든 자들을 만지셨을 때 그들이 회복되었던 것처럼, 초대교회가 그들을 만졌을 때 그들이 회복되었던 것처럼, 당신은 두려움 없이 병든 자들에게 손을 얹을 수 있고 그들이 회복될 것을 알 수 있습니다.

예수는 말씀이십니다. "태초에 말씀이 계시니라 이 말씀이 하나님과 함께 계셨으니 이 말씀은 곧 하나님이시니라."

그 말씀이 우리 입술에 있는 예수입니다. 당신이 말씀을 사용할 때, 당신은 예수를 사용하고 있는 것입니다. 당신이 그분의 말씀을 말할 때, 당신은 예수께서 당신의 자리에서 말하고 싶어 하시는 그것을 말하고 있는 것입니다.

두려워하지 말고 당신의 자리를 차지하십시오. 믿는 자에게는 능치 못할 것이 아무것도 없습니다. 당신은 기적의 영역으로 들어왔습니다. 이제 용기를 내어 거기에서 살고 당신의 권리들을 누리십시오!

믿음의말씀사 출판물

구입문의 : 031-8005-5483 / 5493 http://faithbook.kr

■ 케네스 해긴의 「믿음 도서관」 책들

- 새로운 탄생 | 값 1,000원
- 재정 분야의 순종 | 값 1,000원
- 나는 지옥에 갔다 왔습니다 | 값 1,000원
- 하나님의 처방약 | 값 1,000원
- 더 좋은 언약 | 값 1,000원
- 예수의 보배로운 피 | 값 1,000원
- 하나님을 탓하지 마십시오 | 값 1,000원
- 네 주장을 변론하라 | 값 1,000원
- 셀 모임에서 성령인도 받기 | 값 1,000원
- 안수 | 값 1,000원
- 치유를 유지하는 법 | 값 1,000원
- 사랑은 결코 실패하지 않습니다 | 값 1,000원
- 하나님께서 내게 가르쳐 주신 형통의 계시 | 값 1,000원
- 왜 능력 아래 쓰러지는가? | 값 1,000원
- 다가오는 회복 | 값 1,000원
- 잊어버리는 법을 배우기 | 값 1,000원
- 위대한 세 단어 | 값 1,000원
- 하나님의 은사와 부르심 | 값 1,000원
- 그 이름은 "놀라우신 분" | 값 1,000원
- 우리에게 속한 것을 알기 | 값 1,000원
- 성령을 받는 성경적인 방법 | 값 1,200원
- 하나님의 영광 | 값 1,200원
- 은혜 안에서의 성장을 방해하는 다섯 가지 | 값 1,200원
- 사랑 가운데 걷는 법 | 값 1,200원
- 바울의 계시: 화해의 복음 | 값 1,200원
- 당신은 당신이 말하는 것을 가질 수 있습니다 | 값 1,200원
- 그리스도 안에서 | 값 2,000원
- 말 | 값 2,000원
- 방언기도의 능력을 풀어 놓으라 | 값 2,000원
- 옳은 사고방식 틀린 사고방식 | 값 2,000원
- 속량 – 가난, 질병, 영적 죽음에서 값 주고 되사다 | 값 2,000원
- 네 염려를 주께 맡겨라 | 값 2,000원
- 예언을 분별하는 일곱 단계 | 값 2,000원
- 절망적인 상황을 반전시키기 | 값 2,000원
- 당신의 믿음을 풀어 놓는 법 | 값 2,000원
- 진짜 믿음 | 값 2,000원
- 믿음이란 무엇인가 | 값 2,000원
- 그리스도께서 지금 하고 계시는 일 | 값 3,000원
- 충분하고도 넘치는 하나님 엘 샤다이 | 값 2,500원
- 금식에 관한 상식 | 값 2,500원
- 하나님의 말씀 : 모든 것을 고치는 치료제 | 값 3,000원
- 가족을 섬기는 법 | 값 3,000원
- 조에 | 값 4,000원
- 당신이 알아야 하는 신유에 관한 일곱 가지 원리 | 값 5,000원

- 여성에 관한 질문들 | 값 5,000원
- 인간의 세 가지 본성 | 값 5,500원
- 몸의 치유와 속죄 | 값 6,000원
- 크게 성장하는 믿음 | 값 6,000원
- 하나님 가족의 특권 | 값 6,500원
- 기도의 기술 | 값 7,000원
- 나는 환상을 믿습니다 | 값 7,000원
- 병을 고치는 하나님의 말씀 | 값 7,000원
- 영적 성장 | 값 7,000원
- 신선한 기름부음 | 값 7,000원
- 믿음이 흔들리고 패배한 것 같을 때 승리를 얻는 법 | 값 7,000원
- 믿음의 선한 싸움을 싸우는 법 | 값 9,000원
- 하나님의 계획과 목적과 추구 | 값 8,000원
- 예수 열린 문 | 값 8,000원
- 믿음의 계단 | 값 12,000원
- 당신을 향한 하나님의 계획 | 값 8,500원
- 역사하는 기도 | 값 9,000원
- 기름부음의 이해 | 값 9,000원
- 내주하시는 성령 임하시는 성령 | 값 11,000원
- 재정적인 번영에 대한 성경적 열쇠들 | 값 9,000원
- 어떻게 하나님의 영으로 인도받을 수 있는가? | 값 13,000원
- 마이더스 터치 | 값 10,000원
- 치유의 기름부음 | 값 10,000원
- 그리스도의 선물 | 값 16,000원
- 방언 | 값 12,000원
- 믿는 자의 권세(생애기념판) | 값 13,000원
- 믿음의 양식 | 값 13,000원
- 승리하는 교회 | 값 15,000원

■ E. W. 케년
- 십자가에서 보좌까지 무슨 일이 일어났는가? | 값 16,000원
- 두 가지 의 | 값 7,000원
- 놀라우신 그 이름 예수 | 값 9,000원
- 하나님 아버지와 그분의 가족 | 값 12,000원
- 나의 신분증 | 값 4,000원
- 두 가지 생명 | 값 11,000원
- 새로운 종류의 사랑 | 값 6,000원
- 그분의 임재 안에서 | 값 13,000원
- 속량의 관점에서 본 성경 | 값 20,000원
- 두 가지 지식 | 값 4,500원
- 피의 언약 | 값 4,500원
- 숨은 사람 | 값 16,000원
- 두 가지 믿음 | 값 9,000원
- 새로운 피조물의 실재 | 값 16,000원

■ 스미스 위글스워스
- 스미스 위글스워스의 천국 | 값 11,000원
- 스미스 위글스워스의 매일묵상 | 값 20,000원
- 위글스워스는 이렇게 했다 | 피터 J. 매든 지음 · 값 9,000원
- 스미스 위글스워스의 능력의 비밀 | 피터 J. 매든 지음 · 값 7,000원

■ T. L. 오스본
- 행동하는 신자들 | 값 4,500원
- 기적 - 하나님 사랑의 증거 | 값 4,500원
- 새롭게 시작하는 기적 인생 | 값 8,000원
- 좋은 인생 | 값 13,000원
- 성경적인 치유 | 값 10,000원
- 능력으로 역사하는 메시지 | 값 16,000원
- 100개의 신유 진리 | 값 1,000원
- 24 기도 원리 7 기도 우선순위 | 값 1,000원
- 하나님의 큰 그림 | 값 5,500원
- 긍정적 욕망의 힘 | 값 10,000원

■ 잔 오스틴
- 믿음의 말씀 고백기도집
- 하나님의 사랑의 흐름
- 견고한 진 무너뜨리기
- 초자연적인 흐름을 따르는 법
- 당신의 운명을 바꿀 수 있습니다
- 어떻게 하나님의 능력을 풀어놓을 수 있는가?

■ 크리스 오야킬로메
- 방언기도학교 31일 | 값 2,500원
- 여기서 머물지 말라 | 값 2,500원
- 이제 당신이 거듭났으니 | 값 1,500원
- 당신의 인생을 재창조하라 | 값 2,000원
- 이 마차에 함께 타라 | 값 5,000원
- 그리스도 안에 있는 당신의 권리 | 값 2,500원
- 당신의 치유를 유지하기 | 값 500원
- 성령님과 당신 | 값 2,500원
- 방언의 능력 | 값 1,000원
- 성령님이 당신 안에서 행하실 일곱 가지 | 값 3,500원
- 성령님이 당신을 위해 행하실 일곱 가지 | 값 3,000원
- 기적을 받고 유지하는 법 | 값 2,500원
- 하나님께서 당신을 방문하실 때 | 값 3,500원
- 올바른 방식으로 기도하기 | 값 2,500원
- 당신의 믿음을 역사하게 하는 법 | 값 5,000원
- 끝없이 샘솟는 기쁨 | 값 1,500원
- 기름과 겉옷 | 값 4,000원
- 약속의 땅 | 값 8,000원
- 하나님의 일곱 영 | 값 5,000원
- 예언 | 값 4,000원
- 시온의 문 | 값 4,000원
- 하늘에서 온 치유 | 값 10,000원
- 효과적으로 기도하는 법 | 값 6,500원
- 어떤 질병도 없이 | 값 6,000원
- 주제별 말씀의 실재 | 값 15,000원
- 마음의 능력 | 값 8,000원

■ 앤드류 워맥
- 당신은 이미 가졌습니다 | 값 14,000원
- 은혜와 믿음의 균형 안에 사는 삶 | 값 14,000원
- 하나님은 당신이 건강하기 원하십니다 | 값 12,000원
- 영·혼·몸 | 값 10,000원
- 전쟁은 끝났습니다 | 값 11,000원
- 믿는 자의 권세 | 값 12,000원
- 새로운 당신과 성령님 | 값 6,500원
- 노력 없이 오는 변화 | 값 10,000원
- 하나님의 충만함 안에 거하는 열쇠 | 값 9,000원
- 더 좋은 기도 방법 한 가지 | 값 9,000원
- 재정의 청지기 직분 | 값 10,500원
- 하나님을 제한하지 마라 | 값 8,500원

■ 기타 「믿음의 말씀」 설교자들
- 성령의 삶 능력의 삶 | 데이브 로버슨 지음 · 값 20,000원
- 복을 취하는 법 | R.R. 쏘아레스 지음 · 값 5,500원
- 주는 자에게 복이 되는 선물 | R.R. 쏘아레스 지음 · 값 6,000원
- 믿음으로 사는 삶 | 코넬리아 나훔 지음 · 값 6,000원
- 붉은 줄의 기적 | 리차드 부커 지음 · 값 10,000원
- 당신이 말한 대로 얻게 됩니다 | 돈 고셋 지음 · 값 10,000원
- 예수-치유의 길 건강의 능력 | 윌포드 H. 리트 지음 · 값 11,000원
- 믿음과 고백 | 찰스 캡스 지음 · 값 12,000원
- 임재 중심 교회 | 테리 테이클/린 폰더 지음 · 값 11,000원
- 성령충만한 그리스도인의 지침서 | 데릭 프린스 지음 · 값 30,000원
- 열정과 끈기 | 조엘 코미스키 지음 · 값 8,000원
- 제자 만들기 | 랄프 무어 지음 · 값 11,000원
- 어떻게 교회를 배가하는가 | 랄프 무어 지음 · 값 15,000원
- 초자연적으로 타고난 | 채드 곤잘레스 지음 · 값 12,000원
- 운명 | T. D. 제이크스 지음 · 값 16,000원
- 모든 사람을 위한 치유 | 커리 R. 블레이크 · 값 9,000원
- 그렇지 않습니다 | 윌포드 라이트 · 값 5,000원

■ 김진호·최순애
- 왕과 제사장 | 김진호 지음 · 값 6,500원
- 새로운 피조물의 실재 | 김진호 지음 · 값 9,000원
- 믿음의 반석 | 최순애 지음 · 값 22,000원
- 새 언약의 기도 | 최순애 지음 · 값 8,000원
- 새로운 피조물 고백기도집 | 최순애 지음 · 값 5,000원
- 성령 인도 | 최순애 지음 · 값 7,000원
- 복음의 신조 | 최순애 지음 · 값 9,000원
- 존중하는 삶 | 최순애 지음 · 값 8,000원
- 성경의 세 가지 접근 | 최순애 지음 · 값 3,000원
- 말씀 묵상과 고백 | 최순애 지음 · 값 3,000원
- 그리스도의 교리 | 김진호 지음 · 값 10,000원
- 영혼 구원 | 김진호 지음 · 값 8,000원
- 새로운 피조물 | 김진호, 최순애 지음 · 값 10,000원